U0947224

教育的哲学原理

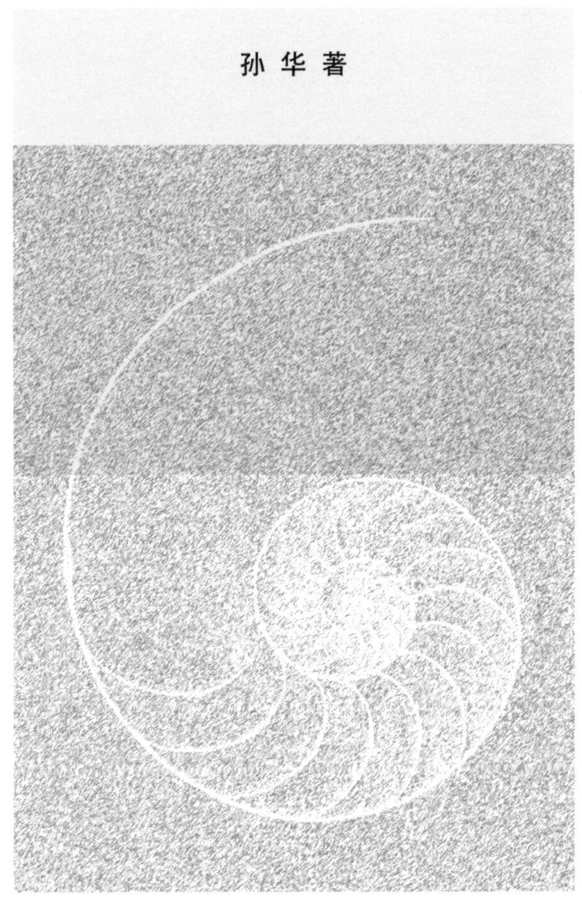

孙 华 著

商务印书馆
SINCE 1897 The Commercial Press
2018年 · 北京

图书在版编目(CIP)数据

教育的哲学原理/孙华著.—北京:商务印书馆,2018
ISBN 978-7-100-16360-6

Ⅰ.①教…　Ⅱ.①孙…　Ⅲ.①教育哲学　Ⅳ.①G40-02

中国版本图书馆CIP数据核字(2018)第156130号

本书由西安外国语大学学术著作
出版基金资助出版

教育的哲学原理
孙华　著

商　务　印　书　馆　出　版
(北京王府井大街36号　邮政编码100710)
商　务　印　书　馆　发　行
北京市艺辉印刷有限公司印刷
ISBN 978-7-100-16360-6

2018年10月第1版　　开本880×1230　1/32
2018年10月北京第1次印刷　　印张10¼
定价:35.00元

目　录

第一章　教育的意义追寻

人之生长存续，何以需要教育？这是教育的第一问。

我们从人的生长和生存开始，而不是社会的需要或其他任何组织的需求，甚至更不是神祇或世俗某人的要求，开始追问我们为何需要教育，这不仅仅是教育的基本问题，也是教育哲学的原点。事实上，这一出发点决定着教育哲学的属性。其背后的潜意识是：教育为谁，个体还是社会，自我还是他者，人类还是另类？教育何为，人类存续还是器物丰盈，抑或组织发展、文化增值？

我们的命题是：任何漠视、掩盖、折中、调和、僭越或模糊人类自身需求而罔议教育，均是以控制为目的的，这种教育在属性上是反教育的。在命题的本质层面，这关涉教育和人的关系问题：人类发现、设计、发展、改进、保有和实施教育的目的，究竟是为了制约人类自身还是为了引导人类更好生存？是为了人的生存和发展还是为了人之外的其他目的——那些政治的、宗教的、组织的，抑或文化的、经济的？所有能够为人类带来所谓幸福的那些外在因素与人类自身相比，谁是第一位的，谁是第二位的？哪是原生的，哪是次生的？……

一、教育与人之发展

教育的起源纵然众说纷纭，但是剔除那些在逻辑上参差不齐和前后矛盾的意指和命题，我们会发现，无论是工具主义的劳动说还是功能主义的模仿说和本能说，它们均指向人的生存与发展——经验传递也罢，文化传承也罢，其最初的目的显然是为了使人类能在残酷的大自然面前维持生存和延续。所以，人的生存与发展需求才是教育的根本目标。这才是教育的原点。我们也只有从这里开始追踪教育，审视教育，才可能获得教育的本质规定性和原始属性。

（一）人的未完成性

任何事物都有自己的存在方式。所谓存在方式就是事物的本质表现和现实样态。作为自然世界的类群体和社会系统的类群体，人也有着属于自己的存在方式，即“人”的实际生活的表现样式，这既是人区别于其他动物的内在规定性，也是人作为社会动物表现的形式，以及实现现实生活的、具体的、相对稳定的形式。

人的生存方式包含两个问题：第一，人凭什么生存？第二，人怎样生存？

从哲学角度来说，或就人的类群体属性来看，人首先是一种存在，一种自然和社会的存在。从一般意义上说，人的生长发展是自然界运动变化不可缺少的一部分，就人作为自然界的一种生物性存在看，人有其一般性，即生物学意义上的普遍规律性。然而，人的生长、发展有其独特性，与自然界的一般运动变化相比又有着十分重要的特殊性。不理解其一般性，我们就不可能理解人的生长、发展的物质基础和生命基础；不掌握这些特殊性，我们也就不可能更好地认识人的生长、发展的内在特殊规律。人既受限于一切物质与生命基础的制约，表现出作为存在者的既定性；又通过生长不断扩展人的发展边界，表现出自觉性、自为性与自主性。这种既定与未定的辩证关系，即是人的生长、发展的未完成性。

就其一般性来说，人的生长、发展就像人的出生、成熟、衰老和死亡一样，受到各种自然环境的制约，摆脱不了生命世界的各种基本法则。人也必须通过各种生存手段应对来自各方面的生存压力。尽管通过自然进化过程，人们已经拥有了越来越优越的地位，人也成为一种特殊的生命存在物，但人本身还是自然界的一部分，是自然中的一种生命存在物，所以在绝对意义上，人永远不可能超越自然法则。过往的教育理论往往忽略人的发展的一般性，着重强调人的生长、发展的特殊性。实际上，无论从总体来说还是就个体而言，生命生长、发展的这些一般规律，对人的生长、发展具有不可估量的意义。同样，人的教育活动只有以这些一般规律为基础，才能更好地培养人和发展人。人的一切发展都是以生命的存在和发展为基本前提和基础的，失去了人的存在，人的生长、发展和人的教育就如同无源之水，无本之木，失去意义。在生命世界里，人的生长发展已经超出一般水平，达到了已知的最高水平，但这并不代表着人的这种发展就可以没有这些一般性作为前提和基础，忽略生命生长发展的一般性。

人的生长发展不可避免地反映着自然界运动变化的一般性质，但在更多方面则表现出其生长、发展的特殊性。在肯定人作为生命个体的生长、发展的一般性基础上，我们更加需要注意人的生长发展的特殊性。

生物遗传因素决定了人生存与发展的条件，比如人没有马的奔跑机能，没有鸟的飞翔能力，没有鱼的水中生存条件，婴儿如果缺离父母的照料根本无法存活，而且这个照顾周期长达数年。与之相比的是动物的强大生存本能——非洲草原的斑马和羚羊刚出生下来就可以跟随种群奔跑……人的这种欠缺和不完善性或未完成性一方面影响了人类独立存活的可能性,他/她必须依赖群体性存在才能完成种群存续和个体存活;另一方面正是这些缺陷和不完善为人类的后天发展提供了无限的可能。人确实没有鸽子的方向感与飞翔能力,也没有马的耐力和奔跑能力,没有鱼的鳃呼吸系统和游泳本能,但是未特定化和不完善性也意味着发展的开放性和可塑性。马只能奔跑上不了天,鸟只能飞翔入不了水,鱼只能在水中才能活下去。它们先天的精密构造限制了后天发展的可能,其特定化限制了能力发展的开放性,制约了后天发展的可塑性,而人却"因祸得福":在危险而复杂的自然面前,人的生存本能催生了强大的后天学习动力——人必须根据外界的要求,自我确定同化信息、作用客体的主体机制。因此,这种生物的未完成性一方面使人软弱易受伤害,另一方面也赋予人巨大的开放性和自我塑造的能力,在生存的强烈需求与身体的开放性和不完善性之间建立起有效的联系——这就是教育的动力和第一需求。

相比于其他生命类型,人类的发展在一定程度上已经超越了遗传物质的制约:人不仅通过文化实现了经验的积累,而且通过教育对这些经验进行高效传递,进而突破了因遗传物质设限使得承载的信息量受限的约束,让生命的生长发展从此进入了一个与众不同的全新境界。就个人发展而言,个人的生长、发展还是不可避免地建立在其基本的生命发展规律的基础上,但是,不可否认的是,人生长、发展的各种能力的增强更多的还是要依靠人类社会文化的传承。作为一种社会性的智慧生物,"人意欲着和期待着、思考着和想象着、感觉着和信仰着,为自己的生命担忧着,在这些活动中，他不断认识自身的完美性与达到它的可能性之间的距离。”[①]可以说，人这一物种本身即是通过可能性的开拓，来不断定义自我，从而从单纯的存在物演进为真正的存在者的。

康德认为，“人生来有许多种子不能发展。我们的责任便是设法使这些种子生长，平均地发展他的各种自然禀赋，无过无不及，使之实现其究竟。”[②]这里的“种子”就是先于经验的“自然禀赋”，即康德哲学中的“先验”。人要发展“自然禀赋”的“种子”，需要受教育；也正因为具有这种“自然禀赋”的“种子”，人才能够接受教育。按康德的说法，人生来具有许多未发展的胚芽。[③]

马克思在人与动物的区别问题上曾说道：“动物只是在直接的肉体需要的支配下生产，而人甚至不受这种需要的影响也进行生产”，人能“使自己的生命活动本身变成自己意志的和意识的对象”[④]。这不仅指明了人的根本特征，也指出了教育存在的根据。夸美纽斯说：“学问、德行和虔信，这三者的种子自然存在我们身上。”[⑤]按马克思的说法，人具有自然力、生命力，并作为“天赋和才能”存在于人身上。[⑥]

人作为一个生命体，存在先于其本质，首先得存在才能思考自身的存在。当一个婴儿呱呱落地，它对于未知的世界而言是一个自然人的存在，未经雕琢，就如同面对陌生的种子和胚芽一般，无

---

① 格里戈良鲍·季·格里戈良著，沈志宏、陈长根译：《现代西方哲学人类学》，上海文化出版社 1988 年版，第 52 页。

② 康德著、瞿菊农译：《康德论教育》，商务印书馆 1926 年版，第 9 页。

③ 任钟印主编：《世界教育名著通览》，湖北教育出版社 1994 年版，第 499 页。

④ 《马克思恩格斯选集》第 3 卷，人民出版社 1960 年版，第 80 页。

⑤ 夸美纽斯著、傅任敢译：《大教学论》，教育科学出版社 1999 年版，第 13 页。

⑥ 《马克思恩格斯选集》第 3 卷，人民出版社 1960 年版，第 80 页。

法确知在它身上日后会发生怎样的变化，最终开出何种花，结出何种果。有些种子自己不能自由生长，需要借助我们的外力加以正确的浇灌才能健康成长。而作为"人"来说，既然我们身上存在着这种天赋的未发展的自然力，我们就应加以正确的后天引导——教育。

只有通过教育，我们才能使人身上的天赋（即未发展的自然力）得到充分的发挥，开发其潜能。从这一意义上来说，人不仅是作为现实性的存在，更是作为未来性的存在。这种未来性实现了人类对于自然界的征服，并最终成就了人类自身。

借助教育，人类最终超越了其他物种，成为自然界的主人，并制造了汽车、飞机和轮船等器具，征服了自然，为每一片自然打上了不可磨灭的人之印记。可见，教育作为一种人类的特殊活动对人类的进化与发展作用是其他任何活动所无法替代的。没有教育，人类就无法超越动物界进入智慧与文明社会而成为"人类社会"，就不会具备"人性"，更不会像今天和未来那样驾驭地区和宇宙。[①]

所以，人类社会文化的传承不仅包含了人类所需要的物质世界的各种知识，也包括人类社会组织正常发展的各种惯例和规则，这一方面使人类面对自然时的主体力量得到增强，另一方面还让这种力量把游离的个体状态联合成为群体的类状态，个人对文化的掌握也是如此，是这两个方面的统一。通过这一发展，人类传承的信息量几乎得到无限的剧增，与此同时，由于人类生长发展所存在的自觉性和自决性，以及人自身生命在极高水平上的存在与发

---

① 冯增俊：《教育人类学》，江苏教育出版社 1991 年版，第 67 页。

展，使得人的生长、发展逐渐成为一个越来越复杂的运动、变化的过程。正因为这样，人的生长、发展虽然依旧伴有生理的成熟和衰老、脑神经系统中的生物电流等物质的变化过程，但总体而言，人的发展已经不仅远远超越了物质世界简单的运动变化形式，而且也超越了生命世界的低级发展形式，超越了高级动物较为复杂的生长、发展形式，达到了极其复杂的高级水平。[①] 正是这种区别于一般的复杂性，让人的生长发展可以有很多既可以区别于一般物质的运动变化，又可以不同于一般的生命存在物，也可以区别于高级动物的生长发展的一系列特殊规律。

人的发展的另一个重要特性就是这是一个自觉的过程，也就是说它并不存在任何所谓的普遍意志，就如同一般自然事物通常都是按照它自己的样子自在地运动和变化着一样。正是因为这样，只要我们能够掌握它们的运动变化规律，我们就可以在一定程度上精确地描述、预测甚至控制它们的发展变化。相比于生命世界和简单生命，高级动物已是非常复杂的了，因为它们有着简单的意识世界，但是即便如此，它们还是没有达到自觉认识自身的存在、认识自身的发展水平，更无法理清自身的存在与周围环境到底存在怎样的关系。这里存在着本质的区别，而不仅仅是程度上的不同。例如蚊子落入蜘蛛网，蜘蛛会猛扑过去，而将蚊子放到蜘蛛的视线范围内，蜘蛛会逃跑。对蜘蛛来说，这只是不同的刺激信号。[②] 相对人来说，蚊子则是一种与具体情景无关的具有确定特

---

① 项贤明：《教育与人的发展新论》，《教育研究》2005 年第 5 期，第 12 页。

② 茨达齐尔著、李其龙译：《教育人类学原理》，上海教育出版社 2001 年版，第 31—45 页。

性的生物，而不是把它简单地看做一种刺激信号，人可以反思具体情形，进而反思自身与对象之间的关系，并据此来采取相应的行动。有人可能会出于各种原因，通过各种方式把蚊子杀死，但是有人却也可能坚持“不杀生”的信条而让蚊子肆意飞行。

人的生长、发展是自觉的，超越了本能的水平。正是凭借自觉这一重要特性，人不仅仅存在、生长、发展着，而且还能通过对自身的存在和生长、发展进行反思和探究，进而自觉地利用这些反思和探究的成果来改善自身的存在状况并促进自身的生长、发展。人的生长、发展的自觉性既是教育的条件，也是教育的目的，还是教育的中介。

每个人的存在首先是肉体实质性的存在，而肉体实质又有着生物的机能和自然的属性，没有这些便不能称作为人。人无法离开自然而生存，那么人的自然存在如何来体现呢？要由肉体实质与自然之间的各种互动与沟通等来维持和体现。

人不管是自然的存在还是社会的存在，都具有摆脱不了的既定性和未完成性。自然规定了人肉体之所“是”，生活规定了人社会之所“是”，但这些“是”并未包含人所“是”之全部。[①] 正如休谟所指出的，“是”无法合法地证出“应当”，人之“是”不能合法地推导出、论证出人“应当”做什么。人作为生活的主体，其存在决不意味着既成之“是”，而意味着能动的活动，能动的“做”。[②] 人动用自身力量，按自身需求改变自然界，达到自己的目的。人在改变自然的同时也就改变了自己生存的环境，同时也改变了自己的生存状态

① 万光侠：《人的存在的哲学阐释》，《济南大学学报》2005 年第 15 期，第 5 页。
② 同上。

和方式，从而也改变了人自身的内在需要。我们的祖先从采集游猎走向种植养殖，这不仅改变了人与自然的关系，也改变了自己，比如直立行走、脑容量的增大，甚至还有个体之间的合作关系，群体内部的分工规则，等等。这表明人走出了纯粹自然之“是”的圈子，获得了新的存在之“是”。不仅如此，人也冲出了社会的既定性。人是社会历史的主体，虽然人的活动受一定的客观条件与历史必然性的制约，是在既定的、由前辈所创造的生产力基础之上和与之相适应的社会关系下进行活动的，但是，人又具有自由、自觉、能动创造的本性，能够在认识外部必然性和由自己的活动所构成的社会运动规律性的前提下，按照自己的需要和目的，进行创造性活动，改造人与自然、人与人的关系以及自身，以求得自身的生存、发展和完善。这种活动在继承的同时，又分解着原有的生活内涵并形成新的生活样态。正是在创造性活动中，人自身体现出了其存在的价值和意义，体现了他的自为性。

（二）人的存在性

人作为人的存在，不同于动物的存在。动物的存在被看做是一种机体的活着；而人的存在，是有意识的存在，人类所进行的活动都是通过意识来指引的。尼采的哲学核心问题是“人的问题”，他说：“人类之伟大处，正在于它是一座桥，而不是一个目的。人类之可爱处，正在于它是一个过程与一个没落。”[①]在这个过程中，人类最终达到理想的人格形象和最高的人生境界。人的生物学生长过程中伴随着经验的增加，心灵的净化，精神的升华和成长，正因

① 尼采著、尹溟译：《查拉斯图拉如是说》，文化艺术出版社 1987 年版，第 9 页。

为这种天赋和潜能的存在，才为教育提供了可能。

人具有接受教育的天赋素质和潜在能力。

作为教育者，我们应相信每个人都是有被教育的可能性，他们自身存在的这种潜能需要我们正确认识、合理开发，我们不能轻易放弃任何一个希望通过教育使自己生活更加幸福的人的诉求，我们要尊重和保护好他们的这种未发展的自然力，聆听他们自身发出的声音，再结合外界和我们已有的经验知识，因材施教。同时，教育虽为可能，我们同时还应关注个体在成长过程中的经验、心灵和精神的增长。教育需要的满足是人实现其人性本质的根本方式，也是实现人格精神健全发展的方式。

人之不同于他者，在于人不仅仅是自然的存在，还是一种社会存在。换言之，人既是一种物性存在，也是一种文化存在。鲁滨孙漂流到荒无人烟的小岛上，即便是没有寒冷之困顿，可还是想方设法遮体，这就是人的文化存在，是人的社会属性。这种社会属性是人类自组织化与社会化所带来的规范和熏陶，更准确地说，这种特性来自人类的共同活动，而无论是活动本身，还是活动方式以及作为活动结果的社会生活样态，包括经济生活、政治生活、文化生活等都构成了人的存在方式。作为一种先在的非自然性生存环境，这种“类”的存在样式同样是每个人在出生之时就无法回避、无法选择，也无法摆脱的，当然，人的活动也必须以这些先在为基点和条件。也就是说，人类自身需要以人类在漫长的进化和发展过程中形成的规范，与他人发生关系，与自然发生关系，人类在进化和发展过程中所形成的这些规范也是人类存在的条件。没有这些运转方式和要求，人类无法生存。所以说，人又是社会的存在。

人的生物既定性和生长发展的未完成性表明，“人较动物而言，在本质上是非决定的。此即人的生命并没有遵循事先决定的路线，事实上自然只是使人走完了一半，另外的一半尚待人自身去完成。”[①]而尚待人自身去完成的这一半便反映到人的社会存在和精神存在方面。毕竟，人是社会意义上的存在。

人的社会体存在的本性是建立在自然存在的基础之上的。社会与个人的关系及其过程，包括两个方面：一是从社会到个人，二是从个人到社会。前者说明个人是社会的个人，强调社会对个人的决定作用；后者说明社会是个人的社会，强调个人对社会的反作用。[②]

社会对个人的作用主要体现在个人及其自我意识形成方面。个人的意识和自我的意识，与其活动相比总是第二性的，意识和自我意识不是形成个人的根本因素，它是由个人劳动、社会环境产生的。换言之，是在个人和社会之间动态关系中，在个人之间的社会交往、沟通、活动的辩证过程中不断地被创造出来的。离开了个人的活动，他们之间的社会交往、意识和自我意识也不可能被创造。正如马克思所说：“意识在任何时候都只能是被意识到了的存在，而人们的存在就是他们的实际生活过程。”[③]自我意识是对意识本身的意识，即它是社会生活、社会交往的产物，在本质上它是社会存在反映的再反思。在笛卡尔看来，真正的自我意识诞生于自我的反思性思考，只有将“我思”作为意识对象来试图把握时，“我在”

---

① 蓝德曼著、彭富春译：《哲学人类学》，工人出版社1988年版，第8页。

② 万光侠：《人的存在的哲学阐释》，《济南大学学报》2005年第15期，第5页。

③ 《马克思恩格斯选集》第1卷，人民出版社1972年版，第30页。

方才涌现出来，自我的存在性只有通过反思性加以确证。自我意识正是因为社会关系、社会活动的相互联系、相互作用而产生的结果。具体来说，人们在分析世界本身的同时，将目光转向分析他自身在这个世界中的地位的时候，开始不仅仅分析自己在这个世界中的活动、动机，而是开始分析自己的思想、意图，这个时候便开始产生自我意识。

语言也是自我意识形成的条件。海德格尔曾说，“惟语言才使人能够成为那样一个作为人而存在的生命体。作为说话者，人才是人。”[①]在此意义上，“语言是存在的家”。除此之外，自我意识形成的条件还包括个人因其活动潜力在社会中的位置，个人与他者和社会活动的关系，以及自我认知、自我反思和自我确认等。因此，个人的意识是个人社会化的后果，是个体参与社会生活的产物。每个个体之所以获得人的属性，正是源于其社会实践。这也就说明，如果个体对社会的适应力越强，其个性就越能够得到充分的发展，同样个人与他人在社会活动中产生的关系形式越不同，那么说明个人就越丰富。个人的发展在一定程度上取决于其社会适应程度。

人在生长、发展过程中，比较重要的一个特殊性就是发展的自决性。相对于当前这个世界而言，人自身已经获得了一定的自主性，并与这个世界建立了主客体关系。作为主体，人获得了主观性、自主性和自为性等本质特性，这些本质特性内在地决定了人在生长、发展过程中是自决的。[②] 在生长、发展过程中，人可以自主

① 海德格尔著、孙周兴译：《在通向语言的途中》，商务印书馆 1997 年版，第 1 页。
② 高清海：《马克思主义哲学基础》(下册)，人民出版社 1987 年版，第 102—103 页。

地作出抉择,同时,还可以通过自身的努力获得发展。正是由于这种自决性,人的生长、发展表现出人所特有的能动性和自我创造性。人这种自决性的获得或者说人的适切而良好的自决性的获得,只有教育才能促进建构与生成。因此,人的存在性既是教育的基础,也是教育的结果。当然,这个过程不同于自然世界的发展变化,我们不能通过对某种规律的掌握而从外部控制人的生长、发展。那么,有没有"人的身心发展规律"呢?如果说有的话,那就是人在生长、发展过程中的自决性。遵循人的身心发展规律,不是为了更好地控制人的生长、发展过程,而是为了推动教育实践的有效开展,促进人们身心的健康发展。这也恰恰是人的生长、发展区别于自然界发展变化和动物生长、发展变化的重要一点,也决定了人的教育与人改造自然的实践活动以及动物训练等活动之间最根本的区别。[①] 行为主义心理学家斯金纳曾宣称,要通过他的行为科学将人"一个一个地转移到控制性环境上"[②],从而摧毁人的自主性。在本质上,这是反教育和反人类的,所以他的这个梦想是不可能也不应该实现的。

从个人到社会可以说是从社会到个人的一个逆向过程。正如马克思所指出的:"正像社会本身生产作为人的人一样,人也生产社会。"[③]这具体表现在:第一,人依靠其主体性创造物质价值。劳动者在物质生产中,发挥其能动性和创造性,不断提高劳动生产率,通过对生产工具的更新,创造更为高级的物质生产方式,作为

---

① 斯金纳著、王映桥译:《超越自由与尊严》,贵州人民出版社 1988 年版,第 200 页。
② 同上。
③ 《马克思恩格斯全集》第 42 卷,人民出版社 1979 年版,第 156 页。

生产力核心的劳动者不断为社会发展提供源源不断的物质基础。第二,人依靠其主体性创造社会价值和政治制度。人依靠其自身的能力和潜力,不断革新、完善政治体制,改变社会行为规范及价值取向,促进社会政体的有效合理运转。第三,人依靠其主体性创造精神文化价值。人通过发挥自身的主体性,凭借自己卓越的才能,在继承优秀文化遗产的基础上,不断创造更加辉煌的精神文化,以满足其精神生活,开阔其视野,促进心灵的完满。人们也依靠其创造的丰富的精神文化来体现其本质力量,同时为人类社会能够走向新的文明层次提供生产力与生产关系的保障。如果说马克思是在论述人与社会的关系,毋宁说是在描述人的存在性与教育的关系。

人的存在性映射在人的社会化和社会的人化,具体就表现为个人和社会之间的相互联系、相互渗透、相互作用。人的社会化即指人要能够适应社会的需要和发展。社会的人化即表示社会也需要在遵循社会规律基础上,更好地适应人的发展。这一切即表明人适应社会和社会适应人在本质上是一致的。

(三)人的生发性

人是现实生活、现实环境中的存在,并不是超越时空的存在。人是现实的存在,一方面指物质生活条件在一定程度上制约和规定着人的存在:“这是一些现实的个人,是他们的活动和他们的物质生活条件,包括他们得到的现成的和由他们自己的活动所创造出来的物质生活条件。”“个人是什么样的,这取决于他们进行生产的物质条件。”“现实中的个人,也就是说,这些个人是从事活动的,进行物质生产的,因而是在一定的物质的、不受他们任意支配的界限、前提和条件下活动着的。”[①]人创造了现实，也创造了现实的人，人通过现实来展示其客观规定性。现实既磨炼着人的文化心理、能力、思维方式、生活方式等内在的素质，同时也在一定程度上决定人在现实生活中存在的客观程度。现实为人的行为活动提供一定的对象、手段、条件等，同时人的行为活动需要符合现实发展的客观规律。所以说虽然人是现实的存在，但在一定程度上也要随时随地受到现实的制约。

当然，我们需要明白，作为现实的存在，人虽然受到一定的限制，但是不可否认，人有一定的主观能动性，人不会局限于他所受到的限制，人是有一定激情和追求的存在。人在适应社会存在、安于现实的同时，总会有突破现实、改造现实的冲动，但是人并不是毫无约束、随心所欲地改造现实。“人类始终只提出自己能够解决的任务，因为只要仔细考察就可以发现，任务本身，只有在解决它的物质条件已经存在或者至少是在形成过程中的时候，才会产生。”[②]人改造现实、解决问题的能力和条件都是在现实生活中形成的，所以人对现实的改造也是建立在一定现实的基础上，遵循一定规律来解决问题的。人的价值观念是具有超前性的，所以他们对于现实的改造实践也会具有超前性特点，思维活跃、敏锐的人通常能够以最快的速度发现问题的症结，提出问题解决的根本方法。这些都是建立在现实生活中的，并不是先验产物，而是人在现实生活中所产生的各种萌芽状态或成熟状态的矛盾产物，是这些产物在人的观念中的反映。人的思想尽管可以天马行空，可以超越现

① 《马克思恩格斯选集》第 1 卷，人民出版社 1995 年版，第 220 页。

② 《马克思恩格斯选集》第 2 卷，人民出版社 1995 年版，第 222 页。

实，毫无边际地冥思和幻想，但这些也都是建立在现实的基础上；虽然人在不断超越现实，进行各种超越现实的实践活动，但不可否认的是他们的行动都不能脱离现实，因为这些活动自身就是一种现实活动。人的能动性立足于现实，并对现实起作用，具有一定现实性的主观积极性。所以说，人是能动的人，也是现实的人。只有遵循一定的自觉性，现实的人才是真正具有能动性的人。

这样的能动性表现在人之方方面面，可以说能动性即是人的自然本性的一部分。人身上所尚未发展的自然力是能动的，这种自然力是可以被唤醒的。就如小树苗、花种这些有机体一般，它们的小胚芽也会逐渐生长，不过仅仅是"身体"的增长，而人的这种自然力不仅可以长身体，而且还能"长经验""长心灵""长精神"。正因为人的这种独特性，这种自然力是可以通过自身生长和外界指引的共同作用下，健康、全面地增长。马克思在说到人"具有自然力、生命力"，并"作为天赋和才能"存在于人身上时指出，这些力量是"能动的自然存在物"，是"作为欲望存在于人身上"的。[①] 人的那种存在，那种潜在，是能动的，作为一种欲望，它能唤醒人内部待发展的存在，激起人对于外界感知和未知事物的渴望。

亚里士多德说，"求知是人类的本性。"[②]既然人的本性是求知，那么它就有一种内在的潜能，对未知事物的渴望与追逐，更好地说明了这种自然力是能动的。卡西尔指出，"人的本质不依赖于

---

① 《马克思恩格斯选集》第 3 卷，人民出版社 1960 年版，第 80 页。

② 亚里士多德著、吴寿彭译：《形而上学》，商务印书馆 1959 年版，第 1 页。

外部的环境，而只依赖于人给予他自身的价值。”[①]本质上，人并不是被外界的变化而影响，而是因为人从自身角度出发，可以看到对自身有价值的事物出现，才会能动地发生变化。教育就是有价值的事物，可以为人带来美好生活的可能。

由于人身上的这种自然力的能动性，作为能激发人对价值追求的渴望而存在的教育，必然也是能动的。这揭示了教育的必要性。人具有可成为人的一切的可能，然而，“假若要形成人，就必须由教育去形成”，虽然“知识、德行和虔信的种子是天生在我们身上，但是实际的知识、德行和虔信却没有这样给我们。这是应该从祈祷，从教育，从行动去取得的”[②]。这就是教育的必要性根据。人不仅具有可教育性，而且有对教育的需要性。

人的自身需要依靠现实来满足，作为主体，人具有反馈式增长的需要。“已经得到满足的第一个需要本身、满足需要的活动和已经获得的为满足需要用的工具又引起新的需要。”[③]人的需要是不断增长的，现实不可能一直满足人的这种需要，所以说人也会不满于现实，并批判现实，甚至抨击现实。在这种情况下，人便会发挥其主观能动性，力求改变现实以满足自身的需要。人的需要如果无法得到满足，人便会积极劳动，发挥自己的想象力，努力去创造更加丰富的需要对象。人也会因为社会的不公平或者是社会关系中不合理的部分，勇敢地投入到变革社会关系的斗争之中。无论对需要对象的创造或社会关系的变革，都是人不满足于现实并力

---

① 卡西尔著、甘阳译：《人论》，上海译文出版社 1985 年版，第 10 页。

② 夸美纽斯著、傅任敢译：《大教学论》，教育科学出版社 1999 年版，第 24 页。

③ 《马克思恩格斯选集》第 2 卷，人民出版社 1995 年版，第 256 页。

图改造现实的活动。[①]

人的所有活动都是为了人自身,人既是活动的主体也是活动的对象。作为活动的对象,人自我认识,自我评价,进而对未来提出一定的规划,以达到自我发展的理想状态——超越自我。现实自我是有社会现实规定性的自我,而理想自我是获得理想社会规定性的自我。[②] 所以,人在实践上对现实自我的超越必然导致对社会现实的超越,对理想自我的追求必然导致对理想社会的追求,理想与现实的矛盾是人与现实的矛盾的集中表现。[③] 理想的产生正是来源于现实。现实为理想的实现提供了一定的条件和动力,但同时又给人设置了一定的障碍和阻力。所以说,人改造现实,离不开现实为其设定的条件,人改造现实同样需要排除现实所设置的各种障碍和阻力,只有这样,才能达成自己的理想和使命,从而更好地创造更为理想的自我和社会。总之,"世界不会满足人,人决心以自己的行动来改变世界。"[④]人在这个世界上是以主体的姿态来处置和解决现实当中出现的各种问题,审视社会现实,解决各种矛盾,实现对自我的超越,从而实现自己的理想。通过这个过程,人实现了对人的现实和现实的人的改变,同时也完成了新的现实和新的人的创造。可以说,对于"人是什么"的千古追问,只有作为主体的人才有资格与可能给出答案。

马克思对"人是什么"的回答是:人是"使自己的生命活动本身变成自己意志的和自己意识的对象"的生命,是"有意识的存在

---

① 《马克思恩格斯选集》第 2 卷,人民出版社 1995 年版,第 259 页。

② 同上书,第 260 页。

③ 斯金纳著、王映桥译:《超越自由与尊严》,贵州人民出版社 1988 年版,第 200 页。

④ 《列宁全集》第 38 卷,人民出版社 1959 年版,第 78 页。

物”,“人的根本就是人本身”。“人的类本质是人与动物相互区别的最根本的特性,它最终地划分了人和动物的本质区别,是人的其他一切类特性存在的基础。”①

正如我们之前所了解到的,人与动物的根本区别就在于:动物只是顺应自然而活着,而人能“使自己的生命活动本身变成自己意志的和意识的对象”。人要有自己的意识,才能激发内在的自然力去达到更高的精神世界。因此,作为人类,我们有作为生物个体的内在需求,马斯洛的需求理论也为我们揭示了人类的需求从低级到高级,当满足基本物质生活需求之后,我们应思考着去实现更高层次的需求。追求精神世界升华,这是人不同于动物的特有的意识反应。

人之所以能发展,是因为人首先作为人存在着,本身有潜在的、未发展的自然力,并且这种自然力是能动的。人的生物学生长伴随着经验、心灵与精神的生长,人的意识指导着人们的生活与实践,这种意识也是可以发展的。人之伊始即有教育,教育作为一种现象,可以通过其特有的方式指导人更好地成长为人,实现他们对美好生活的追求。人的发展是在遗传、环境和教育的影响下实现的,其中教育在人的发展中起主导作用,它根据一定社会发展的要求,根据青少年身心发展的规律,选择适当的教育内容,采取有效的教育方法,对人进行系统的教育和训练,保证了人的发展方向,从根本上消除了环境对人的影响的凌乱性、自发性和盲目性。

由是观之,人的未完成性、存在性和生发性,既是人的生长存续与自然界发展变化的根本区别,也是“人类”教育活动的出发点,

---

① 《马克思恩格斯选集》第 3 卷,人民出版社 1960 年版,第 80 页。

是人类社会教育区别于动物界类似“教育行为”的本能的根本特征。人的生长发展具有特殊性，我们虽然探索和掌握了人身心发展的一些规律，但是我们不可能也不应该用这种规律来训练、改造甚至是控制人的生长发展过程。人的发展是主体能动的发展，我们人类对自身身心发展规律的控制并不是完全的，而是有一定限度的，这正是由身心发展规律的本质特性所决定的。在教育活动中，人与人之间建立的关系是主体间的交往关系，这种关系的建立是通过客体中介完成的。这种关系是不能仅仅通过某些规则来协调和控制的，在这一方面，伦理规范占据着更为重要的角色。人的生长发展并不像自然界的普通的发展变化，而人的教育活动更是与人改造大自然的活动有着本质的不同。

综上所述，人的生长发展的基础是建立在自然界一般发展变化上的，但我们需要注意的是人的生长发展有其特殊性，只有保证其特殊性，人的教育才能避免成为训练动物的机械运动，避免成为改造自然的一般活动。在这样的情况下，我们才能说我们的教育是尊重人的身心发展规律的。

二、教育与社会之发展

教育不可能独立于社会之外。

教育学理论初步形成的时候还是基于学校的教育实践，但是，随着教育学理论的深入发展，教育与社会的关系成为教育学理论关注的主要内容。

教育能够在社会中顺利发展的一个重要前提，便是正确认识和把握教育与社会之间的关系。

“文革”结束以后，国内教育学界对教育与社会之关系的基本认识大体上可归结为两句话，即教育既受社会制约，又反作用于社会。[①] 对教育与社会关系的论述，基本上都围绕这一基本认识展开。

（一）教育的社会属性

教育是培养人的一种社会活动，它的社会职能，就是传递生产经验和社会生活经验，是促进新生一代的成长和社会生活的延续与发展所不可缺少的手段，为一切人、一切社会所必需。从这个意义上说，教育是人类社会的永恒范畴，与人类社会共始终。随着社会的发展，人类积累的知识越来越丰富，教育对人的发展和社会发展的作用也就越来越显著。只有通过教育（不仅仅指学校教育，还包括社会教育、家庭教育等），人才能成为真正意义上的“人”。

我们来看看印度狼孩的故事，狼孩刚被发现时，生活习性与狼一样：用四肢行走；白天睡觉，晚上出来活动，怕火、光和水；只知道饿了找吃的，吃饱了就睡；不吃素食而要吃肉；不会讲话，每到午夜后像狼似的引颈长嚎。护理人员经过七年的教育，才掌握 45 个词，勉强地学几句话，开始朝人的生活习性迈进。她去世时估计已有 16 岁左右，但其智力只相当于三四岁的孩子。如果狼孩在出生时不属于先天缺陷，则这一事例说明：人类的知识与才能不全是天赋的，直立行走和言语也并非天生的本能，所有这些都是后天社会实践和劳动的产物。

心理学研究已经证明，人类从出生到上小学以前这个年龄阶段，对人的身心发展极为重要。因为在这个阶段，人脑的发育有不

---

① 南京师范大学教育系：《教育学》，人民教育出版社 1984 年版，第 70 页。

同的年龄特点，言语的发展可能有一个关键期（发音系统逐渐形成比较稳定的神经通路，以后要重新改变，非常困难）。错过这个关键期，会给人的心理发展带来无法挽回的损失。因此，长期脱离人类社会环境的幼童，就不会产生人所具有的脑的功能，也不会产生与语言相联系的抽象思维和人的意识。这就从正反两个方面证明了人类社会环境和教育对婴幼儿身心发展的决定性作用。

教育不是纯粹的，更不是存在于真空之中，而是社会的存在。当然，在今天，随着社会的发展，随着教育系统的越来越庞大，信息涵盖量的丰富，社会变化的瞬息万变，人们认识到仅仅强调教育的非纯粹性已经远远不够。我们还必须认识到，教育本身是一个复杂的大型场域，而社会则更是一个不知要复杂多少倍的"巨型场域"（在布迪厄看来，"国家就可以被看成是诸场域的复合体"[①]），是一个极为复杂的场域之网。

社会这一巨型场域之网包含了政治、经济、文化等各个方面的内容。从涉及的种类来看，仅以经济层面的场域为例，便包括了工业场域、农业场域、信息产业场域、服务业场域等众多类型的子场域；而所有这些子场域自身，又都含有可继续细分下去的众多子场域乃至更下位的具体场域。[②] 不过，社会作为巨型场域之网的真

① 皮埃尔·布迪厄、华康德著，李康译：《实践与反思——反思社会学导引》，中央编译出版社1998年版，第153页。

② 在布迪厄的场域理论中，有些场域与特定物理空间并无必然的、固定的关系，诸如经济场域、政治场域、哲学场域、文学场域、艺术场域、宗教场域、社会学场域、科学场域、知识分子场域等；有些场域则与物理空间有着相对稳定的关系，诸如大学场域、精英学校场域、单个建筑公司的场域等。可参见皮埃尔·布迪厄、华康德《实践与反思——反思社会学导引》，第71—299页。

正复杂之处，在于其所涵盖与涉及的众多场域纵横交错、交叉重叠，形成了你中有我、我中有你的相互牵绊、相互纠缠的错综格局。[①] 这也就是说，我们平时所了解的或讨论的诸如政治、经济或文化等，其实他们并不是只有政治、经济或文化等自身方面的内容，同时他们还包含或渗透着其他方面的内容。这也就说明，政治、经济、文化等内容实际上也不是纯粹的存在。

按照这种逻辑，我们自然就可以推导出教育也不是纯粹的存在这个结论。

本质是，在一定程度上，所有的教育（活动、系统、模式等）都会或多或少有着政治、经济、文化等社会因素的影子。也就是说，政治、经济、文化等社会因素都会不可避免地"加入"或"融入"到教育中。我们以教育的"政治加盟"为例，便可发现有三种情况。

第一种情况，为了政治目的而设计、实施的教育。这类教育存在的意义在一定程度上就是为了保证政治意图的实现。例如，学校会设置一些政治类课程或政治类内容。此类教育既是整个教育中的一个实体性组成部分（与语文教育、数学教育、外语教育等其他实体性组成部分并列），也是政治在教育中的一种"法定性存在"或"强制性存在"。[②]

第二种情况，并非为特定的政治目的而专门设计并组织实施的特定教育，虽然如此，但特定的政治对教育依然提出了要求。专

---

① 南京师范大学教育系：《教育学》，人民教育出版社 1984 年版，第 77 页。

② 在不同国家中，或者在同一个国家的不同时期，政治在教育中的这种"法定性存在"或"强制性存在"可能会有不同的呈现方式，有直言规训的显性方式，也有深潜渗透的隐性方式。但不论是怎样的方式，都表明着政治法定性地或强制性地存在于教育之中这一基本事实。

门的政治类课程之外的文史类课程及教学中被要求遵循或不得违反的一些政治原则[①],便是这样。这些教育因为需要符合一定的政治原则,遵循相应的规范而带有一定的政治色彩,所以说它们便成为政治中教育的“规范性存在”。

第三种情况,教育自身所带有的教育性与政治性双重属性。例如学生在班级中,自我组织社团、管理社团、维护社团,或者在学校生活中,自我保护、争取权利等,既属于教育范畴,因为这是学生在学校的引导下,学生自我学习与体验的重要方式之一;也带有一定的政治色彩,是政治活动在学校的复制,因为这也是一种社会的政治生活,这种生活延伸到学校教育中,以一种特殊形式进行“预演”。也正是因为这样的原因,使得教育成为社会政治场域中一个不可缺少的部分。

由此可见,教育中无处不在的“政治印记”说明,所有的教育都不可避免地和政治有着千丝万缕的关系。可以毫不夸张地说,政治就在教育中生存。也可以说,政治是教育中的一种成分、一种特性。这些政治成分或政治特性展现着政治场域与教育场域的交集。[②] 从这个角度来说,教育实际上是一种特殊的政治,这种特殊性体现在育人方式上,体现在它是通过教育来呈现和实现的。

这些认识的产生既源于对教育的认真观察,也是鉴于对理想教育观的深层剖析。理想的教育并不是说就要疏离政治生活,相

---

① “政治原则”本身是个中性概念。问题不在于学校的课程与教学中是否存在属于政治原则方面的要求,而在于存在着什么样的政治原则方面的要求。

② 南京师范大学教育系:《教育学》,人民教育出版社 1984 年版,第 44 页。

反，教育并不应该远离政治，而是应该以一种正确的方式培养“政治人”。亚里士多德曾一针见血地指出：“人天生就是一种政治动物。”[①]从这个角度来说，培养“政治人”便是教育的一个重要目标。实际上，很多人在呼吁理想的教育，呼吁教育能够培养孩子的自由意识，教育应该让孩子养成独立自主的精神品质，实际上这种对教育的构想本身就富有十足的“政治”色彩，因为这些品质属于权利、权力的范畴。所以说，教育的关键并不是要不要培养“政治人”，而是以什么样的方式培养什么样的“政治人”。[②] 认为教育与政治没有关系，教育的目的就是培养纯粹的人，认为教育没有任何政治成分的说法，都是片面的、不切实际的。[③]

同样，如果我们按照这种思路和逻辑来认识教育，会发现教育也会包含经济、文化及其他社会因素，也会存有经济印记、文化印记，以及其他社会印记。于是，我们同样可以认为，教育其实也是一种经济、一种文化、一种其他的社会因素，是呈现于教育之中并通过教育而得以实现的特殊的经济、特殊的文化、特殊的其他社会因素等。[④]

从这里可以看出，把教育看成是一种独特的政治、经济和文化活动，与我们通常说的“教育是一种培养人的活动”并不矛盾。前者没有无可能否定后者，而是要在肯定后者的前提下，实事求是地

① 亚里士多德：《政治学》，九州出版社 2007 年版，第 11 页。

② 胡德海：《教育学原理》（第二版），甘肃教育出版社 2006 年，第 427 页。

③ 同上书，第 428 页。

④ 这一观点受嵌入性理论的启发而形成。有关嵌入性概念及理论，详见卡尔·波兰尼《大转型：我们时代的政治与经济起源》（冯钢、刘阳译，浙江人民出版社 2007 年版）。

审视一下与政治、经济、文化等社会因素“划清界限”的单纯的教育究竟是否存在，不具任何政治、经济、文化等社会属性的单纯的人究竟能否诞生，以期对教育自身社会成分的复杂性和培养的人的意涵的丰富性获得更加真实、全面的认识。[①]

（二）教育与社会的供需关系

“教育与社会之间从来都存在着彼此依存的关系。这里的所谓依存关系，也就是指社会的存在与发展要以教育为条件，而教育的存在与发展不仅要以社会为依托和条件，而且要以社会提供的条件为条件。这种互为手段与条件的关系，也就是彼此间相辅相成、相得益彰的关系，说到底，也就是存在于双方之间的一种相互供求或供需的关系。”[②]

正是社会的存在和发展促进了教育的产生与发展，而教育则依靠其自身通过传递文化、育人等手段来满足社会的需求。在这种情况下，教育与社会之间便形成了一种供需关系。不可否认的是，教育活动的产生与发展，既离不开社会的支持，也需要社会为其提供各种各样的条件。在这里，我们需要明白，如果说教育活动是当前社会生活中唯一存在的教育形态，那么教育活动所受到的社会扶持通常不是显性的，也就是说，往往不会轻易被人所觉察。但是一旦教育事业不是社会生活中唯一的教育形态，那么社会为教育事业提供的条件，就不再是隐形的了，而是显性的。为什么会出现这种情况呢？那是因为教育活动在社会生活中本来就是一种

---

① 胡德海：《教育学原理》（第二版），甘肃教育出版社2006年，第429页。

② 同上书，第427页。

隐性的存在，而教育事业则因有其结构和规模，就成为具体的实体了。[①] 教育事业一旦成为实体性质，社会便需要为其存在和发展提供各种各样的条件，而这些条件不仅现实可见，并且还是复杂多样的。社会需要给它提供各方面的物质条件，因为所有的社会实体要想更好地生存发展，首先需要的便是物质条件的保证；而社会也会对教育提出更加具体和明确的需要，有时候还会提出政治和经济上的要求。

教育和社会的关系，犹如子宫和母体的关系。婴儿发育成形的场所是子宫，其成长自然也会受母体影响，但子宫环境又具有某种独立性。同样，在教育系统中，社会成员精神发育、成熟的场所是教育系统，受教育者的精神成长受到社会的影响，但教育系统又具有某种独立性。当然，两者也有不同：随着胚胎不同阶段的变化，子宫也会发生变化；而教育系统则通过托儿所、幼儿园、小学、中学、大学等不同学校教育机构来适应受教育者在精神上的不同需求。

教育系统也与子宫一样，它所需的营养等条件不仅从母体系统获得，而且也可以通过血液中的“激素”获得，如教育方针的调节控制等。社会系统既提供教育系统所需的能量，又输入一部分信息，正如控制婴儿发育的主要信息荷载在染色体上一样，控制受教育者精神成长的主要信息荷载在任课教师的脑中。[②] 就像胚胎发育的重演现象，这些信息使人类精神的生发、成型的历程在受教育者的头脑中重演。从这个意义上来说，教育系统也可以被说成是

① 胡德海：《教育学原理》（第二版），甘肃教育出版社 2006 年，第 428 页。

② 万光侠：《人的存在的哲学阐释》，《济南大学学报》2005 年，第 15 期，第 5 页。

"为了未来而重演过去的现在"。"现在"即学校,或者说学习机构,学校里有教学楼,有教学人员,有行政管理人员,还有一定的现代化教学设施。"过去"即前辈或当下人们创造的精神财富,是教师与学生间的讲授式,也可以是示范式或导师指导式;"未来"则指学生受到一定教育后,在以后的道路中所作出的选择,为社会作出的可能贡献。

综上所述,教育和社会之间是供需关系,是一种依存性和双向性关系,如同子宫和母体之间的关系,它们相互依靠,相互生存。教育与社会之间存在着双向互动的关系。

(三)教育在人与社会矛盾关系中的中介地位

人不仅具有可教育性,而且有对教育的需求,这是因为人是"合群的动物",作为个体的人只有在社会中才能生存。个体获得生存能力需要教育,要成为一个社会认可的人,更需要教育。根据人的主体性划分,人的存在首先是人的类存在,其次是人的社会存在,最后是人的个体存在。

社会是一个大系统,是由多个子系统构成的,包括政治、经济、文化、教育等。多个子系统相互作用,共同推进社会的发展与进步。其中,教育作为一个重要的子系统,对政治、经济、文化、生态等子系统都产生作用与影响:教育一方面受到社会政治经济制度、经济发展水平、文化和人口等的影响和制约,另一方面教育也反作用于社会发展。

人的发展与社会发展之间既存在着双向互动的供需关系,也存在着一定的矛盾关系。这种矛盾关系主要体现在:人在认识世界、改造社会的过程中,与社会的发展和要求存在一定的差异,而正是这些差异形成了人的发展与社会发展之间的矛盾。在一定程度上说,人们在认识社会的同时,社会也一直在发生变化,产生新的问题;同样,人们改造社会的同时,又会因为社会的发展,产生新的问题,面临新的状况。所以说社会一直在发展,而人们也一直面临新的社会问题,也会因此一直对自己提出新的要求,不断提高自我,以适应社会的发展。如此说来,人的发展与社会的发展便是在这种相互矛盾中互相发展起来的。

在人的发展与社会发展的矛盾运动中,我们需要不断提高自我发展水平,以适应社会发展的需要。所以说,人在社会活动中,在社会的认识过程中,在社会活动的适应中,在社会活动的改造过程中,矛盾是不断出现的,但人凭借自身的力量可以解决这些矛盾,也正是矛盾解决的过程反过来推动着人自身的不断发展。

而这一矛盾的产生又可以从不同的角度进行分析。就发展方向来说,人的发展方向并不是自由自在、漫无目的的,而是受社会发展方向规定的。但是人并不是心甘情愿地接受这种制约和规定,在一定程度上,人总是试图超脱社会发展方向的制约。这样来,人的发展方向和社会的发展方向又出现一定的矛盾。这种矛盾具体体现在一定的政治方向的矛盾上,当然还表现在诸如个人与社会之间的利益冲突等领域。

就发展水平来说,人的发展水平建立在社会发展水平基础之上,又受着社会发展水平的制约;同样,人不会心甘情愿地受制于社会的制约。在一定程度上,人的发展水平又总是试图超越社会发展水平的制约,在这样的情况下,人的发展水平和社会的发展水平也会出现矛盾。除此之外,人的发展水平在一定程度上又会出现比社会发展水平及其要求落后的情况，这也造成了矛盾。

就发展结构来说，人的发展水平和社会的发展水平之间的矛盾具体表现在人才的群体结构和社会的结构性需求之间的矛盾。人才的群体结构受社会结构的制约，并趋向于满足社会人才结构对它的需求。不管在什么时期，人才的群体结构与社会的结构性需求之间总是存在着一定的矛盾。

就发展的需要和可能来说，人的发展和社会发展之间也存在着一定的矛盾。与社会发展不同的是，人的发展存在着某种需要，并且有着无限可能。有的时候，社会为人的发展提供了一定的条件，但是，人的发展却没有与此相关的某种需要。

就发展规律来说，人的发展虽然有其自身的规律，但是这种规律并不是不受任何约束的。社会客观条件既有可能促进人的发展，也有可能阻碍人的发展。这是因为社会的客观条件如果有利于人的身心发展规律的实现，那么就有利于促进人的发展，否则便会破坏人的身心发展规律，不利于人的发展。

人的发展与社会发展的矛盾是非常复杂的，但就其性质来说，有对抗性的矛盾和非对抗性的矛盾两种情况。非对抗性矛盾主要是指因个人需要与社会需要的不完全一致而造成的。虽然说社会一方面促进了人的个性发展，但是同时又对人的发展作出一定的限定，要求人的发展符合社会的需要，避免出现阻碍社会发展的人格个性的形成。在这个过程中，如何把握好分寸，促进人的更好发展是非常重要的。

对抗性的矛盾主要是由于个人的利益、需要与社会的利益、需要存在根本性对立而造成的。这种矛盾的产生与生产力的发展水平、社会阶级的对抗等都存在很大的关系。在这种情况下，社会与个人形成对立的关系，并破坏人的潜能的发展。个人的发展与社会的发展处于对立时，会出现三种情况：社会的发展建立在牺牲部分人的发展基础上的，例如在资本主义初期，大工业的出现也是依靠广大工人的畸形发展换来的；第二种情况就是通过牺牲一部分人的发展而换取另外一部分人的发展，如少数人得到发展的垄断权，那么大部分人就会失去了发展的基础；第三种情况是，人的活动以损害和否定主体的发展为代价，如在异化劳动中，物化劳动不是对活动主体的确证，而是否定。就上述三种情况来说，实际上它也是符合一定的历史发展规律的，是黑格尔意义上的"存在即合理"。资本主义时期，社会生产方式虽然对人的发展有一定的否定，但是它是社会总的发展进程中必然的环节，它仍然包含着对人的发展的肯定因素。

人的发展与社会的发展的矛盾如何来解决呢？如何让矛盾的双方相互转化、相互促进呢？这种矛盾的解决离不开教育。教育，可以转化社会的要求，通过合适的方式更好地培养社会需要的人才，从而调和人的发展与社会的发展之间的矛盾，实现两者的相互转化和相互促进。教育一方面为社会造就符合社会发展要求的人才，同时也根据社会发展的要求促进人的社会化。

正是由于教育的中介转化地位，教育既需要遵循人的发展规律，也必须适应社会的发展规律和教育自身的发展规律。只有遵循规律，才能更好地处理教育与人的发展关系、教育与社会的发展关系、社会与人之间的关系。

教育要解决人的发展与社会发展之间的矛盾，实现这两个发展的要求，就需要实现两个转化：一是把教育所面临的外在性的人的发展水平与社会发展要求之间的矛盾转化为教育的内在矛盾，即教育要求与受教育者发展水平之间的矛盾；二是把对受教育者来说属于外在性的教育要求与受教育者发展水平之间的矛盾转化为受教育者自身发展的内在矛盾，即受教育者自身的发展要求与他现有发展水平之间的矛盾。[①] 教育只有实现这两个转化，才能更好地在人的发展水平与社会发展水平之间的矛盾中发挥作用。教育的特殊功能就是把社会要求转化为受教育者的素质，使受教育者符合社会发展的要求，成为社会的有用之才。教育对社会的影响是间接的，是通过教育所培养的人来实现的。如果否定了教育对人的作用，那么也就否定了教育的社会作用。教育的质的规定性就是培养人，我们只有首先明确了这一特性，才能进一步讨论教育的其它特性；也只有认清这一点，我们才能办好教育，办好学校，更好地履行教育的社会作用。

总之，教育的中介转化作用的主要目的就是培养人，通过对人的培养来促进社会的发展，或者说把社会发展的要求转化为人的素质，使得社会历史发展的主体真正地成为人。立足于培养人来解决人的发展与社会发展之间的矛盾，是教育的根本主题和永恒课题，也是教育的发生和发展的根本依据。[②]

（四）教育的职责履行

教育的主要职责是培养人才，“子以四教：文、行、忠、信”（《论

---

① 米歇尔·德博维：《教育和国际新秩序》，载《世界教育展望》，教育科学出版社1982年版，第80页。

② 简·克罗辛斯基：《欧洲社会主义国家的高等教育》，见上书第162页。

语·述而》)。这主要是告诉人们个人修养的重要性,而教育也必须注重个人品德。"大部分国家的官方教育政策是学校应该为促进人们生活机会的平等作出贡献",一方面是"真正的教育目标(如培养审美趣味和文学鉴赏力)",另一方面是"职业竞争环境中很突出的实用目标"。[①] 还有的要求为普通学校毕业生创造一个满足社会要求的教育模式,这个目标就具有社会性,偏于社会目标。有的是指向"跟上国家前进的步伐和科学技术革命的步伐"[②],"把教育规划和经济规划结合起来"[③],"为社会培养建设人才……提高人们的思想觉悟,确定社会政治原则"[④]。这些目标将教育功能绑定在科技、经济、政治之上,并作为功能实现的衡量标准。

就如同人生面向未来一样,教育也是面向未来的事业。

教育很大程度上是为了社会的延续与发展。从长远来看,社会需要完整的教育。通过教育,受教育者获得了知识,并因而获得一定的生存能力和发展能力,尽快"进入角色"。即便有些工作需要一段时间的培训,但是拥有教育所赋予的知识和能力,受教育者能够在相对较短的时间内熟悉自己的工作。另一方面,科学技术飞速发展,社会越来越需要教育能够培养出具备多方面能力的人才,依靠自身的素养,在自己收获美好生活的同时,也促进社会和谐稳健地发展。

---

① 托斯顿胡森:《教育的目前趋势》,载《世界教育展望》,教育科学出版社 1982 年版,第 196 页。

② M.斯卡特金、E.G.柯斯贾什金:《苏联普通教育制度发展的前景》,见上书第 200 页。

③ 米歇尔·德博维:《教育和国际新秩序》,见上书第 80 页。

④ 简·克罗辛斯基:《欧洲社会主义国家的高等教育》,见上书第 162 页。

实际情况是，“未来”绝对不能是“现在”的简单延续，就如同一个母亲只有注重对孩子各方面的培养，才能使得孩子获得未来的全面发展一样，教育必须注重能力和精神的培养，才能使受教育者走向社会时，在实现自己、发展自己的同时，创造更多、更大的社会价值。

老生常谈的一句话是，提高学生能力的一个重要途径就是“把基础打扎实”。但是，基础为何物？或者说，人的生存发展最需要的基础知识是什么？基础知识往往具有长远价值。研究表明，幼年时期所受到的语言能力的培养通常能够延续到生命的最后。同样，小时候所受到的审美教育将会延续到成年时候的审美标准，小时候形成的交往体验也会影响以后的人际沟通。小学时候所形成的阅读能力和书写能力同样会对一个人的中年时代产生影响。当然如果有些基础知识不常用，也会遗忘。

有人比喻有关基础知识对未来的“效用”，很像是以“毕业”为镜面的过去学习的投影。过去的学习越是远离镜面，越是有基础性，它所投射出的影像在未来的“效用”也越远；另一方面，如果镜面前移，即在较早阶段就中断学习或毕业，则教育的效用也会缩减。[①] 同样，就像只读完小学的人，如果平时不看书，其写作能力和阅读能力都会比较差；而读完高中的人，如果工作后，很少用到高中所学到的知识，也会很快遗忘；即便是读完大学的人，如果不再接触数学和英语，也会遗忘掉相当一部分。

知识的学习符合“用进废退”规律，只要反复用就会进步，而长时间不用就会遗忘，会退步。特别是基础性的知识，因为重复使用

① 吴康宁：《教育究竟是什么》，《教育研究》2016年第4期，第8页。

的可能性最大，所以说基础知识就更有“基础性”价值。随着年龄的增长，人们所学知识量的增加，人们掌握的基础知识也越来越多，范围不断得到扩大，如何把新学到的知识容纳到受教育者已有的知识架构中，同时对已经掌握的知识进行适当的选择，这是教育系统的“遗传工程”，它直接关系到受教育者知识结构的形成。

教育的首要任务就是培养人，否则便会失去其存在的价值。教育为社会培养人才，这是教育系统中的一条铁律，也是教育价值的自我实现。与此同时，我们也需要思考：教育职责的履行需要社会提供什么样的条件？

除了作为介质的知识，还有这个过程中不可或缺的重要组成之一——教师。

教育者尽管被称作“人类灵魂工程师”，教育职业虽然被称为“太阳底下最光辉的职业”，但是教育者所具有的“人”这个属性是改变不了的，尽管教育者被社会套上不少的光环，被期待作出重大贡献，但是，作为教育活动中正常的“人”，他们有着追求正常生活的权利，既有追求物质生活的权利，也有追求精神生活的权利。如果只是让教育者一味地付出，希望教育者更大程度的奉献自我，尽可能多的给予受教育者帮助，却从来不关心教育者的生存发展，不考虑他们的生存状况，这样是不公平的也是不合理的。

在发展和谐、风气良好、环境友善的社会，教师的地位一般都是较高的。现实中，不管教育者处在社会系统的什么位置，他们都有权利得到更好的资源、更优渥的条件。指望教育者只讲奉献，指望教育系统只讲产出，而不支持、不鼓励并且在实际上不允许教育者与教育系统为了自身生存发展、为了更好履行职责而提出必要的利益诉求、争取各种必需的资源及应有权利，既不符合社会交换的基本原理，[①]也与社会生活的正常开展和延续相违背。

所以说，我们要实事求是地对待教育与社会的关系。社会理当为教育者提供一定的条件保障。如果说社会为教育提供的条件是“耕耘”，教育者所履行的社会职责是“收获”，那么，我们便可以说教育与社会之间的关系便是“一分耕耘，一分收获；十分耕耘，十分收获；没有耕耘，没有收获”。

更深层次来看，在履行教育职责时，教育和社会立场不同，应该各有各的胸怀。就教育者而言，教育者应当履行职责，认真负责，担负起为社会培养人才的重要职责；就社会而言，也应当主动为教育活动提供一定的保障，而不是希望教育者在教育活动中能够一直“无私奉献”。社会在教育活动中负有不可推卸的责任。只有社会和教育各司其职，互相辅助才能推动教育的和谐发展，促进社会的公正和谐。

教育有自己的规律，人才成长的过程绝不同于工业化过程，学术发展与科学研究的过程也绝不同于工程化的产出。社会及其管理者必须知道，教育是一种心灵与心灵的对话与唤醒过程，科学研究是一项自由志趣的事业，任何对教育功利化、肤浅化、机械化的理解最终都已经被证明是无效的。

（五）教育的社会地位

教育的社会地位问题显然包括应然与实然两个层面。这是理

---

① 关于社会交换理论，详见 G. G. Homans “Social Behavioras Exchange”一文，载 *American Journal of Sociology* 杂志 1958 年第 6 期；G. G. Homans 的 *Social Behavior: Its Elementary Forms*, Harcourt Brace & World, 1961, pp. 16—39；彼得・布劳《社会生活中的交换与权力》(孙非、张黎勤译，华夏出版社 1988 年版)，第 104—134 页。

想与现实的裂痕。

在应然层面，我们无法漠视的是：教育应当具有或享有怎样的社会地位？在实然层面我们却不得不面临的问题是：社会系统中运行着的教育究竟居于何种地位，这种社会地位究竟又是如何形成的？对于实然层面的第一个问题，依据一定的数据资料（诸如教育经费投入在GDP中所占比例、教师与其他领域从业者的收入比较、高校优秀毕业生愿意从教者的比例等）基本可以作出一定的判断；而对于第二个问题，需要深度的、综合的研究探讨。

毫无疑问，教育地位取决于社会系统的赋予，无论是具有基础性和标志性的经济收入，还是社会对教育系统的敬重与口碑，都直接来自外部社会。但是，这里我们不禁要问，真的是外部社会决定了教育的社会地位吗？教育的社会地位难道完全不受自身状况的影响吗？

对于教育的社会地位问题，主要在于搞清楚外部社会是如何影响教育的社会地位的，而这却往往是人们在呼吁教育的社会地位提高时所忽略的一个问题。

诚然，社会在赋予教育的社会地位的时候，首先要考虑的是教育对社会的重要性。如果社会认为教育在社会中的确存在必需且不可替代的作用，那么社会便会重视教育，并相应提高教育的社会地位，而这与社会的经济实力并没有多大的关系。如果社会真的重视教育的发展，那么即便这个社会的经济实力并不强大，它依然会拿出较大比重的资源来支持教育的发展。比如“二战”以后的日本就是例子。同理，如果社会不够重视教育，或者只是表面和口头上的重视，那么社会依然不会提高教育的地位。这是显而易见的道理。

再展开一点来说，社会对教育的重要性的判断可分为两种性质：一是基于长远视野而对教育在推动社会发展中可发挥的作用进行的一种根本性判断，二是基于现时效用而对教育在某一时段内可显示的用途的一种功利性判断。[①] 在现实中，社会对教育的重要性的总体判断便是这两种不同性质的判断复杂互动的结果，是社会赋予教育以一定地位时的主要依据。[②] 在教育活动中，教育者自然是希望社会能够赋予教育更高的地位，希望社会能够具有长远眼光，不要只看教育的现时效用，不要对教育作出过多的功利性判断，而是真正的重视教育，提高教育的社会地位。

同时，社会系统对于教育系统的地位赋予也同社会对教育状况的敬重程度有关。如果说社会系统能够认可教育的现有状态，并对教育作出较高的评价，那么自然而然地，社会系统便会给予教育较高的敬重程度；但是，如果社会对教育给予较差的评价，这样便会对教育地位的提高产生一定的影响。这些道理依旧符合社会交换的基本原理。

从理论上说，社会对于现实教育状况的敬重程度应当取决于两种因素。一种因素是社会系统基于教育的实际效用的判断而产生的“现实绩效敬重程度”。如果说教育不能够促进学生的健康成长，不能提升学生的精神境界，不能促进学生智慧的发展，不能导致学生更好的成就自我……也就是说，如果教育不能回应社会的合理的人才需求，不能增加社会与人类的福祉，社会自然不能给

---

① 吴康宁：《教育究竟是什么》，《教育研究》2016 年第 4 期，第 8 页。

② 同上。

予教育较高的敬重，自然也就不可能重视教育，更遑论提高教育地位。

另一种因素则是社会基于教育自身的精神样态的评价而产生的一种“职业品质敬重程度”。具体说，如果教育者有高尚的职业情怀、崇高的职业信念和科学的职业理念，在教育实践中如果教育者在学校的各个方面体现出人文关怀，在教育的全要素中表现出教育职业本身所应有的爱、善、正义、义务的伦理情怀，在教育的全过程中呈现出教育职业从业者的严谨、科学、童心、志趣……那么教育一定会赢得社会的尊重。在社会中，这种彼此尊重的氛围也会对社会尊重教育的过程产生积极影响。

不难看出，教育的地位虽然是外部社会系统赋予的，但社会系统对教育的敬重程度则在某种程度上受到教育自身精神状态的影响。明白这一点，教育系统内部在希望或呼吁社会能够给予教育更高的社会地位时，教育自身应当也呈现出足够饱满的精神状态，呈现出一种明亮、积极、乐观、和谐的精神面貌，来匹配社会所应赋予它的敬重；否则，社会便很难积极主动、心甘情愿地给予教育较高的社会地位。外部社会评价重在对教育工具价值的认可，教育自身的状态则是教育本质价值的体现，二者的有机结合与融通是教育价值转化为社会地位的关键。所以说，外部社会的重视是一个方面，教育系统自身的精神状态是另一个方面，这两个方面都会对教育的社会地位的提高产生重要影响。

（六）教育的角色扮演

在社会发展过程中，教育扮演怎样的角色？

通常来说，考虑到教育与社会的应然与实然关系，教育的角色扮演包括两个问题：一是教育应当扮演的角色问题，二是教育实际扮演的角色问题。[①] 一般来说，教育的使命决定了教育所扮演的角色，教育与社会的关系影响了教育在社会中所扮演的角色。教育在社会中所扮演的实际角色包括两个方面：一是教育究竟在社会中承担的是什么角色，二是教育为什么会在社会中承担这个角色。

社会决定论认为，教育属于社会，应当为社会所服务，同时受社会的限制。在社会发展过程中，社会处于强势的一方；而教育处于弱势的一方；在教育与社会的关系中，教育应当满足社会的需求，教育应当服从社会的期待和希望。换一种说法，社会决定了教育承担的角色。

教育能动论认为，教育是有一定的能动性的，教育系统在社会中是独立自主的，而不是社会的附庸。教育有着自己的价值判断，在社会向它提出要求的时候，教育可以根据自己的价值标准作出判断与选择。也就是说，在社会这个大场域中，教育承担的角色是由教育自身所决定的，是教育根据自己的意志作出的选择。

实际情况是，教育既非社会决定论所描绘的那样被动从属，也非教育能动论所论述的那么独立自主，教育实际上受多方面的影响，它扮演的角色也会受到各方面的影响，其中最主要的影响有两个：一是主观的教育的态度，是教育系统所有的，基于自身的价值取向与利益权衡而形成的对于社会发展进程的态度[②]；二是客观

① 吴康宁：《教育究竟是什么》，《教育研究》2016 年第 4 期，第 8 页。

② 同上。

存在的，是教育所被赋予的地位，是现实社会中，教育客观存在的地位。

如果把教育对社会发展的态度大致分为赞同、漠然及反对三种，并把教育的实际社会地位大致分为高、中、低三种状况，教育的实际角色便有九种可能(表 1-1)。①

表 1-1　教育的实际角色基本类型

		教育的实际社会地位		
		高	中	低
教育对社会要求之态度	赞同:推动者	启蒙者	协助者	顺应者
	漠然:逍遥者	超脱者	旁观者	逃避者
	反对:抵制者	逆行者	批评者	拖延者

本表构型源自(日)新堀通也的《教育的病理——教育病理学的结构》，详见陈桂生等选编的《教育与社会发展》，瞿葆奎主编的《教育学文集》第 3 卷，人民教育出版社 1989 年版，第 569 页。此处对新堀通也的原表有多处改动，并在下文中依据笔者自己的理解对表中所列各种基本角色类型进行了相应解释。

通过表 1-1 可以看出，随着社会的发展，教育的角色发生着变化，但总的来说，可分为三个范畴。

推动者　当教育基于自身价值取向与利益权衡对社会发展进程及其要求持赞同态度时，全力以赴地推动这一进程便会成为教育的必然选择。② 但是，就教育的推动者角色而言，它的基本类型并不是一成不变的，而是会随着实际情况的变化而有所变化。换一种说法，如果教育在社会中占据较高的地位，那么教育通常便会

① 吴康宁:《教育究竟是什么?》,《教育研究》2016 年第 4 期，第 8 页。

② 同上。

在社会中占据着启蒙者的地位。教育系统在社会系统中会认真阐述社会发展与要求的合理性，会全力思索，尽自己所能讨论社会发展所面临的各种问题，并根据社会需求培养社会所需要的人才，而这些都可以称教育为社会的启蒙者。但是，如果教育地位得不到满足，与教育系统对自己地位的期望值不符，那么教育系统便会产生一种失落感，感觉自己的分量的轻微，难以自信地承担启蒙者的角色，当然，教育依旧会积极融合到社会的发展进步当中，但是它会自觉退出启蒙者角色，而以协助者自居。但是如果教育的社会地位较低，那么教育也会相对来说比较低调，尽可能地做好自己的事情，承担好自己的责任，对社会比较顺从，当然也会积极地参与到社会的发展进程中。这种顺应在总体上也还属于推动的范畴。

抵制者 与推动者的总体角色截然相反。[①] 如果教育只是考虑自身的权力、利益，教育系统追求自己的价值取向，追求利益最大化，并对社会的发展持反对态度，那么教育有可能就会阻碍社会进程的发展，当然它的阻碍程度也会随着教育系统地位的变化而有所变化。如果教育在社会系统中占据较高的地位，而教育承担抵制者的角色，那么教育就会明确站在社会发展进程的对立面，并且采取实际行动，阻碍社会的发展进程。但是如果教育在社会系统中占据不高也不低的中等地位，教育系统便不敢在社会发展进程中我行我素，光明正大地阻碍社会的发展进程，因为教育系统在这样的情况下，并没有足够的能量，但是教育系统依旧会尽可能地试图阻碍社会的发展进程，只是能量可能会产生一定的浮动，或强

① 吴康宁：《教育究竟是什么？》，《教育研究》2016 年第 4 期，第 8 页。

或弱，或显或隐。教育系统在这个进程中会发出一些质疑和不满的声音，并且会作出一定的批评，而这种批评便是对社会的阻抑行为的表现。从这个角度来说，教育所承担的就是批判者的角色。但是，若教育在社会中的地位非常低，那么教育系统便会对社会的发展变化深感无力，此时教育系统因其自身的地位而没有过多的能量去阻抑社会的发展，也就不能对社会作出质疑和批判，而也正是因为这种状况，教育系统更多的会呈现出一种消极沉默的状况，即便在它力所能及的范围内，它也会拖沓卸责，消极怠工。

逍遥者 介于推动者与抵制者之间。这种角色往往是教育系统通常会扮演的一种角色，因为在社会发展过程中，他们对教育承担的这个角色会持默认的态度，当然，随着社会的发展变化，教育的这种状况也会发生相关的变化。如果教育的社会地位要比预想的高，那么教育对社会的发展变化往往会比较超脱，会秉持一种任随社会自身发展的态度，即对此不过问，比较超脱。但是，如果教育的实际地位不低也不高，那么教育系统便不会如此洒脱，而是尽量拿捏好分寸，既不会阻抑也不会推动社会的发展，而是以旁观者的角色与社会发展保持一定的距离。但是，如果教育的社会地位比较低，那么教育系统便会竭力保护自身，会努力与社会发展变化保持距离，因为如果教育的社会地位低，就会不可避免地会受到外部社会的指使。为了避免这种情况的发生，教育系统会尽可能与社会保持一定的距离，甚至会刻意逃避社会的发展变化。这个时候，教育所扮演的便是逃避者的角色。

针对上述的分析，这里需要说明几点：第一，表 1－1 所展示出来的框架可能会指向所有的教育；第二，表 1－1 的框架不仅仅是针对国家整体范围内教育系统的角色扮演，还适合某一区域或某个学校中的角色扮演；第三，随着社会的发展变化，教育对于社会的发展进程会产生不同的态度，既可能会比较赞同社会发展的某一进程，有的时候也会对社会发展的某一进程持消极态度或漠然态度；第四，表 1-1 中九种基本角色类型带有韦伯所说的纯粹类型[①]的色彩，这并不是说假如把某一种现实教育所扮演的角色称为某种类型，就实际地成为了这种类型，也并不意味着如果将某一现实教育的实际角色称之为某种类型，那么该教育就一定只能纯粹的属于这种类型。

（七）教育的功能结构

阐述教育的社会功能是一件分外严肃却并无多少技术难度的事情，多种多样的阐释基于各种各样的视角和需求，但是说到底只是对人与社会的理想和信念的一种演绎性展开，诸如教育应当如何引导人的成长，教育与人到底是何种关系，教育与经济、文化、政治、究竟是怎样在彼此作用，如此等等。

相对而言，审视与判断教育实际功能的工作就要复杂得多，技术和伦理难度与纯粹的理想功能结构演绎自然不可同日而语，因为教育的实际功能不可能是教育的理想功能的彻底实现，而且，还有教育功能的滞后性无法得到当下的测量或辨识。教育实际上既不能使得人的成长实现完美的发展，也不能完美无缺地推动社会的发展、进步、繁荣、富强。所以说，就教育的功能而言，我们需要客观分析与审视，作出实事求是的判断。

---

① 纯粹类型，又译为理想类型、理想型、理念型，详马克斯·韦伯的《社会科学方法论》（李秋零、田薇译，中国人民大学出版社 1992 年版），第 84—99 页。

这样一来，就会涉及两个维度。

首先是功能性质维度，也就是说教育实际上发挥的作用是否与理想中教育的作用一致。若一致，便是正功能，否则就是负功能。[①] 当然，在说到教育的理想作用的时候，是不需要这个维度的，因为教育的理想功能总是伴随着一种美好的期望，总是与乐观、积极相联系的。也正是由于这种原因，在审视教育的实际功能的时候，往往会把教育的这种理想功能作为一种评判的尺度。

其次是功能预料维度，也就是说教育者是否能够预想到教育的实际功能。如果现实教育的实际功能同教育者的功能预料一致，那么，相对于教育者的功能预料而言，便可把现实教育的实际功能称之为显功能；反之，则是隐功能。[②] 在这里需要注意一点，教育者所能预想到的教育系统在社会中所发挥的作用或功能有可能是正向的（正功能），也可能是负面的（负功能），还有一种情况是正向和负向功能兼而有之。

将上面两个维度组合，可以把教育的实际功能区分为四种类型（表 1－2）。

---

① 正功能（functions）与负功能（dysfunctions）概念源自美国社会学家默顿（R. K. Merton）。默顿认为，所谓正功能是指观察到的那些有助于一定系统之调适的后果，负功能则是观察到的那些削弱系统之调适的后果。详罗伯特 · K. 默顿《社会理论和社会结构》（唐少杰等译，译林出版社 2015 年版），第 152 页。

② 显功能（manifest functions）与隐功能（latent functions，也译为潜功能）概念也源自默顿。详罗伯特 · K. 默顿《社会理论和社会结构》（唐少杰等译，译林出版社 2015 年版），第 153 页。但默顿对这两个概念的界定是有问题的。在他看来，“显功能是有助于系统调适、为系统参与方期望和认可的客观后果。潜功能是无助于系统调适、系统参与方不期望也不认可的客观后果。”若按这一界定，所有显功能就全都是正功能了，所有潜功能也就全都是负功能了。这显然与教育功能的验事实不符，也同默顿本人为说明这一对概念而列举的诸多例证相矛盾。

表 1-2 现实教育实际功能的结构

		有无预料	
		显	隐
是何性质	正	A 显性正功能	B 隐性正功能
	负	C 显性负功能	D 隐形负功能

本表源自日本学者柴野昌山在默顿的正功能与负功能、显功能与潜功能这两对概念基础上提出的“功能分析框架”。可以详见柴野昌山的《学校の機能》一文，载《教育社会学研究》1972 年的第 27 集。根据笔者对“显功能”与“潜功能”的解释，为了便于理解，将原表中的“主观意向”与“客观结果”这两个维度分别改为“有无预料”与“是何性质”。

第一种即(A)“显性正功能”。在这种情况下，教育的功能和教育者预想到的功能是一样的，即都是正向的显性正功能。对于教育系统而言，特别是学校来说，理应尽可能多地保持“显性正功能”。

第二种即(B)“隐性正功能”。在这种情况下，教育所产生的作用是教育者预料之外的，不是有目的、有计划地产生的。当然，如果教育能产生比较明显的正向功能时，教育也会时常伴随一些“隐性正功能”。从这种情况来说，“隐性正功能”可以说是“显性正功能”所衍生出来的一种额外的产品。

第三种即(C)“隐性负功能”。在这种情况下，教育可能就会发生教育者所没有预料的负向功能。实际上，在教育中“隐性负功能”是经常出现的，有时候甚至还会超过“显性正功能”。

第四种即(D)“显性负功能”。在这种教育情况下，教育会产生负向功能。也就是说，教育者已经认识到，如果在教育过程中，不能做到监督引导，教育就有可能会产生负功能。但是因为种种情况，教育者仍然还是会进行这种教育，当然这种教育也依然还是会产生某种负功能。

于是，这里就出现了一个伦理悖论：那些原本应以引导学生成长、促进社会发展为天职的教育者，却无可奈何地采取了同教育职责背道而驰的行为。这种悖论，既是职业伦理层面的，也是技术伦理意蕴的。例如教育中出现的不能公平对待学生，甚至羞辱学生等现象都属于这种教育的“显性负功能”。

之所以说明教育的负功能情况，主要是为了让教育者注意到：在教育过程中，要时刻秉持自己的职责和教育信念，承担起教书育人的责任，保持显性正功能，发挥隐性正功能，防止隐性负功能，杜绝显性负功能，让学生快乐健康地成长，为社会培养优秀人才，更有力地推动社会的更好发展。

只要承认教育是社会的产物，那么，撇开对教育与社会之关系的客观分析，就根本不可能说清、说透“教育究竟是什么”的问题。[①] 而随着社会的发展，社会情况变得越来越复杂，同样，教育的状况也越来越复杂，教育与社会之间的关系不再单纯，这些状况都需要我们重新探究教育与社会之间的复杂关系，从而更好地认识“教育究竟是什么”。

三、教育与文化之发展

（一）文化的概念

人类有多少种生活方式，文化就有多少种内涵。有人说文化

① 其实，倘若撇开“与社会的关系”这一维度，甚至也不可能说清、说透“人究竟是什么”这个更为根本的问题。

是一种生活样态，有人说文化是人类创造的物质和精神成果的总和，也有人说文化专指精神成果。

马林诺夫斯基说："文化是一个由工具、消费物、在制度上对各种社会集团的认定、观念、技术、信仰、习惯等构成的统一体。"①梁漱溟说："你且看文化是什么东西呢？不过是那一民族的生活的样式罢了。"②又说："文化，就是吾人生活依靠的一切。"③梁漱溟和钱穆的说法在一定程度上有一定的相似性。钱穆说："文化必由人类生活开始，没有人生，就没有文化。文化即是人类生活之大整体，汇集起人类生活之全体即是文化。"④"文化是全部历史之整体，换言之，文化即是人生。此所谓人生，非指各人之分别人生，乃指大群体之全人生，即由大群体所共同集合而成的人生，包括人生之各方面、各部门，无论物质的、精神的均在内，此始为大群体人生的总全体。"⑤但是，他也把文化与文明分开界说："大体文明文化，皆指人类群体生活而言。文明论在外，属物质方面。文化论在内，属精神方面。故文明可以向外传播与接受，文化则必由其群体内部精神积累而产生。"⑥"文化可以产出文明来，文明却不一定能产出文化来。"⑦从这里可以看出，梁漱溟与钱穆对文化的表述不尽相同。在钱穆先生看来，文化是人生的全部，但是梁漱溟先生则认为文化

① B. A. Malinowski, *Scientific Theory of Culture and Other Essays*, 1944:150.

② 梁漱溟：《东西文化及其哲学》，见《中国现代学术经典·梁漱溟卷》，河北教育出版社1996年版，第33页。

③ 同上书，第237页。

④ 钱穆：《文化与生活》，台湾乐天出版社1963年版，第3页。

⑤ 钱穆：《中国历史研究法》，生活·读书·新知三联书店2001年版，第11页。

⑥ 钱穆：《中国文化史导论》，台湾商务印书馆1993年版，第5页。

⑦ 同上。

是人生依靠的一切,其中也小有差别。赵雅博则认为:"文化之本质要义,乃是改变自然与改变自己的原始状态,而予以新的状况。更恰切地说,乃是将在自然中或自己中所潜藏的作用或能力发挥出来,也就是人使用自己的能力——理智、意志、感官,来使潜存于自己或自然中的潜能成为现实,其目的是在于使人自己得到与自己原始状态的不同的改变,使自己成为比原始状态更好的情况。"[①]以上这些界说从不同的角度来理解文化这个复杂的概念,都是有道理的。虽然他们的提法不同,但有一点是相同的,即都是指人类的活动及其结果。

张岱年、程宜山两位先生在《中国文化与文化论争》一书中指出:"文化是人类在处理人与世界关系所采取的精神活动与实践活动的方式及其所创造出来的物质和精神成果的总和,是活动方式与活动结果的辩证统一。"[②]这个定义强调了人类活动方式(动态的)和活动成果(静态的)的统一;活动成果既包括物质成果,又包括精神成果;人类的活动方式又包括精神活动和实践活动两个方面;人类的活动方式本身也是文化,不仅是活动成果。[③] 相对来说,这个文化的定义要比其它的定义更加全面。

总之,文化何谓?文而化之。文化何为?以文化人。

(二)教育是一种文化

教育是在文化背景下进行的,当然,教育在活动的同时也会创

---

① 赵雅博:《中国文化与现代化》,黎明文化事业公司1992年版,第1页。

② 张岱年、程宜山:《中国文化与文化论争》,中国人民大学出版社1990年版,第4页。

③ 吴松:《教育与文化》,《教育研究》2002年第23期,第6页。

造文化，创造文化背景。但是，我们需要认识到，教育这种文化是随时都会产生变化的，就像文化也会随着社会的发展而发生变化是一样的。在文化发展的同时，教育也会一直发展，这两者相辅相成，共同创造着社会文明。不能被忽视的一点是，教育对文化的传承积累起到了重要作用。教育与文化从来都是密不可分、须臾难离的。借用康德的话说，离开教育的文化是盲的，而离开文化的教育是瘸的。

一般意义上，大家普遍认为，教育的目的便是传道、授业、解惑。在历史上，各个时期的政治精英或教育者，都自认为自己所选定的教育内容是切实可行且行之有效的。汉代的统治者和太学博士就是这样自信的，他们制造着以今文经学为旗帜的体制学术。[①]但是，人们在作出选择的同时，却常常忽略了非常重要的一点，就是教育实际上是一种文化的选择。从教育的精神也就是教育的终极关怀方面来看更是如此。

既然教育是一种文化和价值的选择，那么，文化、价值和选择三者就值得认真考察——这是教育史和教育哲学的使命。[②] 因为这三者涉及人类不同群体之间的文明发展水平和性格差异。[③] 例如在人类早期，巫师便是人们的导师，但是由于人们所处的地域不同，巫术文化也各有差异，人们的精神生活也因而各不相同。在人类文明的早期，知识系统尚未建立，知识的世界尚未从自然的世界中分离出来，巫术活动的“知识系统”承担了教育的功能，巫师就是“氓”的导师。以巫师为中心的各种巫术活动使“氓”“在场”[④]，这

---

① 张岱年、程宜山：《中国文化与文化论争》，第 4 页。

② 同上书，第 8 页。

③ 吴松：《教育与文化》，《教育研究》2002 年第 23 期，第 6 页。

④ 张岱年、程宜山：《中国文化与文化论争》，第 11 页。

种“在场”是人作为类的精神渴求的重要依托；就芸芸众生而言，人需要通过“在场”才能寻求对自我的灵魂与肉体拯救。

正是因为教育和文化之间这种密不可分的关系，教育人在成为人的过程中，对人的影响非常深远，而实际上这种影响也是文化对人的影响。教育在推动文化对人的影响的同时，文化也会为了实现育人的目的，而在一定程度上影响教育活动。从这个角度来说，教育和文化的发展实际上也是为了更好地促进人的发展。文化和教育为社会的发展培养了个性不同的个体和群体，创造了多姿多彩的文明。在当下，人们更是通过不同国家和民族的文化背景和内涵，更清晰地明白了选择教育和文化的意义。

在这里需要说明的一点是：与人文教育不同，科学技术类的教育相对单纯，并且因其知识的实用性和精确性，而更容易被不同民族、不同文化背景中的人们广泛接受。也正因为如此，应用性与适切性使其能够在世界范围内畅通无阻。事实上，无数案例与史实都足以证明科学技术的日新月异对文化和教育的影响之大，以致掌握前沿与高深科学技术而一跃成为强势文明的国度与民族，从而给相对来说比较弱势的地方文明造成了巨大的压力。这种压力主要来自传统文化和传统教育。然而改造一个地方的传统习惯、行为方式等等却并不是一件轻易的事情。

不可否认的是，每一种文化、每一种教育实际上都在创造属于自己的模式并加以维护，以此来凸显自己的品质。这一特点所暗含的内容远远超出了“选择”的范畴，其实质是政治手段、统治策略和利益关系。[①] 历史经验表明，专制主义导致的群体和人的灵魂

---

① 徐波：《试论教育与文化的关系》，《上海高教研究》1994 年第 1 期，第 8 页。

腐败，首先是从有预谋的教育开始的。[①] 但是，对广大民众而言，不管是以何种方式呈现的教育，民众通常不会发现教育的隐蔽性。因为芸芸众生是天生渴望"在场"者，只有少数精英才会对"场"和"在场"提出质疑，并有"退场"的勇气。[②]

不管是教育者还是受教育者，都应该懂得一个道理，如果说相对于另一种文化而言，某一种文化更具人性化，那么也就说明传播这种文化、发展这种文化的教育会更加令人们信服，也更有市场。尽管过程比较艰难，但是相信在文明的互动中，这种优秀的教育文化将会收获越来越多的支持者，会在人们心中更好地立足。在这个过程中，教育者自然应该承担起责任，成为引领优秀文化的旗帜。

（三）教育与文化的关系

教育依附文化而存续，人类文化的传承与创新需要教育，教育与文化互相缠绕。教育与文化之间的关系具体表现在教育对文化的选择与批判、传承与传播、适应与创新这三个方面。

多种因素的共同作用促进了文化的变迁与发展。教育作为文化系统中的子系统，不可否认地在其中起着重要的作用。但是，教育是以何种方式来影响文化的呢？教育对文化影响的机制又是什么样的呢？

1. 教育对文化的选择与批判

就文化系统而言，选择主要表现为对某种文化的撷取或排斥，例如，在中国传统文化向近现代文化转型过程中，逐步抛弃陈腐的内容，

---

① 赵雅博：《中国文化与现代化》，第 6 页。

② 吴松：《教育与文化 》，《高等教育研究》2002 年第 6 期，第 6 页。

撷取西方近代文化的某些因素，就是一个文化选择的过程。[1] 文化选择会对文化的变迁和发展产生重要的作用，但是在文化选择的过程中，无论是对传统文化全盘继承还是对外来文化全部接受，都会使文化变得鱼龙混杂，矛盾丛生。所以为了保持文化发展的生命力，需要去除传统文化中糟粕的成分，汲取优秀文化精华，对传统文化加以扬弃。虽然说在传统文化中，文化的选择是文化系统自身对文化的撷取或排斥，但是文化的选择与自然的选择又是不一样的，是人类有意识的选择。从这一角度看，教育除了文化传递功能，在一定程度上也是具有文化选择功能的。由于教育是一种培养人的实践活动，教育内容及其裁剪、编排方式等都成为教育的选择行为。

选择是指文化随着社会的发展、时代的变化，文化系统自身会自主作出选择，选择一些符合时代发展需要的文化，同时舍弃一些不符合社会发展的文化糟粕。而在文化发展过程中，传递与选择是不能分开的，传递必然是选择后的传递，例如经过董仲舒的选择，儒家学说已与原始儒学有了很大的变化，又如西学东渐后，我们对西方文化的认识和选择，都已和其本源有所差异。今天我们对中华民族优秀传统文化的继承，实际上也是一个“去其糟粕，取其精华”的过程。当然，文化的选择并不是为所欲为的，而是要受到一定时期政治、经济条件的制约。一个时期的统治阶级总会选择有利于巩固他们自身地位的文化理念。适合自身地位巩固的一些文化思想就会被发扬光大，而不适合统治阶级发展的理念便会被抛弃。同样，物质文化也需要选择，随着生产力的发展，人们对物质会产生不同的需求，人们不会自始至终地选择一种物质产品，而

---

① 赵雅博:《中国文化与现代化》，第 8 页。

是适应生产力发展的需求，对原有的物质产品适当地作出扬弃。

文化的选择并不单单是对自己地域文化的选择、继承和发展，文化的选择还包括对异域文化的引进和融合。同样，文化选择有时候会以自上而下的方式进行，即通过统治阶级颁布的诏令进行选择，例如蒙古族和满族入主中原地区以后推行的汉化政策就是自上而下的文化选择；除此之外，另外一种对文化的选择并不是由统治阶级发起的，而是以一种自下而上的方式进行的，也就是说这种文化的选择首先在民间流行传播，慢慢地被统治阶级所接受。例如西学东渐，一开始的时候，是由传教士先行传播开来，慢慢地被朝廷所接受。

鉴古而知今，从古往今来文化传播的历程来看，我们必须说，在一定程度上没有教育的选择就没有文化的传播和发展。

(1)教育选择文化的特点

教育在选择文化的时候一般会有如下几个特点：

第一，教育一般会选择社会系统中的主流文化。这是因为教育本身就是文化的一个子系统，教育只能生存在文化之中，自然受到文化的制约。更为重要的一个因素是，自从人类产生阶级分层，教育就是政治控制的教育，所以，不管是哪一个时期，或哪一个地域，社会都要对教育的文化选择提出一定的要求，并加以限制。虽然说学校是培养人才、传播文化的重要机构，但是学校对文化的选择并不是随意的。

所以说，一般只有被社会所认定并为统治阶级所认可的文化才能进入教育领域，成为学校培养人才的重要资源。就像在中国，一直处于主流文化地位的儒家学说一样，被统治阶级所看中后便成为古代教育中的重要资源，而法家、墨家、道家、阴阳家等一大批优秀文化却无法进入教育系统，成为传递对象。同样，社会系统在选拔人才的时候，通常都会以对儒家经典的掌握程度作为主要的评判标准。即使到了近代，西方文化流入国内，相当长的一段时间内，儒家文化仍然是学校教育的重要文化资源，并且把近代西方的科学技术视为“奇技淫巧”，因为儒教的秩序文化有利于封建统治的稳定。不仅在中国有这种情况的发生，在欧洲也是这样。在中世纪，基督教文化是主流文化，被统治阶级认为是最高价值的文化，因此，学校所接受的完全是与基督教信仰有关的内容，而把与基督教信仰无关的内容完全排斥在外，甚至被视为异端邪说。

这些都表明，社会的主流文化很大程度上制约着教育的文化选择，但这并不说明教育完全失去了文化选择的自主性，完全受主流文化的控制。一方面，教育者会根据自己的价值规范，对已被选择的文化进行再加工，这个过程是文化的又一次选择，而且更为隐蔽和有效，并能逃避政治权力的监管；另一方面，随着社会的发展，教育也一直在发展，其功能日益健全，文化选择也表现出一定的自主性。此外，在高等教育系统，文化的自主性表现得更为明显，高等教育系统或大学的教学中往往通过对旧文化的批判来催生新文化的出生，而且作为理性程度较高的群体，大学师生所能够接触到的文化资源、所表现出来的价值判断以及身分所带来的自由度，使得他们对文化的选择往往不全是主流文化。当然，他们的文化批判和文化选择往往也是可能为主流文化所包容。即便是在历史的某些黑暗时期被政治权力不断地整肃和排斥，但是这样的文化选择、批判与创造却仍不绝如缕，而这些也正反映出主流文化虽然有强大的制约性，却不具备完全的决定性。

第二，教育的文化选择过程，往往表现为文化的系统化、条理化、规范化。[①] 教育是一种实践活动，是培养人的实践活动，而教育培养人的资源是人类所创造的文化知识，教育通过对这些知识进行梳理加工，使之系统化，形成体系，以更好地被人类所接受。这些工作在近现代的科学技术大发展时代，有很大一部分是由职业科学家来完成的。这里的所谓科学家就是按照学术研究要求和学科的内在逻辑，把新的科学发现纳入到具体的学科体系中，并思考和探究需要进一步解决的科学问题。在教育过程中，教育通过条理化和系统化对文化知识进行梳理，找出各科知识间的联系，融会贯通，既有利于教育者传授，也有利于受教育者接受。同时，讲求教学内容的简约性，整个学科体系既重视循序渐进，又重视交叉融合。在学校教育过程中，学生要受到全面发展的素质教育，即德、智、体、美、劳全面的发展。所以说，学校教育选择的教育资源是包含人类所创造的各种文化的，学校要整理各种各样的文化。除此之外，学校教育不仅仅包括知识的传授，还包括能力的培养。所以说教育系统在进行文化选择时，要遵循学生发展规律和人才培养规律。因此，教育的文化选择不是随意的纯主观选择，而是理性的合理的选择，是合目的性与合规律性的统一。

第三，教育选择文化，主要是为了提高个体的文化选择能力。在上面的论述中，主要从教育者的角度讲述了文化的选择。在这里不得不注意到，教育者在选择文化的同时，教育过程中还会存在学生对文化的再选择现象。也就是说学生真正掌握科学文化知识，是建立在学生自身对文化的再选择基础上的。学生只有作出了自我选择，才能得到真正的发展。对于学生来说，学校教育（特

① 赵雅博：《中国文化与现代化》，第10页。

别是课堂教学）无论在时间上，还是在空间上都是有局限性的。特别是当下，随着文化的多元化发展，科学技术的迅猛发展，学生所能接触的信息喷涌而来，各种各样的社会思潮和价值观念冲击着校园。在这样的情况下，学校教育的选择之一就是在选择文化的时候围绕提高学生的文化选择能力而开展的。授人以鱼不如授人以渔，学生文化选择能力的提高才是教育文化选择的根本目的。这使得教育的文化选择不仅仅是面对客观文化状况进行筛选和取舍，更是面对作为主体的受教育者而为之选择最适合其文化选择能力提高的材料。这是教育的文化选择区别于其他系统的文化选择的根本特征，同时也是现代教育所要力求解决的主要问题。[①]尽管这是一个仍在不断探索的问题，但总的来说，教育赋予人以科学的知识、正确的行动、合理的价值观，对提高个体的文化选择能力起着重要的作用。人们从而能在此基础上，克服文化选择中的盲目性，善于从科学上进行反思，依社会发展和个人发展的需要作出取舍，并通过更新知识、更新观念，提高文化选择的自由度，在选择中获得解放。[②] 这种经由赋予受教育者自由而促使其获得解放的使命，也正是教育的终极价值所在。

（2）教育选择文化的标准

教育对文化的选择是建立在对文化的价值判断的基础之上。那么文化价值判断的标准是什么呢？有的文化学论者认为，文化选择的价值判断标准来自于“价值预设”，而“价值预设”来自社会

① 徐波：《试论教育与文化的关系》，《上海高教研究》1994 年第 1 期。

② 何新：《中国文化史新论》，黑龙江人民出版社 1987 年版，第 29 页。

的“文化传统”。[①] 这种观点有一定的合理性，但又是不全面的。虽然说文化传统以其强大的历史惯性长期积淀于人的文化心理结构中，人的“价值预设”往往要受到文化传统的强烈制约。[②] 但是，我们要认识到，在选择文化时，如果仅仅根据文化传统来进行“价值预设”，那么，教育所选择的文化总是与文化传统同质的文化，文化传统将因没有新的成分补充而失去活力，文化就永远只能在原地转圈，不能发展。[③]

教育必然是指向人与社会的发展的，而个人或社会发展的现实需要与文化传统并不总是和谐的，而是存在着各种矛盾。首先，个人或社会发展的现实需要受到文化传统的制约，文化传统总是尽可能把个人或社会发展的现实需要局限到自己的轨道之内，实现两者的同步发展。但是，另一方面，个人或社会发展的现实需要并不总是能够听从文化传统的需要，而是不断地汲取新的思想，实现自身的发展。而为了达到两者的平衡，一方面文化传统发生了改变，同时个人或社会发展的现实需要也因此而涂上了文化传统的印记，而这两者的变化便构成了“价值预设”，成为文化选择的判断标准。这实际上构成了一种解释学的循环——先定的文化传统构成了理解现实与自我的基础，也促使主体对现实进行意义阐释，并对传统与现实之间的断裂、冲突作出新的解释，反过来又促使文化传统更新其先定解释系统，形成新的更有包容性的解释体系。

总的来说，文化传统和人与社会发展的需要决定了教育选择文化、进行文化价值判断的标准，但是，教育对文化选择所依据的

---

① 何新：《中国文化史新论》，黑龙江人民出版社1987年版，第30页。

② 同上书，第54页。

③ 同上书，第58页。

标准又是各不相同的。这些复杂的价值判断标准总是统摄于社会发展的要求和教育自身发展的要求之中的。[①] 从根本上说，教育对文化价值判断的标准来自两个方面：一是看它是否有利于满足社会发展和人的发展要求，促进社会和人的发展；二是看它是否有利于促进教育自身的健康发展。[②] 这两方面的标准并不是独立的，而是紧密相连，共同指向是否有利于培养全面发展的优秀人才的根本标准。教育追求的最高目标就是人的自由全面发展，这也是教育判断文化、选择文化的终极标准。

人不是抽象的，教育选择文化面对的并非抽象的个人，更重要的是人所构成的集合——社会。教育选择文化的标准也必然指向是否有利于促进社会的发展。有些时期、有些国家，高等教育受到人们的指责，这是因为大学教育严重脱离社会现实，大学成为学生逃避现实的象牙塔，教学内容陈旧落后，缺乏生机与活力，没有任何的社会价值。就像中国在向近代转型时期废除科举，就是因为科举制度使人丧失了自身的主观能动性，导致社会创新能力的衰退，科举教育所选择的教育内容——儒家纲常名教不利于社会的发展和振兴。同样在西方国家，人文主义教育被社会所抛弃是因为人文主义教育空谈人性和人的最高价值，落入枯燥的“西塞罗主义”，由崇古、仿古走入泥古，最终被科学教育取代。所以说，社会发展的现实需要必然也必须是教育选择文化的重要判断标准。

但是，我们要认识到教育有其自身的发展规律。教育只有

① 何新：《中国文化史新论》，黑龙江人民出版社 1987 年版，第 70 页。
② 同上书，第 98 页。

自身健康发展才能服务社会。而教育要想健康发展,必须按照自身的需求进行文化价值的判断和选择。如果说教育在选择的过程中,完全按照社会的需要进行选择,而忽视了自身的需求,那么教育就只能紧跟在社会现实后面亦步亦趋,而不能超越并最终引领社会的发展,为社会的发展而服务就是一句空话。历史和现实告诫我们,教育对文化的选择既要考虑到社会现实的需要,同样也必须考虑到教育自身的需求,必须能够促进自身的健康发展。只有这样,教育才能更好地发展,同时也能更好地服务社会。

(3)教育对文化的批判

如果说教育是一个整体,那么教育对于社会文化来说,其功能便体现在对社会文化的批判。什么是文化批判呢?就是教育通过对社会的实然文化分析,根据教育自身的价值目标和理想,作出一定的筛选和评价,从而更好地促进社会文化的健康发展。

教育的文化批判功能,涉及两个基本问题:一是教育进行文化批判的最高价值目标和理想是什么,即它以何种标准批判;二是教育本身是受社会现实文化制约与影响的,它如何能在受其制约中反身批判社会现实文化。

首先,教育的文化批判功能是由人的自由而全面发展所决定的。但是,这里又引出了两个下位概念——什么是自由而全面发展,什么样的教育才是促进人的自由而全面发展的?古往今来,教育总是永恒性价值和工具性价值的统一体。[①] 但是,如果近代是“分水岭”,人们对教育的永恒性价值和工具性价值的认识各

① 何新:《中国文化史新论》,黑龙江人民出版社1987年版,第101页。

有倚重。[①] 在近代之前,人们高度重视教育的永恒性价值。在西方,亚里士多德即强调教育的目的就是教育自身,他比较看重人文教育,认为教育应当促进人的心灵的享受,使受教育者得到心灵的净化。而在中国古代,儒家教育强调教育的最高目标是"善",即"育,养子使作善也"(《说文·云部》)。教育主要强调道德内省和道德升华,在教育中塑造完美的人格,成为"君子"。即使在现代,像日本教育学界仍然强调教育是"使儿童变成善良的活动","善"和"使之善"是教育的本质特征。[②] 由此可以看出,不管是亚里士多德的"人文教育",还是儒家思想所强调的"君子教育",或是"使之善"的教育,都集中说明善才是人类教育的最终目标——人的自由而全面的发展。

但是,19 世纪以来,由于科学技术的片面发展,教育的工具性价值被推上"前台",永恒性价值相应地退居"后台"了。[③] 但从人类对社会教育的反思中——如思想家池田大作和汤因比认为,现代教育陷入了功利主义,成为实利的下贱侍女,成了追逐欲望的工具,这是人类的悲哀。[④] 人的全面发展受到冲击,但是经过短暂的试错,人们开始重新反思技术主义和工具主义的弊端。所以,无论如何,超越人们对"自由而全面发展"的认识限制,人们一直以这一标准选择具有内容、裁剪教育素材、评价社会文化,进而引领社会文化。

所以说,教育的最终目标——人的自由而全面的发展,不仅仅

---

① 大河内一男著、曲程译:《教育学的理论问题》,教育科学出版社 1984 年版,第 317 页。

② 同上书,第 320 页。

③ 同上书,第 323 页。

④ 国家教委教育发展研究中心:《面向 21 世纪的教育》,求实出版社 1989 年版,第 15 页。

是教育超越自身的一种发展，更是教育批判社会现实文化、超越现实文化的根本动力。教育就是以这种最高价值理想为标准，在不断地对现实文化进行肯定性和否定性评价，从而引导社会文化健康地发展。[①]

其次，关键问题是，教育立足于现实文化，而不是超越现实的存在。离开了现实文化，教育就像无源之水，就像“空中楼阁”，不会长远。那么教育是如何处理与现实文化之间的关系的呢？如何既受制于现实文化又超越现实文化、既适应现实文化又批判现实文化的呢？

我们说，人的自由而全面发展既是一种价值目标，同时也具有价值感召的作用。正是人的自由而全面的发展的伟大理念和梦想，才使得教育能够超越社会现实。反身对其栖息的社会文化进行选择、思考和批判。

但仅靠这些尚显不足，教育之所以能够超越现实文化，还建立在教育对文化的传承和适应的基础之上。这种超越，是与教育作用于人密切相关的。教育对人的培养是依靠人类所创造的一切优秀的文化成果的，人们也因为教育，而使得自身得到了更好的发展，心灵得到了净化，有了新追求、新目标、新理想。教育所培养的人，借助教育所提供的社会文化体系，完成了对自身的理性训练，使自己站在更高的天空，然后俯视社会，审视现实，创新文化。正是教育的存在，人们逐渐摆脱现实文化的限制，这也恰恰是教育在适应现实文化中超越了现实文化的最好说明。教育在传承文化、创造文化方面发挥着重要作用，所以说教育对社会现实文化的批判意义影响更

---

① 何新:《中国文化史新论》，黑龙江人民出版社 1987 年版，第 111 页。

为深远。原因不在于外部，而在于教育内部构成要素的特殊性。教育的简单构成要素就是“文化”与“人”。[①] 但是，其中的文化不完全等同于社会现实文化，它是经过选择的文化，是高层次的文化，是富有理想意义的文化，是人类千百年来积累下来的文化精华。[②] 同样，这里的“人”，并不是愚昧无知的，他们是善于反思的“人”，是能够主动践行的“人”，是有着文化理想和文化精神的“人”。更为关键的是，教育实现了文化与人的双向建构，一方面用精粹文化来培养人、发展人；另一方面又使人接受新文化，创造新文化。[③] 这种不断进行的双向建构，必须能够打破现实文化的限制，实现对现实文化的超越，能够独立自主，大胆批判，从而促进社会文化的健康发展。

2. 教育对文化的传承与传播

美国学者罗杰·皮尔逊曾把文化的传递方式分为两类：纵向的传递和横向的传递。前者即所谓“社会遗传”，类似于我们所说的“文化传承”；后者称之为“文化扩散”，相当于“文化传播”之意。[④] 他说：“当文化在同一社会内部从一代传至另一代时，我们称这个过程为社会遗传。但当文化从一个群体传至另一群体，从一个社会传入另一个社会时，我们就习惯于用这样的术语：文化扩散。”[⑤]实际上，如果进行更深层次的考察，在文化纵向传递的过程中既有自上而下的传递，也就是说文化的传递并不是随意的，而是由年长一代向年轻一代进行传递；也有自下而上的传递，也就是说

---

① 冯利：《当代国外文化学研究》，中央民族学院出版社 1986 年版，第 156 页。

② 同上书，第 158 页。

③ 同上书，第 157 页。

④ 玛格丽特·米德著、曾胡译：《代沟》，光明日报出版社 1988 年版，第 22 页。

⑤ 冯利：《当代国外文化学研究》，第 159 页。

随着社会的快速发展，新近的文化会由年青一代向年长一代传递，能够让年长一代在社会发展的潮流中，跟上社会的形势，不被新型社会所淘汰。美国人类学家玛格丽特·米德(M. Mead)在研究代沟时，用“后喻文化”(Post-figurative Culture)和“前喻文化”(Pre-figurative Culture)的概念描述了这种情形。[①]

(1)教育对文化的传承

长期以来，我们总是想当然地认为教育理所当然地承担着文化传承功能，所以对此仅限于现象描述，而忽视对其深层的认识和探索。因此，在这里，我们着重探索文化传承的内在机制，探索教育在文化传承中的作用。

传递就是将已有的文化产品在时间上和空间上加以延伸与扩散，以期在将来保存其文化，同时在不同的地域扩大其影响。[②] 在这里，影响民族文化传统最直接的因素主要是时间上的纵向传递；而各民族之间的文化能够融会贯通，民族文化能够百花齐放，丰富多彩，则主要是受到横向传递的影响。虽然说，传递并不是一种创造，但是传递绝对不是一种单纯的机械移动。教育在文化传递的过程中，并不是独善其身的，它会受到传递主体和环境的影响，有时候会在原有内容的基础上增添一些适合社会发展的元素，有时候也会删减一些不合时宜的东西。传递还可作这样的区分：主文化的主体主动向外传递，客文化的主体把它传带到客文化地区去。[③] 以基督教文化的扩张为例，基督教文化之所以能够传递到

① 玛格丽特·米德著、曾胡译：《代沟》，第77页。

② 怀特著、沈原等译：《文化的科学》，山东人民出版社1988年版，第350—351页。

③ 菲利普·巴格比著、夏克等译：《文化：历史的投影》，上海人民出版社1987年版，第99页。

世界各地，就是由主文化的主体——基督教传教士完成的。再比如中国古代的四大发明和制陶、养蚕等技术传播到其他国度，有些是由主文化的主体——中国商人完成，有些是由客文化的主体——欧洲商人完成。但是，不管是哪种传递方式，文化的传递总与文化的选择是紧密相连的。为什么中华汉文化中的巫术没有被欧洲商人带回欧洲呢？

当然，鉴于人们很难找到一个词来描述人类文化的承传方式，所以说文化人类学家便用了社会遗传这个概念。对此，文化人类学家莱斯利·A.怀特指出，文化的重大特征之一在于，它是通过社会机制而不是通过生物学方法传递的，是以社会遗传方式进行的超生物、超肉体的传递。[①] 拉尔夫·林顿、菲利普·巴格比等也都把文化的社会遗传看作是文化的本质特点之一。[②]

但是，我们不能把文化的社会遗传与动物的生理遗传混为一谈。在空间上看，动物的遗传是一个孤立的个体的、封闭的过程，它具有非交流性，因而形成一种隔离机制；文化遗传是一种脱离开生物体的社会性承递方式，它是在社会中进行的，而不是在生物体中进行的，因而它可以通过多种社会文化形式进行沟通和交流。[③] 从时间角度来说，动物的生理遗传，仅仅是上下代的延续，这种延续是不可逆转的；但是文化的社会遗传并不仅仅是上下代文化的延续，还可以是下一代传递给同代和上代，也就是说这种传递是可逆转的。

---

① 怀特著、沈原等译：《文化的科学》，第350—351页。

② 菲利普·巴格比著、夏克等译：《文化：历史的投影》，第97页。

③ 同上。

这两种遗传之所以不相同，是因为这两种遗传的内在机制、中介、载体形式和性质等各不相同。动物生理遗传的载体是基因，而文化社会遗传的载体是教育。也就是说文化的传承，主要是在教育中实现的。英国动物遗传学家C. H. 沃丁顿指出："在动物当中，只有人发展了这种超遗传的传递方式，而且在重要性上达到了与遗传方式相抗衡并且的确胜过遗传方式的状态……人已经发展了一种社会遗传的或心理社会的进化机构，这种机构是覆盖在而且常常凌驾于那种仅仅依靠基因的生物机构之上的……这样一种机构依靠教与学的方法而对知识进行社会遗传的传递。"①

无论是从历史发展的角度，还是从教育自身的结构来看，教育客观上是作为文化传承的工具而存在的。② 教育在最初时代，就是上一代的人通过"言传身教"的方式，把社会群体中的各种风俗礼仪、禁忌规范、生产知识等文化内容传给年轻一代。到了阶级社会，随着学校的出现，教育逐渐成为一种体系，因学校在承担教育职责的时候更具系统性、目的性、组织性和选择性，对文化的传承更为有效、集中。当然，随着社会的发展，"知识化社会"的到来，学校逐渐不再是传承文化的唯一有效机构，诸多传承文化、承担教育职责的社会机构如雨后春笋般涌现，教育活动也逐渐成为一种大众化的活动。人们汲取文化知识的渠道也越来越多，同时正是因为教育渠道的丰富，文化的传承更具有普遍性。就教育最简单的构成来看，教育者实际上是一种人格化了的文化，所谓的教育资料便是一系列符号化了的人类文化，而受教育者则可看成是文化的

---

① 《人道主义、人性论研究资料》(第5辑)，商务印书馆1964年版，第243页。

② 怀特著、沈原等译:《文化的科学》，第355页。

接纳者或保存者。[①] 教育活动的开展，就是教育者将人类所创造的文化成果传递给受教育者的过程，从文化的代际传递来看，它构成了文化传承的最基本形式。[②]

当然，这些仅仅是教育在文化社会遗传功能方面的外部表现，除此之外，我们还需要揭示其内在机制。教育实现文化的社会遗传是以人的文化心理结构为基础，依据特定的中介——功能系统而进行的。[③] 这一中介系统包括语言、文字、符号等最基本的交流思想、文化的载体或工具，而功能系统则是一个以人的大脑神经系统为生理—心理基础，是对语言、文字等文化载体或中介理解、掌握和创造的能力系统。[④] 当然文化的交流和传承如果没有这个能力系统，也就无法进行。

教育活动首先面对的是"人"。教育活动就是要把文化内化到人的心理结构中去，在这个过程中，教育活动是借助语言、文字等文化载体或中介来完成的。人的文化心理结构中的文化和通过内化而获得的文化，在一定环境下，可以通过语言或者符号等载体外现出来，这样也就形成了缤纷多彩的文化世界，而这些文化便是人的智力和精神产品的最好说明，是人对文化的创造的体现。正是通过"内化—外化"这一过程，文化的社会遗传得以延续，文化得到了更好的保存。所以说人类文化会通过人类的繁衍而不断得到延续，并不会因为个别生命的消亡而中断：只要世界上还存在人类，那么文化的传承就会一直存在。当然，教育在文化传承中的作用

---

① 怀特著、沈原等译：《文化的科学》，第 355 页。

② 《人道主义、人性论研究资料》(第 5 辑)，第 248 页。

③ 辛格尔顿著、蒋琦译：《应用人类学》，湖北人民出版社 1984 年版，第 70 页。

④ 菲利普·巴格比著、夏克等译：《文化：历史的投影》，第 55 页。

并不是完全把文化复制给人类，而是通过内化，促进人的文化心理结构的进化与发展，从而实现文化的增值。人类学家格里库里·贝特森(Gregory Bateson)说："文化本身是复杂的，学习文化的过程也是复杂的，从某种意义上看，每一代人对他们自己的文化，都有一个重新发现和理解的过程。每一代人不仅学习自己的文化，而且重新结构自己的文化。"[①]正是通过教育，人的文化心理结构得以重新建构，创造出更优秀的社会文化，促进人类文化传承的快速发展。

由此可见，教育对文化的传承，一方面是指通过教育把外在的客体文化转化为内在的主体文化，通过文化的融合，以及大脑内文化机体的融会贯通而创造出新文化，拥有创造文化的能力。也就是说，把"客观文化"安置在个人心灵中，使其成为"主观文化"[②]。另一方面是指通过教育把主体文化转化为客体文化。也就是在教育过程中，通过教育手段把主体的文化创造能力引导出来。正是这种不断的"内化—外化"过程促进了社会文化的世代传承。所以说，实现文化传承离不开教育，在文化传承方面，教育有着其他系统无法媲美的优势。

(2)教育对文化的传播

文化传承主要是指文化在时间上的传承，在这里，文化的传播，也就是"文化扩散"，主要针对的是文化在空间的流动。文化间的流动主要包括文化冲突和文化交融，而文化的流动也形成文化间的交流。文化在传播的过程中，有一种可能便是因自身文化的

---

① 辛格尔顿著、蒋琦译:《应用人类学》，第 82 页。

② 鲁洁:《教育社会学》，人民教育出版社 1990 年版，第 159 页。

不足，会选择解体而被其它文化覆盖，但是另一种可能便是在与其它文化的冲突与交融中，实现百家争鸣，逐渐扩大自身影响，从而在文化界占据一席之地。总之，文化的保存和创造既离不开文化的传承也离不开文化的传播。正是通过文化的传播，通过文化横向间的流动，通过不同文化之间的交流，文化才被更多的人了解，才会引起社会的关注，才会逐渐被社会所接受，才会被人们所认同，才会得到传承和发展。

文化的传播方式是多种多样的，既可以通过传教士的传教，也可以通过商贸往来加以传播，还可以通过教育之间的交流比如互派留学生等，特别是在信息化的今天，文化的传播方式更是五花八门，各有各的优势。但是，不可否认的是，在文化的传播中，起到最根本作用的方式是教育。也正是因为此，不少教育学家认为教育活动就是文化传播活动。而教育之所以被认为是对文化传播最集中、最专门，对文化传播至关重要的方式，就是因为与其它传播方式相比，教育有着不同的特点。

第一，教育提供文化传播的前提与主要动力。文化传播的前提主要是对文化的理解和接受，而文化传播的意义也建立在这种对文化的理解、接受和认同上。就像是一些适合高学历人才接受的高尖端技术就很少能被小学生所理解，同样只有有一定文学底蕴的人才能接受的文学也无法向一字不识的人传播。作为培养人的活动，教育在文化传播过程中所承担的责任，一方面就是通过教育，人们对文化的理解能力和接受能力得到进一步的提高，另一方面在教育过程中，教育者会对文化加以选择、加工，使之更容易被人们所接受和掌握。也正因为此，教育才能更为方便快捷地传播文化，成为文化传播的前提和基础。同时，教育激发了人们认识自然与社会、认识各种文化的动力，从而激发了人们传播文化、接受文化的心理动力。一般说来，如果一个人所接受的教育程度越高，那么他就越希望在文化传播中收获更多的文化知识，所以说教育为文化传播提供了心理动力。

第二，教育更有助于促进文化的变迁和发展。一般来说，非教育传播方式所传播的文化，往往都是表层的文化。例如人们在经贸活动中所传播的文化往往都是比较浅层的商品文化，而凝结在商品文化中的更深的文化，如果不通过教育传播，往往会经过很长一段时间，才被人们所领悟，所以说这样的文化传播对人的影响相对来说是非常缓慢。但是，教育对文化的传播往往是比较深层的文化。教育主要对深层次的价值观念、审美情趣等加以研究，然后以一种易于理解的方式予以传播。而这种深层次文化的传播，又会在交流与交融中重新创造出新的价值理念，从而更好地推动社会的发展和文化的繁荣。

第三，教育对文化传播主要是通过对人才的培养来实现的。从文化传播角度来看，“人才”是一种文化“凝结物”，一旦他进入社会便可看作是点状的“文化网”，这种点状的“文化网”很容易集结成片状或体状的“文化源”，即社会的知识群体或知识阶层，从而起到强大的文化扩散和辐射作用。① 教育培养的人才不仅在政治、经济、文化等领域方面起着重要的作用，他们还能通过跨国间的文化交流进行传播，比如留学教育。如美国在 1815—1915 年，就派了大量学生到德国留学，他们不仅自身学到了知识，还把他们所学到的一些科学技术、研究方法以及新潮理念都带回到了美国，甚至

① 朱谦之：《文化哲学》，商务印书馆 1990 年版，第 239—240 页。

还有很多人试图将德国大学的教育理念移植到美国，最显著的例子便是约翰·霍普金斯大学的创立。同样在中国近代的留学教育中也是如此，舒新城就说过："无留学生，中国的新教育与新文化决不至有今日……现在教育上的学制课程、商业上之银行公司、工业上之机械制造，无一不是从欧美模仿而来，更无一不是由留学生以直接间接传来。"[①]

3. 教育对文化的适应与创新

人类社会对教育的需要还应当包括教育对人类社会文化的适用与创新，适用指向教育的出发点，创新指向教育的落脚点。

(1)教育对文化的适应

教育的文化功能之核心，从某种意义上来讲，就是适应现有的文化。只有不断适应新的文化，才能更好地创造文化。如果教育不能有效适应文化，那么教育对文化的选择与传递便没有任何意义，同样也不可能创造出文化。我们不可能想象一个纯粹乌托邦式教育的存在，它必须立足于现实，忠实于理想。因此，朱谦之先生说："教育一方面仰倚着过去为文化之传达；一方面俯视着将来，为文化之创造，而最重要的，却在乎现有文化之认识与把握，引申现在的文化而进于将来之文化理想。"教育的信条应该是"要认识清楚你所处的一个时代之最高的文化形式，而充分发展之，使自己做个能够顺应时代与适合地方的文化进展之一个人"[②]。

---

① 舒新城：《近代中国留学史》，上海文化出版社 1989 年版，第 25 页。

② 朱谦之：《文化哲学》，第 239—240 页。

教育对社会文化发展的适应，既是一种目标，也是一个过程。[①] 目标意义的适应，既是文化发展的需求，也是教育力求达到的目标，不得不注意的是在达到一个阶段的适应目标后又会产生新的不适应；作为过程来讲，教育并不是与社会文化的发展一直同步的，这两者之间往往会有"时间差"，也就是说这两者之间是存在一定距离的。正是因为这种现象，有人会对教育提出批评，对此，我们认为这种"时间差"在一定程度上可以说是教育主体性的一个表现，是教育遵循自身发展规律的一个表现。只要这种"时间差"不影响教育与社会文化的发展，或者可能还会促进教育或社会文化的发展，那么我们就应该肯定它的存在。这是因为这种"时间差"可能会让教育能够在急剧变化的社会中，能够更好地认清自己，能够冷静地思考，并对社会起到一定的批判作用，更好地促进社会的发展。但是在这里我们要避免一种情况的出现，那就是教育与社会文化发展的这段距离扩大，两者之间的关系由"冷静"走向"冷漠"。同时，我们也不能一味地认为教育必须跟上社会文化发展的步伐，教育理应为社会发展服务，理应为社会的政治经济服务，但是忽视了教育自身的需要，忽视了教育的发展规律，盲目迎合社会，这样的教育最终在伤害教育的同时也会给社会造成不可估量的后果。在今天的市场经济大潮中，我们应当保持清醒的头脑，遵循教育的发展规律，不能被各种论调所蛊惑，被市场所迷惑。

教育对现有文化的适应，在一定程度上来说，实际上指的就是适应文化的民族性与时代性。在文化开放的今天，任何一个国家的文化都是时代文化和民族文化的复合体，所以说它同时兼有时

---

① 朱谦之：《文化哲学》，第 210 页。

代性和民族性的特点。文化的时代性表征是人类文化在特定历史时期的共同性,同时也表征着不同历史时期的差异性,即不同的时代具有不同的文化类型;文化的民族性表明在人类文化的同一时代,各民族文化具有本民族的特点,即同一时代文化的民族差异性。[①] 但是,"所谓文化的时代性内容、民族性内容,是说同一内容的两种不同性质,并非有两个内容或一个内容分为两个实体部分,民族性就包含在时代性内容之中,时代性亦包含在民族性内容之中。"[②]所以说,教育对文化的适应在一定程度上就是对文化的民族性与时代性的适应。

(2)教育对文化的创新

文化的创新可以说是文化发展的最高形式,因为创新即建立新质文化,它包括原创和改造或者再创造。但是所有文化的创造都是基于原来的文化基础之上的创新。这是因为创新的主体不可能离开原有的文化基础,不受任何环境的影响,在文化的真空中就创造出一种新文化。创新的主体在创新文化时,总是要依据他所生存的文化环境来创新。列宁就说过:"马克思主义这一革命的无产阶级思想体系赢得了世界历史性的意义,是因为它并没有抛弃资产阶级时代最宝贵的成就,相反地却吸收和改造了两千多年来人类思想和文化发展中一切有价值的东西。"[③]

在中国,据史学资料证明,早在约公元前 7000 年至公元前 2300 年前,也就是在华夏初始文明时期,我们就创造出高水平的物质文

① 庞朴.《文化的民族性与时代性》,中国和平出版社 1998 年版,第 148 页。

② 同上书,第 151 页。

③ 《列宁全集》(第 3 卷),人民出版社 1958 年版,第 283 页。

明，形成了较为丰富的文化思想；春秋战国时期，我们的文化创新更是达到了一个历史的高峰，百家争鸣，百花齐放。由此可以看出，文化创新离不开创造性的劳动，一个民族文化的形成更离不开文化的创新。可以说文化就是一个不断创新的过程，这一过程是通过不断吸收、融合其它民族的优秀文化，并融入本民族的文化思维而发展起来的。例如正是在各民族乐器相互的交流融合中才创造出了我们中国的民乐；同样正是在满族的服装基础上，我们创造出了中国的旗袍文化。西学东渐以后，我们深受西方文化的影响，握手代替了拱手、一夫一妻取代了一夫多妻、契约与法治思想逐渐取代了熟人社会的处置问题机制等。所以，文化的发展需要文化的选择和传递，但是文化的长久发展更离不开文化的发现和创新。

当然，文化发展的选择和传递、发现和创新是交叉进行的，并不是按照一定的顺序进行的。

教育在人类文化发展、创新中起着重要作用，而其中表现最突出的是高等教育。建制性的高等教育1000多年的发展史表明，文化创新就是高等教育的特殊功能之一。

首先，大学的内部机构与其它社会组织的内部结构存在本质的区别。大学里的教师堪称某一专业领域的专家，他们既担负着教书育人的重担，同时还要承担科学研究的重要任务。他们一方面传播着科学文化知识，另一方面又创造着科学文化知识；而大学里的学生，相对来说，他们有着一定的文化基础，有着活跃的思维，具有一定的创造能力，身心发展较为成熟，有着自己的独立见解，能够摆脱传统思维的约束，富于创新精神；大学里的知识，相对来说主要是高层次的文化内容，是高深的知识，而且还有许多知识是有争议的，不像基础教育那样传授的是已有定论的确定性知识，大学的教育内容中很多知识还需要探索，需要钻研，需要确证，这些知识处于某一领域的前沿，还存在许多的争议，有待人们进一步研究。这个过程本身就是文化的创新或创造。师生间是传授与创造的双向活动关系，他们通过沟通交流来促进知识的增长和能力的提高；同样教师与知识之间的联系也并不是单纯地把知识转化为可传授的形式，最为主要的还是通过探索研究发明、创新知识；学生与知识之间的联系也并不是学生单纯地消化吸收知识，最为重要的还在于学生吸收知识，融会贯通，在原有知识的基础上，通过研究，创造出新的知识，同时在这个过程中提高创造能力，开展科学研究活动，为进一步的文化创新打下基础。所以说，在一定程度上，大学可看作是围绕知识的传授与文化的创造而建立起来的一个系统，它有利于文化创造功能的形成与发挥。①

其次，高等教育的文化创新离不开大学自身的文化传统。大学的办学民主与学术自由是高等教育进行文化选择和创造的必不可少的条件。② 作为实施高等教育的机构，大学在历史发展中形成了学者的学术探究传统，这种学术探究传统追求学术自由、学术自治。虽然说国与国之间国情不同，大学体系也因而各不相同，但是在追求学术自治与自由方面，各大学却表现出高度的相似性，只是他们在追求学术自由和自治方面的程度不同。正是大学追求学术自由的传统，促进了高等教育的文化创新功能的发挥。③ 也正是这种力量，这种对学术自由的争取，才使得中世纪的大学培养了

---

① 潘懋元：《高等教育的基本功能：文化选择与创造》，《高等教育研究》1995年第1期，第14页。

② 同上书，第15页。

③ 同上书，第14页。

一大批的优秀人才，孕育了自由的学术气息，创造了新思想、新文化，加快了西方文化发展的进程。同样19世纪德国的大学对真理和科学不懈追求，更是成为“民族精神生活的中枢机关”。在我国，春秋战国时期的稷下学官同样追求学术自由，开展各学派之间的争鸣，推动了当时社会文明的发展。到了宋明时期，书院更是以学术自由的特点被世人称赞，学者为免受世俗干扰，遁居山林，自由研究，创造出了不少传世佳作。民国初期，正是在蔡元培先生“思想自由、兼容并包”理念的引导下，北京大学成为“五四”新文化运动的中心。所以说，高等教育文化创造功能的重要条件就是追求学术的自由和自治。

再次，大学处于学术前沿，是学术思想和各种文化价值观念交融的中心。一方面，大学本身就是作为文化的保存、传承和创新的机构而存在，另一方面，大学作为高深学问探究之场所，也为高等教育的文化创新提供了条件和舞台，除了必要且丰裕的物质条件——比如图书、仪器等，大学还是社会最大的“意见市场”，各种最新的探究结论和观点都合理合法地被展示、论证、辨析和质疑。正是这些思想观念的交流碰撞，推动了高等教育文化创新的进一步发展。蔡元培先生执掌北大时期，“保守派、维新派和激进派都同样有机会争一日之长短。背后拖着长辫，心里眷恋帝制的老先生与思想激进的新人物并坐讨论，同席笑谑。”[①]新的文化价值观念和社会的发展、文化的进步都离不开各种思想之间的争鸣、交锋、论辩以及对话、理解和借鉴。

第四，教育的文化创新功能呈现出一个明显的特点就是通过

---

① 蒋梦麟:《西潮》，新潮社文化事业有限公司1991年版，第150页。

培养人才来实现文化的创造。其中一个明显的表现方式就是高等教育开展科学研究，依赖教育所培养的人才，创造直接的文化成果。教育活动中，教育者还通过传道、授业、解惑等方式，不断培养人才，激发人的创造能力，受教育者在教育者的培养下，逐渐成熟，一旦走入社会，这些人中的一部分会在各自的岗位上直接从事文化创造活动，这样一来教育系统就如同一个源源不断的文化创造源。

所以，"教育所创造出来的价值是有创造欲望与创造能力的人，而且人又是创造各种文化的起源。教育所创造出来的价值，即有创造欲望与创造能力的人，既然能够更进一步使那些来自过去的文化材（'文化材'指人类精神活动所创造的一切价值的总体）由旧有的定形的价值发展而为一些新的价值，也就是能够循着历史的发展不断进步，这是其他一些文化材的价值所不能和它相比拟的。"①

总之，无论是教育还是文化的发展，它们的终极规则是人，是以人为中心的。正如联合国教科文组织的报告《教育——财富蕴藏其中》所说的，"'旨在实现全世界的人的潜力都得到充分发挥'的这种发展，乃是教育和文化的最终目标。"②

① 田培林：《教育与文化》（第 7 版），第 10—11 页。

② 联合国教科文组织：《教育——财富蕴藏其中》，教育科学出版社 1996 年版，第 232 页。

第二章　教育的愿景诉求

教育是铸就人类灵魂的过程，是镌刻人的精神气象的重要活动。

在教育中，人类的文明、历史的精粹、道德的遗产等都得到了传播、发散、扩展和深化，正是有了教育，才使人脱离了粗糙的动物生存状态，成为高级文明的创造者和享有者。在这其中，人类只有拥有一颗自由的灵魂，才能发自肺腑地去感受教育，并达成教育的本初诉求。

人生而自由，所以崇尚自由的教育才是教育所以可能的前提条件。

一、崇尚教育自由

教育必须是自由的，这种自由是从形式到内容的自由，从缘起到目的的自由。任何不以人的自由为第一要务和目标的教育都是反教育的，都得接受自由的改造。人之于自由的需要犹如鱼之于水的渴望，教育之目的在人，那么教育的追求也应该是崇尚自由的。教育为自由提供空间、养分，创造宽松的氛围和条件，让人们在自由舒展的状态下充分发挥自己的创造力。

教育必须指向自由，源于自由，经由自由，达成自由。惟其如此，教育才是真正的教育，教育才可以实现自己的愿景，尽到自己的责任。

(一)何谓自由？

自由是人类独有的禀赋，古今中外，一直受到追捧。譬如，早在古希腊时期，亚里士多德就将自由视为人的重要天性，并认为人生来就是自由的。此后，孟德斯鸠更是将自由视为最能打动人心的词汇。卢梭提出，“人之所以为人是因为他拥有自由，人与自由是等同的。”[①]在卢梭眼里，自由是一种绝对权力，是丝毫不能让渡的，这在任何人身上都是同样重要的品质。如果因为任何外在的因素，而放弃了哪怕“一点点”的自由，人就等于是死亡。更进一步说，这样一来，人的本性也就毫无意外地丧失了。[②] 一旦人丧失了其本性，就不称其为人。此外，卢梭还说，“放弃自己的自由，就是放弃自己做人的资格。”[③]在自然界，人之所以独立于动物，成为地球主要的“掌控者”，是有其根由的，而这根由最大因素便在于，人一直在追求自由的路上，或者说在拥有自由的状态中。“在一切动物之中，区别于人的主要特点的，与其说是人的悟性，不如说是人的自由主动的资格。”[④]这也是人的精神独立性的体现，可想而知，如果一个人没有灵魂、没有丰满的精神生活，那和行尸走肉就没

---

① 以赛亚·伯林著、赵国新译：《自由及其背叛：人类自由的六个敌人》，译林出版社2005年版，第31页。

② 同上书，第33页。

③ 卢梭著、何兆武译：《社会契约论》，商务印书馆1980年版，第16页。

④ 卢梭著、李常山译：《论人类不平等的起源和基础》，商务印书馆1996年版，第51页。

有什么分别了,更与很大程度上只注重生存的动物没什么区别了。所以,对于人来说,自由是一种追求,是一种精神的饱满的向往,是一种独立的人格,是一种灵魂深度的象征,更是人之为人之“格”。

此外,不同学者对于自由也有着不同的见解,在诸多作品中都能看见自由的身影。可以说,自由在许多学科都有着广泛的论述,尤其是政治学、哲学、文学、艺术等领域中,都有关于自由的描绘和自由对人的精神的影响力。从自由一词的使用语境来看,可以归纳出八种典型的用法:

(1)自由是一个政治哲学概念,在此条件下人类可以自我支配,凭借自由意志而行动,并为自身的行为负责。

(2)自由的最基本含义是不受限制和阻碍(束缚、控制、强迫或强制),或者说限制或阻碍的不存在。

(3)“自由”在中国古文里的意思是“由于自己”,就是不由于外力,是自己作主。在欧洲文字里,“自由”含有“解放”之意,是从外力制裁之下解放出来,才能自己作主。

(4)“自由”是没有外在障碍而能够按照自己的意志进行的行为。

(5)“自由”是按规律办事意义下的自由,所谓对必然的认识和改造。

(6)“自由”是自律意义下的自由。康德在此意义上使用自由一词。

(7)“自由”是人在自己所拥有的领域自主追求自己设定目标的权利。

(8)“自由”即有权做一切无害于他人的任何事情。

在不同领域,自由一词都被各自语境赋予丰富的涵义。譬如政治学家罗尔斯和霍布豪斯就分别曾在《政治自由主义》《正义论》及《自由主义》中对自由的内涵进行了相关的界定。

罗尔斯认为,个人或集体拥有政治自由、平等参与政治事务的自由、思想和良心的自由、道德和宗教的自由等。霍布豪斯提出,将自由区分为"公民自由、财政自由、人身自由、社会自由、经济自由、家庭自由、地方自由、种族自由、民族自由、国际自由、政治自由等"。[①] 两人对自由的界定从政治学上来说,相当丰富,包括了人处在社会生活中方方面面的权利。所以,从政治学角度来看,人天生就是享有自由的权利的,这种自由既是政治制度必须保障的,也是人这一生必须捍卫的权利。可以说,在人为自由拼搏的时候,也因此而导致了法律,因为在法律的保障下,人才得以保卫自己的自由,并且被要求不去侵害他人的自由。

罗尔斯进一步指出,自由总是可以参照三个方面的因素来解释:自由的行动者、自由行动者所摆脱的各种限制和束缚、自由行动者自己决定去做或不做的事情。因此,对自由的一般描述可以具有以下形式:这个或那个人(或一些人)自由地(或不自由地)免除这种或那种限制(或一组限制)而这样做(或不这样做)。[②] 亚里士多德认为人本自由,为自己的生存而生存,不为别人的生存而生存。[③] 麦克卡伦说:"自由总是什么主体的自由,从脱离什么障碍中获得自由,从而能做或不能做和能成为或能不成

---

① 伦纳德·特里劳尼·霍布豪斯著、朱曾汶译:《自由主义》,商务印书馆 1996 年版,第 8—23 页。

② 约翰·罗尔斯著、何怀宏等译:《正义论》,中国社会科学出版社 1988 年版,第 200 页。

③ 亚里士多德著、吴寿彭译:《形而上学》,第 5 页。

为什么，这是一种三维关系。”[①]密尔认为：“唯一实称其名的自由，乃是按照我们自己的道路去追求我们自己的好处的自由……每个人是其自身健康的适当监护者，不论是身体的健康，或者是智力的健康，或者是精神的健康。”[②]因而，“自由”公式是：X 对于 Y 而言去做或成为（或拒绝做或拒绝成为）Z 时是（或应当是）自由的。其中，X 代表自由的主体，Z 代表自由的行动，Y 代表阻止自由行动的障碍。

自由的外延有很多，比如政治自由、文化自由、言论自由等。美国总统罗斯福在 1941 年 1 月 6 日的美国国会演讲中阐述，自由的外延主要有：(1)表达自由；(2)信仰自由；(3)免于匮乏的自由；(4)免于恐惧的自由。表达自由即言论自由，公民可以在任何地方、任何时刻不受别人威胁或限制的表达自己思想的自由；信仰自由就是每个人有选择自己信仰或者不信仰的自由，有选择信仰任何一个宗教信仰的权利，政府、组织、个人不能干涉免于恐惧的自由即个人的身心是不受压迫的，可以自由支配自己，而不受他人的恐吓。罗斯福论述的自由外延在《联合国人权宣言》中被重申。从这样的内涵与外延出发，可以发现两条自由的原则：

第一自由原则：只要个人行为仅关一己利害而与他人无干，个人就无须对社会负责。如果有人觉得有必要维护自身利益，不妨对其进行忠告、规诫、劝导乃至回避，社会能够正当地对其行为表达厌恶与责难。

---

① Gerald C. MacCallum，“Negative and Positive Freedom”. 该文中译本收录于应奇、刘训练主编：《第三种自由》，东方出版社 2006 年版。

② 密尔著、许宝骙译：《论自由》，商务印书馆 2005 年版，第 4 页。

第二自由原则:对于其任何有损他人利益的行为,个人都应对社会负责,并且如果社会觉得为了自身安全必须施予某种惩处,则行事者还应受到社会舆论与法律的惩罚。[①]

自由是相对的,而不是绝对的。因为我们是生活在社会中的人,如果每个人都维护自己的自由而损害他人的利益,社会的秩序就无法维持。所以,每个人都要让出自己的一部分自由而利他人,日后,他人也能为你的自由而提供便利。任何伤害他人利益的行为和个人都应该受到应有的惩罚。

无论是政治学意义上的,还是社会学、人类学意义上的,抑或是哲学意义上的,自由对人类来说都是一种必不可少的存在,也是引导人类社会得以继续前进的火把,有了自由,人类的灵魂才得以洞察世间烟火,体味人生百态。提起"自由"二字,凡是人类,都似乎有相同的自由认知,自由就是不受拘束。但是,就每个人生活的不同角色而言,自由又对他们意味着不同的意义。自由是一个抽象的概念,抽象的含义就是说它的意义不是到任何具体领域都能说得通的,到任何一个具体的领域他都有另外一个具体的意义。比如说在政治领域,自由的含义是民主。在经济领域,自由的含义是平等竞争。在文化领域自由的含义是超脱世俗,追求真理。

什么是真正的自由?一生追求人生真理,不受世俗观念的拘束,将自我的人格完美化就是真正的自由。用一个伟人说过的话就是,当我发现了自由的时候,就决然无法与奴役为伍。因为有自由的存在,我的生命才开始感受快乐。

---

① 约翰·穆勒著、孟凡礼译:《论自由》,广西师范大学出版社 2011 年版,第 113 页。

(二)什么是教育自由

所谓教育自由是个体之为“人”的基本权利之一,是个人的教育自由或教育意义上的自由,是个人基于人格独立和身分平等的选择自由、思想自由和表达自由、学习自由、个性自主发展的自由等,是个人在与社会或他人的关联中获取的成长自由,它意味着权利、机会和能力。人是他自己教育的主人,因而教育不能规范人的思想,不能统一人的理解,不能减少人的选择。

教育自由的条件应该是:尊严、平等和自主。

教育的自由包含两个方面:(1)选择自由。所谓选择的自由包括两个层面:首先,作为私人生活的领域,一个人可以接受教育,也可以拒绝教育。但教育不完全是个人的生活,它还是社会的公共生活,受教育不完全是个人的事情,还与民族素质的提高、国家的繁荣相关,所以,国家必须适度干预个人对教育的选择。如强迫每个适龄儿童接受义务教育等。义务教育作为一种强制性教育,是保证国民素质的需要。这是主动选择的自由,也称强制选择原则,或无差别选择原则。其次,教育的选择自由还包括差别化选择原则。当个体完成国家与社会所规定的义务教育以后,有选择继续深造(接受教育)的权利,但是此时的教育选择自由就表现为客体选择,即教育按照能力和智力维度选择受教育者。这是被动选择的自由,也称差别化选择原则。(2)学习的自由。学习自由就是个人的学习活动免于受到强迫而有权自主选择的自由,包括选择学什么的自由、决定什么时间学和怎样学的自由,以及形成自己思想的自由。但是,由于教育的主体是学生，鉴于其自身的理性程度、知识水平和认知能力，我们不得不最小程度地干预这一自由。在伦理上，我们为了达成受教育者的最终自由状态，而不得不“侵犯”他们的自由。但，这是必要的、无法回避的。

要领会教育自由的内涵，还需要在价值合理性、内容与形式等方面进行思考。

1. 教育自由之基——价值合理性

教育自由即在教育实践活动过程中所体现出来的个体自由与自主，而教育自由的价值合理性就是它给青少年提供了发展的可能性。第一，教育自由促进了儿童对真理的追寻，它让儿童主动去探索，去思考，去求知，并勇敢面对因尝试而失败的可能性，这就为青少年追求真理提供了条件和保障。第二，教育自由可以保障儿童的个性在教育生活中、在全面发展的要求下得到充分的体现，并且教育可以促使儿童在自由成长的同时获得个性化的发展，这二者是相辅相成、缺一不可的。同时，教育自由首要的一点是承认每个儿童都是不同的，都是有各自的独特性的，它允许儿童的个性差异性存在于团体生活中以及其独处时。第三，儿童的个体差异需要教育自由。无论是对家长、教师来说，还是对社会、国家来说，抑或是对孩子自己来说，所有的儿童都具有不可替代性，是独一无二的存在，也正因为这样，教育才更需要自由，以保护儿童的天性与独特性，尊重个体的差异性。须知，这种尊重既是对每一个儿童的自由，也是自由精神的濡化熏陶。当然，这也是教育自由所追求的美好愿景与终极理想。

既然每一个个体都是独立而自由、独特而多元的存在，那么也只有教育自由才能保证每一个差异化的个体的教育得以顺利展开，这样才能让社会、儿童在发展过程中完成“我就是我”的状态。与此相反，同一性、统一性、漠视或剥夺自由的教育只能让个体失去尊严以后而“千人一面”，让社会失去灵魂而“集体平庸”，也让教育蒙羞。

需要澄清的是，对于人类的发展来说，自由并不代表着放纵，即便儿童、社会乃至人类的发展需要教育自由，也必须承认，教育自由是建立在价值合理性之上的。为什么这么说呢？首先，价值合理性要求自由有一定的价值导向，而这个导向一定是符合社会、人类发展需要的，符合一定情境下的道德规范、法律条文、社会习俗和社会约定等，最终凝结成具有一定指向的价值观。自由只有在符合道德、法律、社会规范的情况下，才是真正的自由。自由不是没有前提，这个前提就是价值合理性。其次，所谓价值合理性，除了这些基本的内部构造外，还需包括个人自主的判断。也就是说，只有当一个人内化了所有习俗、道德、法律等内容后，并将其作为思考的基本背景，熟稔并认可这些行为模式，才能达到行动自由和心灵的自由。因此，涉及自由的价值合理性必须完成社会和个人两个层面的内化过程。第三，教育自由必须有价值合理性，这是因为教育的价值合理性不仅为儿童的发展提供可能性，而且它还有助于人类的平等和正义的实现。简单来说，只有你认可并接受了价值合理性，你才能不会因为你自己的自由而损害他者的自由。在哈耶克看来，机会的、起点的平等要比结果上的平等更重要。同时，自由与平等并不矛盾，自由与平等是互为基础、互为前提的。

从根本上来说，教育自由是教育之为教育的先决条件，没有自由的教育，就没有人的自由。只有自由的教育，才能真正教育出自由的人，培养真正意义上社会需要的人。任何夹杂其他束缚的教育都不算是真正的教育。教育自由可以保证教育的目的、手段、内容都是自由的，人们在自由的环境下受教育，身与心得到全面的发展，这样的教育才是真正的自由教育。哈耶克说："我们之所以需要自由，乃是因为我们经由学习而知道，我们可以从中期望获致实现我们诸多目标的机会，正是因为每个个人知之甚少，而且因为我们甚少知道我们当中何者知道的最多，我们才相信众多人士经由独立的和竞争的努力，能促使那些我们见到便会需要的东西的出现。"[①]

教育自由的价值，集中体现在它对人的全面而自由发展以及个性的发展需要的满足上。人的全面而自由发展，只能以教育自由为前提。人只有在教育自由的前提下，才能不受束缚的全面发展自己。再则，正是为了人的全面而自由发展、个性的发展，每个人才需要教育自由，需要对个人基本教育权利的保障，需要对个人理性和人格的尊重。教育自由的实践价值在于阻止任何社会企图"把它自己的观念和行事当作行为准则来强加于所见不同的人，以束缚任何与它的方式不相协调的个性的发展"。[②] 教育的价值不在于将自己的价值观念强加在他人身上，企图束缚或阻碍别人的发展，或企图去操控影响别人的发展；而在于帮助每个独立的个体自由选择并发展自己成为自己想要成为的人。

同时，教育自由也是教育公平的动力机制。教育自由不仅表

---

① 哈耶克著、邓正来译：《自由秩序原理》(上)，生活・读书・新知三联书店 1997 年版，第 28—29 页。

② 密尔著、许宝骙译：《论自由》，商务印书馆 2005 年版，第 5 页。

现为教育领域的教育竞争自由，即表现为不同个人之间平等地参与竞取稀缺教育资源的活动的自由，而且是教育竞争的前提条件，通过广泛的教育竞争，不仅教育资源可以获得有效配置，而且人们将会获得与他们的贡献和付出相匹配的地位，实现起码的教育公平，在一定程度上堵塞了裙带关系或任人唯亲以及权力继承。

2.教育自由的原则

当然，教育自由都有着自身完整的体系，并不是无限制的、无底线的自由，它必须遵循相应的原则：

首先是平等原则。平等原则包含两个方面的内容：第一，教育自由的每个方面都必须是平等的，同时任何一个部分自由的实现都影响着其它部分自由能否实现。第二，作为受教育者，他们平等地享有各项教育自由。如果为了教育自由的实现去限制或者剥夺一部分人的教育自由，那就不是真正意义上的教育自由，最后这样的教育自由只能走向失败的深渊。霍布斯指出："每个人应该享有与别人同样多的自由，恰如他允许别人相应于他自己所享有的那么多的自由一样。"[①]这也意味着要免除教育中的特权，建立保障自由的制度，做到制度面前人人平等。诚如哈耶克所言："争取自由斗争的伟大目标，始终是法律面前人人平等。"[②]若不平等地分配教育自由，就不能使受教育者形成自尊以及相互尊重的积极心态，也影响其对社会的安全感以及信任感，从而破坏公共生活的秩序与和谐。在此基础上我们应该采取适当的补偿原则，为条件不

---

① 霍布斯著、黎思复等译：《利维坦》，商务印书馆 1987 年版，第 170 页。

② 哈耶克著、邓正来译：《自由秩序原理》（上），生活·读书·新知三联书店 1997 年版，第 102 页。

利者获取自由提供便利，使教育不仅在制度形式上保证平等，而且能够接近事实上的平等。

其次是有限原则。自由并不是倡导人们回归本我，不是让人为所欲为，回归丛林法则，它是有限度和有限制的自由，每个人在追求自由的时候都会直接或间接地影响他者追求自由的脚步和方向。我们不可能实现绝对自由，为了得到一些自由就必须懂得舍弃另外一些自由。“既然公正要求所有个体必须有资格拥有最低限度的自由，所有其他个体都必须被禁止——如果必要，可以用强制——剥夺任何人拥有这种自由，的确，所有法律的功能正是要防止这种冲突。”[①]如果我们在追求自由的时候超过相应的限度，那么教育自由就会受到损害，其自由也只能走向对立面。“自由永远必须明确自己与他人自由的界限。没有这样的约束，自由权就成了放纵权；没有对自由的恰当约束，社会将堕入无政府状态。”[②]“实际上，哪里没有约束，哪里就会有放纵的疯狂，灵魂也就不再是自由的，它为此会受到损伤，从无限中分离出来，尝到犯罪的痛苦。每当灵魂屈从于诱惑而远离法则的束缚时，就像从母亲臂腕中夺走的孩子，他大声呼喊：‘别打我！’然后恳求说：‘噢，以法则束缚我吧。束缚我的身心。请紧紧地抱住我，让我在法则的拥抱中与欢乐结为一体，保护我，通过坚实的拥抱，以摆脱致命的罪恶的疏忽。’”[③]所以，教育中的规则、限制，甚至是必要的惩罚，不但是必须的，而且是必要的，它们不是教育自由的阻碍，而是教育自由的条件与基础。

---

① 以赛亚·伯林著、胡传胜译：《自由论》，译林出版社2003年版，第195页。

② 柯武刚、史漫飞著，韩朝华译：《制度经济学：社会秩序与公共政策》，商务印书馆2000年版，第144页。

③ 泰戈尔著、宫静译：《人生的亲证》，商务印书馆2007年版，第76页。

再次是宽容原则。任何一项事业的成功都会遇到各种各样、或多或少的矛盾和冲突，教育自由也不例外，而相互宽容与理解是解决矛盾和冲突的良药。房龙曾说："宽容是容许别人有行动和判断的自由，对不同于自己或传统观点的见解的耐心公正的容忍。"[①]换句话说，自由主义的精神内核就是宽容，只要实现宽容，人类就可以在自由的天空翱翔。此外，宽容在教育自由中更表现在对受教育者个性的尊重，对受教育者失败的容忍，对受教育者不同兴趣及观点的包容，对受教育者独创性的肯定等。而且，有时候，宽容本身就是教育方法。

3. 教育自由的内容

教育自由是有限的自由，而为了实现教育自由就必须明确青少年在教育中享有哪些教育自由。同时，这些教育自由是教育所要保障的根本性自由，是最低限度的自由，包含六个方面。

首先是思想与表达自由。思想自由是指受教育者有独立形成自己的世界观、人生观、价值观的自由与权利。表达自由是指受教育者有表达自己思想、意见和观念的自由。[②] 推而广之，思想与表达自由包括基于材料，独立形成并公开自己观点的权利。只有拥有思想与表达自由，受教育者才能自由地探索和认知新世界，不断触发新思想。只有这样才不会让儿童沦为教育者和书本的复制品，并免于被洗脑和误导。

人之所以为人，思想和表达自由的作用功不可没。也只有在思想和表达都自由的环境下，儿童才能形成自由的灵魂和精神。

---

① 房龙著、迮卫等译：《宽容》，生活·读书·新知三联书店 1985 年版，第 13 页。

② 金生鈜：《规训与教化》，教育科学出版社 2004 年版，第 182 页。

伯林曾说："没有观念的自由市场，真理也不会显露；也就将没有自发性、原创性与天才的余地，没有心灵活力、道德勇气的余地。社会将被'集体平庸'的重量压垮。所有丰富与多样的东西都将被习惯的重量、人的恒常的齐一化倾向压垮，而这种齐一化倾向只培育'萎缩的'能力，'干枯与死板'、'残疾与侏儒式的'人类。"[①]

其次是学习自由。所谓学习自由是指受教育者必须按照自己的意愿来选择学习的内容、方式、时间、地点，从而形成独属于个人的思想。这意味着学习应该自主、自治、自愿的，而不是通过一些制度上的、价值观上的设计和认定去威逼或胁迫孩子进行学习活动。正因如此，应该给儿童创造出更多的自主选择机会，在他们自己确立的学习目的的基础上引导他们自我选择，鼓励他们进行多元选择，形成多元的生活目标和真实的人格理想，从而真正地实现自我。[②]

第三是个性自主发展的自由。这意味着受教育者有获得自我发展、实现自我价值追求、追求不同生活方式等方面的自由。由此，我们可以看出，个性自主发展的自由，其本质在于受教育者必须按照自己的内在本性的要求去行事。教育能让受教育者发展批判思维，让受教育者形成自尊自信的人格品质，所以归根到底教育是使每一个受教育个体的精神得到充分的发展。

第四是平等获取和利用教育资源的自由。这包含三个方面：

---

① 以赛亚·伯林著、胡传胜译：《自由论》，译林出版社2003年版，第195页。

② 关于学习自由之内容选择的自由，限于儿童的理性程度和人类所共有的趋易避难本能，成人或专家代为选择的内容是必须的，但是必须指向而且只能指向增进儿童（受教育者）的自由发展，而且这种内容的选择必须止于最低限度。如果说这种外部选择是非自由的教育，那也是必要的。

每一个儿童的教育起点公平，教育过程中受教育者平等利用教育设施的权利，在学校及其它教育场所受到老师平等对待的权利。只有在教育资源平等利用自由的前提下，发展儿童的自由个性才能成为可能。

第五是基本权利的保障。教育中的基本权利主要包括受教育者的人身自由与交往自由权、身体健康权等，以及对以上自由的要求权。人身自由与交往自由权简单来说是指受教育者在学校及其他教育场所中其人身自由得到保障，不会受到限制，受教育者也有权利去选择自己所要的朋友和环境。身体健康权是指在学校及教育场所，任何制度、学校及教师不能做出有害于学生身心健康的规定或行为。要求权是指教育自由是受教育者应该享受的基本权利，它并不是任何制度、学校或教师对受教育者的恩赐。

第六是道德自由。道德自由是人的根本性自由，指人有独立自主地选择自己认同的道德观念与原则，追求自己的道德理想，行使道德决定的自由权力。这就意味着个人有权形成自己的关于善与道德的观念，并有权按照自己的道德观念进行道德判断、选择、行动，以实现自己的道德价值观，创造道德生活的自由。但是，在儿童的道德标准和道德自制没有形成以前，道德教育和熏陶以及道德他律却是必须的。这么做并非违背教育自由的宗旨，而是为了形成儿童的道德标准和道德判断，培养儿童的道德内化与道德自律。唯有真正把道德的内容与要求内化于心，方能外显于行，这时候的道德行为才是自发的，而不是他律之下的，所以个体才是自由的。

教育自由之所以必要，是因为现实的教育生活在很大程度上影响着受教育者全面自由的发展，阻碍其独特个性的形成，因此，对教育而言，通过对教育自由内容的逻辑阐释与具体性规定，方能有效保障教育自由的有效推行。

（三）如何实现教育自由

1. 现代教育制度的核心——教育自由

教育是一种培养人的社会活动，其主体和客体都是活生生的能动的人。人的生活与价值、意义等问题密不可分。李凯尔特认为，“没有价值，我们便不复‘生活’，这就是说，没有价值，我们便不复意欲和行动，因为它给我们的意志和行动提供方向。”[①]由于教育与现代人类生活具有特殊联系，价值和意义也是教育的题中应有之义。教育制度既是教育活动的保障，又规范约束着教育活动。教育是培养人的精神的活动，是人的灵魂的教育，因此，价值也是教育制度的基本追求，而且往往对教育制度起着决定性的影响。教育制度的价值追求直接影响并决定着教育制度的性质、方向和公正程度，因此价值标准的确定是教育制度确认和选择的决定性因素之一。如果一项教育制度违反人们普遍认同的价值标准，如自由、平等、公正、尊重和以人为本等，就无法得到普遍的认同，它的执行就会受到阻碍。

教育制度要实现教育的本质，就必须以教育自由为其价值追求，保障教育自由的实现。那么什么样的制度能确保教育自由的实现呢，它的原则是什么？这既是教育自由何以可能的问题，也是保障教育自由的应有之义。

首先，尊重个人的教育自由主张。教育自由实现的过程“就是

---

① 韦伯著、韩水法等译：《社会科学方法论》，中央编译出版社 1999 年版，第 8 页。

主客体间紧张关系日益消解的过程，只有将其置于主客体的价值关系中考察"[1]，教育自由才不会显得空洞，在价值关系中主体的需要构成价值的实质。因此，实现教育自由的前提条件就是承认作为主体的人的各种教育自由主张。作为教育制度，它必须体现这些理念和精神：第一，尊重教育自由的普适性；第二，承认教育自由的历史性；第三，关注教育自由的多样性。教育自由是不可或缺，也是不可避免的，教育自由是一个不断发展的过程，在这个过程中，有多种形式的自由，如教育选择的自由、学习内容的自由等。但是所有自由主张的前提是要尊重个人的教育自由主张。

最后，教育制度应指向培养主体实现教育自由的能力。尊重个体的自由主张只是实现教育自由的前提条件，仅仅停留在认识层面是不够的，还需要主体具备实现教育自由的能力。要把知识层面的教育自由化为实践的自由，首先需要化主体需要的可能性为必然性的能力；其次，要化社会制约的可能性为必然性的能力。

我们不能简单地将实现教育自由的希望寄托于主体意识的觉醒和内在素质的提高，唯有通过制度规范才能为教育过程提供相对稳定的行为范式，保证教育自由从价值层面落到实践层面。法律的目的不是废除或者限制自由，而是维护和扩大自由。这是因为在一切能够接受法律支配的人类的状态之中，哪里没有法律，哪里就没有自由。[2]

2. 什么样的教育制度确保教育自由

首先，以人为本的教育制度。人是教育的中心，必须把教育与

---

① 靳玉乐、李叶峰：《论教育自由的尺度及实现》，《高等教育研究》2015年第4期。

② 约翰·洛克著、叶启芬译：《政府论（下）》，商务印书馆1964年版，第36页。

人的发展、幸福结合起来。我们应该明白，教育要符合儿童的多样性发展的需要，而不能把孩子的发展困在牢笼之中，所以教育制度应该顺应孩子的天性。在卢梭的《爱弥尔》中，卢梭最尊崇的教育就是自然教育法。[①] 所以，教育应当是能够将所有的孩子按照其自然的样子进行培养和塑造，而不是像机械的流水线一般，“生产出”而不是教育出一批批除了模样不同，思维方式、表达方式、行为方式完全一样的克隆人。尊重人的自然性，就是尊重人的差异性、独特性，也就是说在考虑人的真正需求，并以具有人性化的教育方式来实现人的全面发展。所谓人性化，便是考虑人的心理、身体的健全发展，是用幸福、快乐塑造儿童的心灵，而不是以棍棒、辱骂刺激儿童的心灵。在卢梭心中，每一个儿童都是一个独特的个体，对现代教育者来说，尽管自然教育法有其偏颇的一面，但其深刻的教育理念至少可以提醒教育者顺应儿童的身心发展的需要。

此外，以人为本自然要考虑教育对象的千差万别。在传统的教育制度那里，重复性、单一性、标准性是其主要特色，然而这种传统的单一性教育制度只能造成儿童的走向集体的一致化，是对儿童天性和个性的压制与抹杀。因为在追求统一和标准的同时，也丢失了儿童的想象力与个性。由此可见，以人为本的教育制度对学生的发展至关重要，那什么样的教育制度才能算作是好的呢？或者至少是不坏的呢？

就学校而言，每一个学校应该是不同的，每一个学校都应该有自己的特色，制度的空间中要给学校留有余地；就单独的个体

① 卢梭著、李平沤译：《爱弥儿（上）》，商务印书馆1978年版，第91页。

而言，每个儿童的天赋和发展需求都是不同的，制度的价值中要给受教育者留下个性的空间。费瑟斯通认为："儿童都是独一无二的。这一个性不仅是一种不可否认的现实，而且，还是一套重要的、说明如何抚养和教育儿童的线索，就像聪明的家长明白，姐姐和弟弟是不一样的，必要时要创造一个良好的学习环境去发展儿童特殊的兴趣和热情，倾听每个孩子的呼声是教学以及家庭教育的核心内容。"[①]不同的教育制度对人的个性发展有着不同的影响，传统教育制度多崇尚单一化、统一化、标准化。它们通常以国家的目的为教育制度制定的依据，这种带有强制性的整齐划一，束缚了学生的想象力和创造力，牺牲了学生的个性发展。而"人之为人的特征就在于他的本性的丰富性、微妙性、多样性和多面性"[②]，那以人为本的教育制度如何建立呢？这就要考虑到以下方面：

第一，明确受教育者的自由身分。以人为本的教育制度首先要明确受教育者的自由身分，这样才能保证受教育者的全面发展，任何对受教育者的干预、奴役和控制，结果只能让受教育者畏惧、屈服和顺从。例如，如果受教育者在学校不是作为自由身分的人生活在教育中，而是处在学校以及教育者的监督、干预或者是惩罚之下，最后结果只能是个人自由的毁灭，甚至是教育自由的毁灭。密尔曾说："我们制度的终极目的正是如此：我们可以思考自己喜欢的，可以说出自己所想的。""我们永远不能确定自己所奋力压制

① 约瑟夫·费瑟斯通等著、王晓宇等译：《见证民主教育的希望与失败》，华东师范大学出版社2005年版，第45页。

② 恩斯特·卡西尔著、刘东译：《卢梭、康德、歌德》，生活·读书·新知三联书店2002年版，第15页。

的看法是错误的；即便确定了，对它的压制也是个错误。”[①]所以，教育制度应该首先保障受教育者的自由身分，为他争取更多的教育自由创造条件。

第二，要为人性的发展提供最基本的自由保障。良性的教育制度应该是自由的，或者是追求自由的。教育制度本质上是一种约束，这种约束更多的是针对受教育者。要想这种约束起到好的效果，那教育制度就必须建立在儿童全面自由及个性多样化的基础之上。在政府对教育的作用上，罗素曾有所偏激地认为政府的角色是来者不善，[②]在现实层面，政府对于提升教育制度、并最终推向教育自由的作用是不可忽视的。这首先是因为，很多制度是由政府制定并推行的，如果教育制度压制了儿童的个性多样化发展，那么只能让他们变为趋于同一性的平庸之才。或许，也正因为如此，罗素才认为，国家、校长和父母没有真正关心儿童的利益和他们个性的发展。值得肯定的是，国家教育制度不应该以牺牲诸多个人发展为代价来保证国家的稳定；由政府任命的校长也不能仅仅去完成他被赋予的任务，而非真正维护教育行业的真善美。校长的权威不是发挥在责备和处罚学生之上，而是用来挥洒对学生的关爱之上；同时，父母也不应存有只关心孩子是否给自己带来荣誉的功利之心和比较之心，而应切实关心和重视孩子真实的需要以及他们对真正的自由发展的呼唤。此外，儿童作为一个独立的人，他有权要求属于自己的幸福与快乐，但是这种幸福与快乐却

---

① 丹尼尔·B. 贝克著、王文斌等译：《权力语录》，江苏人民出版社 2008 年版，第 110、22 页。

② 伯特兰·罗素著、李国山等译：《自由之路（上）》，文化艺术出版社 1998 年版，第 76 页。

被许多“外在的意志”所消磨，这对受教育者是不公平的。

因此，我们需要教育自由来约束权威，消除教育的格式化，诚如罗素的美好愿景一般，自由教育要从教育的主要领导者做起，国家、社会、教育当局甚至学校、教师及家长都能正确认识到儿童作为一个独立人格的事实性，并认清统一、规整和模式化的教育是一切罪恶的缘起。只有所有涉及教育的人以及在教育中与孩子有相关联系的人，都能将孩子从“工厂材料”中解放出来，才能避免孩子成为一个机械化的、没有血肉和灵魂的“产品”，而是一个灵肉合一的思考者，一个有个性、有追求、有自信的自由人。只有这样，才能真正维护人性，才能真正实现教育自由。

对于国家来说，教育是一切政策宣导的媒体和传达者，在国家层面上，教育自由是社会(抑或人类)走向自由的保证。因此，对于国家来说，如何保障教育自由是重中之重。由此，国家需要对教育制度的制定、实施、修改及完善等各项工作保持一种敬畏之情，深钻人性之隧道，探究人类如何发展的最有效路径，以此从制度层面来维护教育自由的可能，实现公民自由和社会大同。

除了对儿童的约束外，现代教育制度更应该提倡积极的教育自由，鼓励人们努力争取教育自由。首先，教育应该为儿童提供丰富的教育资源，使其全面自由的发展成为可能;同时，教育通过提供制度保障，确保教育资源平等利用的自由。在此基础上进行公平的教育竞争，使稀缺的教育资源得到有效、合理的配置，以防止不正当的教育竞争。其次，教育自由应保证给受教育者提供更多的选择机会，使他们能按照自己的设想，基于自己的资质，选择成为他们自己。罗尔斯认为，社会制度发挥着不可言喻的重大作用，甚至在很大程度上决定了一个人的未来发展，并最终会促使人努力把自己镌刻成目标中的样子。[①] 教育制度通过向受教育者提供多样性的选择以供他们择取最适合自己的方式,来实现自己的理想形态,并能够获得全面自由的发展,同时教育制度能够通过其自身的机制使得教育活动参与者能预期出他们所作的选择的相对应的结果(物质的或精神的),帮助他们根据自身需要对所有选择作出利弊的权衡。

第三,以人为本的教育制度应该是平等的。良性的教育制度应该对每一位受教育者都是公平的,它不应该存在任何特权,而应该是人类精神的普遍权力。若无教育平等,教育自由就无从谈起。威尔基曾说:"自由是一个不可分割的词语,我们若想享受自由并为之而战,就必须愿意把它扩展到每个人身上,无论他们富有还是贫穷,无论他们同意还是反对,也不论他们的种族和肤色如何。"[②] 在哈耶克看来,自由具有着这样的限制性,即人能够在不被允许和帮助的情况保持着行动的自主,然而,这种自由并非完全没有界限,无所顾忌的行动最终仍要受"抽象规则"的影响与束缚。[③] 此外,教育自由还应具备这样的条件:既明确教育制度对儿童、青少年等受教育者的自由身分的认同,又要实现他们在权利与义务的平等与公正。要想受教育者在教育中获得良好的发展机会,且避免外在人或物的干预或歧视,就必须保证受教育者享有平等的权利。这些权利包括丰富的教育资源、教育机会。

---

① 哈耶克著、邓正来译:《自由秩序原理(下)》,生活·读书·新知三联书店 1997 年版,第 164 页。

② 丹尼尔·B.贝克著、王文斌等译:《权力语录》,江苏人民出版社 2008 年版,第 133 页。

③ 哈耶克著、邓正来译:《自由秩序原理(上)》,生活·读书·新知三联书店 1997 年版,第 193 页。

另外，要尽可能地降低政治和经济的不平等带给教育自由与教育公正的不良影响。如同杜威所言，但凡政治与经济上对个体造成不平等，就会让个体错失许多机会，譬如平等的受教育机会、财力资助、入学机会、就业机会等，这些都是贯穿于教育实践中的方方面面，只有在得到政治的支持、经济的保障的情况下，自由才成为真正"实在"的自由，而不是虚无的、形而上的、不切实际的自由。[①] 解决这种不平等并不是简单地把富人的财富分给穷人，这不能解决根本上的问题。从社会学角度来说，贫困有其一定的个人因素，除却那些天生带有残疾、病患的人来说，在家庭或家族因素以外，正常人陷入贫困状态有其个人因素，即个体可能存在行为上的缺陷、行动上的滞缓、言行上的不当等诸多原因，使其陷入贫困。贫困有两类，劳而无获或者无劳无获，前一种人的贫困需要救济和帮助，后一种的贫困则需要教育和改进。[②] 另外，也应从制度上减少由于社会、国家制度或经济结构不平等、财富分配不均等因素造成的贫困。无论哪一种贫困，都可以看出，政府所扮演的角色至关重要，尤其是致力于减少结构不平等对个人经济收入的影响。

教育是国家福利的重要组成部分，这得到了几乎所有国家的认同。可以想象，若"孩子受教育机会程度的大小，视其父母财富的多少而定，这种观点实在堪称野蛮"[③]。教育制度则是具体的保

---

① 杜威著、傅统先等译：《人的问题》，上海人民出版社 2006 年版，第 95 页。

② 安东尼·吉登斯著、赵旭东等译：《社会学》，北京大学出版社 2003 年版，第 432 页。

③ 亚历克斯·卡利尼克斯著、徐朝友译：《平等》，江苏人民出版社 2003 年版，第 41 页。

障教育平等的手段。它保障每个人享有平等的教育自由。西季威克指出，“如果一条法律是用一般术语表达的，那么这条法律的概念本身就包含着一般的平等。同样十分明显的是，法律可以被平等地实施而同时又是不公正的。”[①]由于儿童天赋和社会地位的差别，为了平等地对待所有人，提供真正的同等的机会，罗尔斯提出了差异补偿原则，并以此来分配教育资源，使得地位不利者能获得长远的发展期望。因为“教育的价值不应当仅仅根据经济效率和社会福利来评价。教育的作用是使一个人欣赏他的社会文化，介入社会的事务，从而以这种方式提供给每一个人以一种对自我价值的确信。教育的这一作用即使不比其他作用更重要，至少也是同等重要的”。[②]

3. 如何确立保障教育自由的教育制度

对于教育制度的制定者来说，以下几个要素是予以高度重视的。

首先，正义应该是指向教育自由的教育制度之基础属性。从古希腊开始，“正义”一词就从未离开过哲人的视野。正义对于社会的重要价值是毋庸置疑的。正义是维系社会关系的重要杠杆，是维护法律权威的有力武器，是消除社会矛盾的主要工具，更是促进人类和平的关键所在。因此，对于任何一个国家、社会和集体来说，正义都是他们必须维护的真理。在教育制度中，正义的地位和作用也不容置疑。因此，“作为公平的正义”的教育制度必须保障

---

① 亨利·西季威克著、廖申白译：《伦理学方法》，中国社会科学出版社 1993 年版，第 285 页。

② 约翰·罗尔斯著、何怀宏等译：《正义论》，中国社会科学出版社 1988 年版，第 101—102 页。

平等的教育自由，且不受制于政治或社会利益的权衡。我们姑且把教育制度看作是一场关乎教育利益的博弈，而在教育制度当中，理应有对教育者、受教育者及与教育相关的所有利益相关者的权利与义务作出明确的划分。对于任何一个教育利益相关者来说，权利与义务的分配和区分都应该秉持正义的原则，秉持以人为本的基本属性。在这一利益的分拨、调和与权衡中，最终使得每个教育利益相关者都能在不损害他者利益的前提下，实现自己的利益最大化，这便是为自由提供现实基础和保障。只有正义在各方的利益博弈中不断斡旋，才能让每一个利益相关者满意。所以，在教育制度中保持正义的公平、公正才是得以真正实现自由的前提和保障。

其次，教育制度具有确定性与公共性。有一点我们需要明确，教育制度是确定性的，不能是模糊的，这对教育实践的有效且顺利地运行具有不可估量的重要意义。此外，确定性的价值在于为个体提供可以预见的目标，增加选择的理性程度。人之生存于世，要有一个目标与方向，沿着这个目标与方向往下走下去，才能找到人生的价值与意义。教育制度就是一个能引导个体走向自由的开端，更是一个能够促进个人在自己的人生旅途中找到方向的预设条件。借用罗尔斯《正义论》中说的一段话，“我们所有的人，在如何完整地筹划我们的行动上，在复杂的世界里所能达到的理性上，都受到极大的限制。而制度则为我们提供了一种稳定的环境，使我们至少可能达到微弱的理性。”①在价值层面，确定性的教育制

① 引自赫伯特·西蒙著、杨砾等译：《现代决策理论的基石》，北京经济学院出版社 1989 年版，第 162—163 页。

度能够表明明确的教育价值与方向，能够体现人生哲学、社会智慧与公共情怀，更是个人沿着此种路途就能寻得人生意义的灵魂灯塔。这便是教育制度的确定性。

此外，公共性是教育制度的又一个属性，这里的公共性包括公开性和开放性（包括制度的制定过程、制度的内容和目的，以及制度的执行），——向社会公开，向公民开放。只有教育制度尽可能地公开，才能吸收和融合各界的合理诉求，体现制度正义，或尽可能控制制度的不公平因素。

公共性之于个体的作用是对制度的遵守。如果没有规则——制度知识的普及，便没有后来的统一规范和个体不断的认知内化。也就是说，唯有加强教育制度的公共性，才能将制度内化于每一个个体心中，使得个体能够熟能生巧，最后成为习惯。同时，公共性还在于，只有受到社会群体和组织共同认可、共同遵守的制度才有约束力。所以在教育制定的过程中，确定性与公共性是必不可少的要素之一。

再次，科学的教育制度必须适合受教育者的身心发展以及教育发展的客观规律。人是生活在社会中的，任何活动都必然受到社会客观必然性的制约。与此同时，教育制度也是个体教育活动的现实反映，文明社会以后，人是按照制度的意义活动的，必然也要受到既有的教育规律的限制和约束。在教育环境中的人们都必须认识和遵守这种教育规律的制约和限制，同时这种认识必须是积极的，这样才能真正的教育自由。如果反之，则必然会把对教育自由的追求引向歧途。

二、追寻美好生活

一个自由的人，首先具有向往美好生活的权利，也有实践美好生活的能力。所谓美好生活，既是一种可能的生活，也是一种具有超前意识的生活。追求个体的美好生活是教育成为可能的内部动力。个体对美好生活的追求是个体作为“人”的生物属性和社会属性的本能集中体现，也是人类的共同追求，教育恰恰指向了这种本能的方向和终点。因为对美好生活的追求需要我们寻求物质的丰裕和精神的满足，我们寻求“类”的共同幸福之路径——这些都需要我们去认识、改善和利用自然世界与社会系统和人类自身。唯有认识了自然系统、社会系统和人类自身，人的物质和精神追求以及人类社会的共同幸福才有可能。

教育在这个过程中的价值就是提供自然知识、社会知识，包括人类自身的奥秘，同时教化并熏陶人类作为类群体的心灵，满足人类的物质需求与精神追求，平衡人的欲望与现实之间的分裂，使“人类的美好生活”之追求成为可能。

教育在功能性和可能性两方面因为人类对美好生活的追求而成为现实。

个体经由“自由”的教育，而达到“自由”的状态，这既是教育的本质，也是教育的过程，更是教育的目的——而“自由”，当然就是“美好生活”的题中应有之义。推之于人生，每个人一生都在追寻美好与存在的意义，有的人懂得他追寻的美好是什么，有的人不知道，有人把健康当做美好，有人把知识当做美好……不同的人有不同的追寻目标。相同的是，每个人都要通过教育这一媒介，古往今来如果没有教育的传承，也就没有人类和社会的进步。只有个体的美好生活得到实现，社会这一群体之和才会达到和谐美满。这其中，教育起着不可或缺的作用，它为我们提供广博的知识、分辨是非的能力、发现美的眼睛、追寻爱和真理的动力……

人因教育而美好，教育因个人的美好发展而绽放异彩，二者必然会相互影响、相互促进。

（一）美好生活的理念赋值

每个人对美好生活的标准和愿景都不一样，每一个时代的人们都会不断追求美好生活，同时不同的人从不同的角度解读美好生活。简而言之，美好生活是指整体上令人满意的一种生活状态和生活方式；抽象地讲，美好生活隐喻了人对“更好”的永恒追求。显然，依靠人们现有的理性能力，不论是“我”或“最大多数人”所认可的美好生活都不可能令所有人都满意，前一种可能导致“独裁暴政”，后一种可能导致“民主暴政”。无论社会哪一种“暴政”，都不是美好生活的真正本质。然而，从具体实践的角度来理解美好，无非是物质的满足、富足，生活的无忧无虑，工作或事业的顺利等琐碎的期许，这或许框定了部分人对美好生活的实际需求。但是，美好生活既不是一种政治上的暴政，也不单单是生活上的优裕，更应该是精神层面的丰满，是一种永远指引着人类前往却并不一定能够达到的状态。就算每个人所构想的美好生活都不相同，但从普遍意义上来看，它都是一种超越当下的生活，是一种富有饱满诗情的、一直在被人们不断追寻着的生活。言而总之，美好生活是一种人人追求的生活状态，并且富含精神和理想意味的可供所有人孜孜以求的生活理想。

1. 美好生活意味着可能的生活

所谓可能，从字面上来分析，就有两种意思：一是指万事皆有可能的那种不确定性，二是指可以能够达到的那种能力。从这两点来看，首先，可能的生活意味着一种存在诸多可能性的、多样性的、不确定性的生活，重点在不确定性；其次，这种可能是一种能够达到某一种生活的能力，重点在能力。最早提出“可能生活”概念的赵汀阳先生指出了可能生活的另一种“可能”，即可能生活是一种不被约束和管制的生活。[①] 具体分析来看，每一种美好生活的可能性都具有其特殊的含义。第一种可能的生活，表明了美好生活本身不会被现实条件所累，即便一个人现在穷困潦倒，未来也有可能过上富足的、优裕的生活；即便现在是一个受限于某一个职业的人，未来也有可能摆脱职业局限，成为一个自主创业者或另一个职业的人，或如阿里巴巴创始人马云，十几年前他只是一名普通的英语教师，如今他已是功成名就的实业家。这种不确定性的可能生活表明，你也有可能成为下一个马云。第二，可能性建立在个人能力的基础上。美好生活不是不可能的事件，关键在于个体是否具有实现美好生活的能力和基本素质，所以美好生活应该是一种个体能够在未来真正实现的生活，而不是空想。第三，按学者赵汀阳所表明的可能生活来看，主要表现为两个方面，其一是个体的这种对生活的希冀是不受任何人所限制的，也就是说个体完全有自由去做这样的设想；其次这种不受局限还表现在个体在实践美好

---

① 赵汀阳：《论可能生活——一种关于幸福和公正的理论》，中国人民大学出版社2004年版，第22页。

生活的过程中，他可以自由改动、自由推翻。

另外，歌德说过："生活在理想世界，也就是要把不可能的东西当作仿佛是可能的东西来对待。"[①]可能的生活应是克服不可能，既表现在目前生活状态中，也表现在美好生活中。在目前生活中，个体可能并不具备某种实践美好生活的素质，但可能的生活就表明个体需要去克服这个限制和完全未知的挑战。其次，要扭转的是将个体所追求的生活视为不可能，同样需要个体对这种不可能进行超越，以构建属于自己的美好生活图景。

2.美好生活是一种超前的生活

何谓超前的生活？首先它是与人的想象挂钩的，这种想象不同于现实，它是一种尚未达成的生活状态，一种"不在场"的生活，一种超脱于感官的幻象。因为与现实社会人所能经验到的具体物品诸如河流、山川相较，它是一种抽象的不能为人所见所感的东西；理想的生活又是"在场"的，这是因为美好生活存在于人的理性冥想之中，并且不断影响着人的生活、改造着人的生活。其次，超前是指这个想象并非毫无根据、空穴来风，它必定是个体根据自己的偏好、信仰或者受教育水平及其他各种因素所限定的图景，也是受自然环境、人文环境、社会环境等现实场景所激发出来的，具有"未知"的成分，也就是说，这一切未知的东西，也是"有知"的，是有一定现实基础和可能条件所赖以保障的。最后，美好生活的超前性，意味着其本身是超越现实生活的，也就是说美好生活并非指个体当下、正在经营的生活。美好生活作为超前的生活，虽然不是经验中存在的当下现实生活，却是理性中、头脑中的存在，它是高于

---

① 引自恩斯特·卡西尔著、甘阳译：《人论》，上海译文出版社2003年版，第95页。

现实生活,又超乎现实的生活,这是一种目标,更是一个人的理想。如涂尔干所言,理想本身在更大程度上是由内心所构思的产物,并且“理想本身并不含于现实之中,而是溢出现实之外、超越于现实,所以也超越于我们自身……理想都具有一种凌驾于我们的优先性”。[①] 所以在这里,理想是一种优先性,是一种预设的优越性,也就是对现实生活的超越。

总体上来看,超前性是对未来的一种希望,是人对比现在更好的未来的想象与设计。这种希望建立在至少是以下几个方面的基础上的:第一,它是以一定的信念和信仰为基础的价值日标体系。理想是对主体所追求的未来成果的完整、具体的描述。理想包含了信仰和与信仰相联系的人生形象、社会图景。第二,这种目标体系以一种超前的方式呈现,这种超前的形象是人与社会的可能形象,也是人对于未来生活的想象和构建,它既是具体实践着的信仰,也是人基于目前生活状态下对人即社会形象的转化与提升。它是建立在以坚定的信念与信仰共同构建的基石上,依靠感觉到思维的过程螺旋式上升形成的抽象化、进而有形化的逻辑产物。第三,这种美好生活能够作为指引人在社会中不停追求和不断奋进的标杆与模范。既能映照出人的过去生活状态的总体样貌,又是对未来生活的提前预演和模拟,并在一定程度上完成个人现实生活的过渡,成为联结未来可能生活的跳板。总之,在理想中,人的价值意识形态从心理水平到观念水平,形成了一个完整、自觉

① 爱弥尔·涂尔干著、陈光金等译:《道德教育》,上海人民出版社 2001 年版,第258 页。

的观念和形象系统，并且同知识和理智紧密地结合在一起，成为指导和推动实践活动的精神力量源泉。[①]

3.美好生活意味着发展的生活

所谓发展的生活，也就是像亚里士多德所言，无人故意作恶，人有生而向善的潜力。作为个体来说，他对自己个人生活蓝图的勾勒，即使不够精细、完美，在他自己看来美好的生活也绝不会是混乱的。因为每个人都有追求幸福的权利，当然他们也有追求理想的、优越的、完美的生活的希望。差异只是在于每个人建构美好生活图景的方式、目的、内容，甚至起点都各不同。这些内容则取决于人对"美好"的看法，何谓"美"，何谓"好"，这种基础的认定至关重要。所谓更完善、更美好的生活，便是在于对生活的无止境的追求，即在现实生活中，不仅有保持健康向上生活的心态，更有对拓宽人生生命宽度的追求，也就是对道德生活的追求。总体上来说，过有质感的生活，便是一个心存善念的人，在积极践行善的过程中，保持着对善与德的情操，也对其他人有着巨大的感染力，并有着促动他人共同踏上追求善的美好生活之路的能量。也就是说，所谓美好的生活，是对自己不设限，是对自己有着不断的要求，是追求道德的发展的生活，并最终能够在时间上、空间上完成个体的理想目标。[②] 如果说美好生活是一种想象，现实生活就是想象形象的展现，但不是想象本身。

并且，这种发展性还表明，美好生活并不是一时半会儿的追求，而是一个动态发展的生活状态，一个持续有效的追求。第一，

---

① 李德顺：《新价值论》，云南人民出版社2004年版，第280页。

② 薛晓阳：《希望德育论》，人民教育出版社2003年版，第64页。

人是在不断发展的，人的能力也是在不断完善的，这意味着个人完成美好生活的条件也在不断成熟，所以，当一个人处在不断上升的阶段，他的能力不断提升，也就离美好生活更进一步。无论从学识上、经济条件上还是个人规划能力上看，只有一个不断发展的人才是具有超前意识的人，是一个能够无限靠近美好生活的人。第二，人的发展不仅带来人的变化——即人自身的发展，也会带来指向外在的变化，而且人对美好生活的设想也会不断发生变化。一个原本热爱富丽堂皇、奢侈生活的人通过变化和发展，可能改变了对物质的追求，改向对饱满的精神生活的追求。所以，对于人来说，美好生活随着自身愿景和自身生活状态的变化，其基本样貌和蓝图也是不断丰满和发展的。

总体上来说，美好生活是一种可能的生活，一种超前的生活，一种不断发展变化的生活，它既具有对过去的总结性，也具有对未来的指向性；既来源于现实生活，也是对现实生活的超越。美好生活是这三种生活的集合，然而亚里士多德说，整体大于部分之和，也就是即便美好生活具备三种生活的具象，它最终也是一种抽象的、高于三种具象生活的总体之和。它既具有既定性，也有不确定性，既是可知的，也是未知的。既定性在于人都会有一个勾勒好的美好生活的画像，但这画像是否能够实现，都是不确定的；可知之处在于它既是人可以想象得到的，甚至是终究有一天能够靠近的生活，也是一种最终无法预料的、未知的生活。看到生活的可能性，区分现实与可能，是人类理智活动的一种特有的功能。康德认为，这一功能使人区别于低于或高于他的存在物。“低于人的存在物，各种动物，拘囿于感官感知的现实，只能对现实的物理刺激作出反应，不能形成任何与现实不同的‘可能’的事物的观念。另一方面,如果世界上还有高于人的存在物存在,存在着超越于人的理智,存在着神的话,那么,在那种理智中,也不需要把现实和可能区分开来,也不会知道这二者的区别,因为神所构想的一切都是现实的。"[①]只有在人这里,现实和可能才会得到区分。最后,"把理想的生活和可能的生活结合起来,我们可以把美好生活理解为理想的'势'",[②]它是现实生活的理想趋势或理想预期。这个理想的"势"指向的不是一个终结的、绝对的、虚无的目标,而是一个开放的、多样的、可能的生活世界。与此同时,"势"也表明,这种生活是众望所归,众所期待的,同时也是众人所不能背离的必然趋向。

(二)教育之于美好生活的贡献

对于任何角度的美好生活来说,教育都起着至关重要的作用。首先,对于人来说,美好生活这一概念并非天生就有的;其次,追求美好生活的信念也并非天生就有;再次,追求美好生活的能力也并非与生俱来。虽然曾有学者提出否定性意见,认为教育不能独当一面,成为塑造个体心智的重要工具,但从某种程度上来说,虽然仅凭教化并不能完全根除人的劣根性,也不能完全实现人的美德,但是,教育的教化功能却是必不可少的。这是因为教育能够在基于对人性的了解之上,挖掘出人性之美的一面,尽量避免人性之恶的一面;还在于教育总会有一个目标或理想,为对美好生活的向往提供无穷动力的支撑,教育能够在同伴群体的共同努力

---

① 秦光涛:《意义世界》,吉林教育出版社 1998 年版,第 86 页。

② 谢金丽:《论教育与人的美好生活》,河南大学 2006 年硕士学位论文。

下，一起构建美好生活愿景的样子。个人的影响虽然小，但教育可以集聚一大批人的力量，用塑造共同理想的方式完成对美好生活的图景建构。一代人的作用虽然弱，但教育可以传播数代人的心愿，用传承文明精粹的方式，代代相传，列为人生目标，以不断激励后人。

我们并不指望仅凭教育来为人们造就一个至善至美的生活，但是，人的美好生活的实现离开了教育显然是不可能的。“教育的本体论的价值使命感就是为了美好生活，即教育以美好生活的价值作为终极的、基础性的价值取向。”[①]

1. 建构关于美好生活的理念

洛克认为，人应该是一张白纸，一张需要进行勾勒线条、涂抹颜料的白板。从这一角度来看，人对于自己是谁，有着什么样的性质都是一无所知的。因此，我们需要教育。固然，我们也不能如华生一般，大胆地说出“给我一打孩子，我能把他们培育成任何想要的样子”的教育绝对论的言语。我们只是认定：教育对于人的发展有其功不可没的一面。

自古希腊时期开始，人类生活就与哲学思考能力密不可分。哲学对智慧的原始动力促进了人类文明的繁衍与生生不息。也正是这种探究宇宙、世界、人性的无尽饱满热情，让人能够意识到对自我认识的重要性。希腊德尔斐神庙的箴言写道：认识你自己——这便是哲学智慧最终的指归。教育中，同样有复归于人之上的基本旨趣，即让人学会了解自己。“知人者智，自知者明。”

① 金生鈜：《教育哲学怎样关涉美好生活？》，《华东师范大学学报（教育科学版）》2002年第2期。

(《老子》)了解自己,体现的便是能够将自己与其他人做一个明显的区分,从这区分中,认识他人,认识自己,认识人性与人类,最终形成探究事物本质、厘清事情真相的逻辑能力。然而,形成这种赫拉克利特口中的“逻各斯”或柏拉图眼中的“理念”的能力是困难的。早在古希腊古罗马时期,哲学家就已将这种哲学精粹化为生存的主要意蕴与努力方向,然而世界文明即便走过了几千年的历程,也未能真正实现这种逻辑思维能力的全面普及——人并非生来就有这种能力,也并非所有人都能习得这种逻辑思维能力。其间,无论是黑暗中世纪宗教权利的满溢,还是文艺复兴时期对人权的解放,抑或是宗教改革对宗教的改写与批判,还是启蒙运动对人心脑运行机制的发现与呼唤,人类一直在致力于追寻自由、追寻智慧、追寻理性的路途上蹒跚踟蹰。而这些东西,是一种民主、平等、自由、公正等诸多精神的传承,只有完成这种逻辑思维的塑造,达到这种理性精神,才能生成对人的终极关怀,实现对人生意义的追问和完成。否则,正如霍克海默和阿多诺所指出的:“那个旨在征服自然和把理性从神话镣铐下解放出来的启蒙运动,由于其自身内在的逻辑而走到了它的反面,成为新的神话。启蒙运动走向自杀的道路,而完全受到启蒙的世界却充满着巨大的不幸。”[①]人们就极易被柏拉图口中的那些“意见”所阻碍,被肤浅的、毫无意义的生活所掩盖,也就遮蔽了真正意义上美好生活的光彩。这些伪科学会让人产生不置可否的心态,一切生活状态都似乎情有可原,但一切生活都并非是属于个体的、合适个体的、真正促进个体发展的

① 霍克海默、阿多诺著,洪佩郁、蔺月峰译:《启蒙辩证法》,重庆出版社 1990 年版,第 26 页。

生活形态。而这一切,哲学的逻各斯、哲学的思辨能力,对伪科学的辨别能力,抑或是理性精神的传承能力,都需要通过知识来获得。这种知识,就是关于美好生活的理念的源头和基础。

首先,未经教育的人从本质上不知有这样的美好生活。

从经验上来说,任何一个个体可能只对正在经历的生活表示信任,甚至是如很多人一般,忙碌于现在的生活状态,为生存、为挣钱、为养育后代,在这样一个"单纯"而又无知的世界里,只有生存,没有生活,或者说,只有生活,却没有美好生活。这一观点恰如托马斯·莫尔提出的"乌托邦"概念一般。对于许多人来说,乌托邦是一种不切实际的幻想的代称,实际上,这是只知其一,不知其二。对于人类早期经验来说,乌托邦最早来源于柏拉图的《理想国》,尽管二者都以失败告终,并被后人抛以"虚幻"的批评,这也并不表明,乌托邦或理想国是一个完全不可取的精神火花。在我国,不管是陶渊明不甚遐想的"桃花源",还是金庸武侠小说《射雕英雄传》中所勾勒的"桃花岛",都是一种理想生活居所的化身。这种"乌托邦"国度和社会比比皆是。康德在《纯粹理性批判》中就解释道:"柏拉图的《理想国》一直被当成是纯粹想象的尽善尽美境界的一个显著例证。它已经成了一个绰号,专用来指那些好作空想的思想家头脑中的想法……然而,我们最好还是竭力去弄懂它,亲自搞清它的真实含义,而不要借口说它是不可实现的而将其视为无用,弃若敝屣,这种借口是卑下而极有害的。"[①]由此看来,乌托邦之于人类发展来说,是具有向导意义的,也是人类文明发展到一定阶段的必然产物。对于美好生活来说,乌托邦就像人类的一个关于美

---

① 恩斯特·卡西尔著、甘阳译:《人论》,上海译文出版社 2003 年版,第 94 页。

好生活的憧憬。然而，如果没有教育，这一象征着美好生活蓝图的乌托邦式思考都不存在了。

其次，在知晓有美好生活的情况下，倘若没有关于美好生活的现实体悟、将美好生活与现实作对比，也就没有差异和落差感，更没有了追寻美好生活的动力。美好生活的概念——一个乌托邦式的美好生活，并不是真实世界的写照，它并不存在于时间的一瞬或空间的一点上，而是一个"非在"(nowhere)。它的意义不在于细节真实与否，而在于贯穿其中的乌托邦精神，也就是"人类对超越现存状况的价值理想不懈追求的那样一种精神"。[①]这就表明，倘若教育不给人提供这样一个了解美好生活的机会，人从何得到美好生活的经验？没有这种经验，又从何谈及去作这样一个设想？上文提到，其实美好生活对于人来说是一种对理想生活的追求，它包含着现实的意蕴和超前的向导力，并深刻地反映了人类主动创造世界的欲望。同时，这是一种建构在"知晓"情况下的主动构建，教育能够以公共性的形式，向人们宣传美好生活的具体形象，让人意识到自己目前生活状态与理想生活的差距，才有可能因为这种差距的感官体验、精神动力去努力缩小这种差距。从哲学的角度来说，教育能够促使人在知晓现实状况的同时，"以其超越当下观点的立场和超越当下有限之物的应然状态，审视人和社会的现状并提醒人们回头检视其目的的合理性与行动的意义和根据。"[②]

---

① 高清海：《人就是"人"》，辽宁人民出版 2001 年版，第 202 页。

② 贺来：《现实生活世界——乌托邦精神的真实根基》，吉林教育出版社 1998 年版，第 7 页。

总之，从多种角度来说，人类自出生之时便是“空白”的状态，对自己以及与自己构成血缘联系、地缘关系、人脉关系等关系网络的周遭世界是陌生的、疏远的，人凭着自己的强大感知力、生存力渐渐有条不紊地完成了社会关系的建构，通过不同的社会生活经历一步步积累经验，并通过经验缓解与其他个体的对立和冲突，进而达成实现自己人生理想的境地。这些被传承、教授的经验和文化便是知识的象征。可以说，知识便是一切可能性的基础，是思想跳动的前提和保障。与此同时，人在学习、接受、吸收、内化知识的时候，便是在完成自我的建构和改造。

人一旦获得了知识，便表明人已达成了与社会的一致性，便是获得了普遍性和一致性，这不是在说人失去自己的独特性，而是说，人在社会中是一个经历了社会历练的完整体，具备了属于人特有的“人性”，而人性便是由社会群体中的所有人的共同特征体现出来的。

人通过知识完成了与社会的对接，完成了人性的内化，更实现了对自我的了解。因为对于每一个个体来说，仅有遗传的生物性本能与特征都不能算作一个真正意义上的人，只有有了政治的导向、文化的传承、社会礼仪要素的填充，待到灵魂上、精神上获得饱满时，才能算作真正意义上的人。比如，狼孩就是一个很好的例子。狼孩在外貌上具有人的外显特征，从生物解剖学上，他具有着与人一样的生物特性、各种构造与功能上的一致性，但狼孩不能被称为真正意义上的人。这是因为狼孩没有“精神”，没有“人性”，而人性、精神、品质等都是从知识中习得的。换句话说，知识是帮助人从空白状态变得充实的必备要素，而教育就是促使人完成从动物“人”向人性“人”过渡的主要媒介。教育通过对人类精神的锻造和教化,使人成为一个有思维、有主见的独立主体,而不是一个完全依附于自然,依附于成人的附属品、复制品。正如罗素所言,"知识是使人从本能冲动及破坏激情的帝国中解放出来的救星;缺乏知识,我们所企盼的世界就无法建成",[①]尽管"追求精确的知识易使人厌倦,然而这对于一切完美之物都是必不可少的"。[②] 此外,美好生活这种理性视野下的形成物,离不开人性的光辉、人性的最佳之善——爱。因为爱生活,才生出了解生活的好奇心,因为了解生活而更加热爱生活,此外,爱是能够影响个人尊敬他人对生活的态度,以及维护他人在对生活的向往中的动力,爱就是生活本身。也就是说,爱与生活是互通互益的。

综上所言,教育能够培育人对美好生活的理念,构建美好生活的框架,进而为美好生活的形成提供知识的储备。当然,自由与知识之间也存在相互促进的内在联系,"通过知识而获得自由,借助知识发展自由实践的能力。这是每个人创造美好生活的必要条件,也是创造自我的条件。"[③]因此,通过知识的教化,人才能摆脱自然的束缚,从本能中解放出来,有能力主动地把握自己的处境,有追求、创造和享受美好生活的自由。

2.培育关于追求美好生活的意志品质

对于很多人来说,教育只是塑造系统、科学的知识活动或过程。实际上,这是一种褊狭的观点,教育不仅给人提供关于美好生活的知识与理念,更培育了人去追求美好生活的意志品质。现实

---

① 伯特兰·罗素著、杨汉麟译:《教育与美好生活》,河北人民出版社 1999 年版,第 208 页。

② 同上书,第 165 页。

③ 金生鈜:《规训与教化》,教育科学出版社 2004 年版,第 357 页。

中，很多人的生活看起来是循规蹈矩的，但缺乏意志品质使之延续下去。很多人在生活实践中具有明确的目的、目标或规划，却没有对自己一个理性的分析，以及一个合理的假设。有的人在设定美好生活时，只从自身的幸福角度出来，却未考虑到具体行为的价值与意义。还有些人则想走捷径，忽略磨刀工夫，以图快速、直接达到最终的美好生活。[①] 意志品质是人在社会活动中经过长久的经验的积淀所形成的一种精神，一旦意志品质沦丧，便会导致个人理性精神的错位，也将致使美好生活偏离合理预估和美好希冀。一旦人的本质走向了无意志、非理性的随心所欲状态，那么美好生活的意蕴也就不复存在了。既如此，我们必须坚持在教育中培育人的意志品质，以捍卫人类文明与个人生活的动力和方向。而最为可贵的是，教育能够帮助个体正确、全面地把握意志品质的内涵，并能够激发出个体主动锻造自己意志品质的追求，在教育者的帮助下，形成独立思考的能力、自省自查的能力，以及怀疑、批判的精神。这些理性的精神都是意志品质不可多得的宝贵财富，能保障个体意志品质的完善和持久化。

首先，个体在追寻美好生活的过程中，难免会出现反复无常的状况。从辩证唯物主义的角度来说，一切行进的事物都可以说有“前途是光明的，但道路是曲折且漫长的”这一可能。在此过程中，由于美好生活是超越现实生活的，是对个人能力的更高要求，这就意味着美好生活有可能在短期内不会成为现实，并且个人努力看起来是毫无边际的。在古希腊哲学家柏拉图的《斐多篇》中，有一个关于灵魂的隐喻：一匹白色骏马和一匹黑色骏马拉着灵魂这架

---

① 李文阁：《生活价值论》，云南人民出版社2005年版，第231页。

双轮马车,白马谦逊、节制,只需驾车人轻声劝导就会拉着灵魂驶向光明;而黑马桀骜、放纵,难以驾驭,驾车人必须用长鞭才能使它就范,并最终使灵魂在和谐中追寻所爱。这个神话的本意是说明灵魂需要由理性来驾驭。其实,这个理性更应该特指意志品质。为何这样说呢?因为白马就象征着具备意志品质的人,他们只需引导就能走向光明,同样对于始终奔波在追求美好生活的路途中的个体来说,他们的意志品质会给他们的生活增添无穷的动力,能够帮助他们管理着自己的内在世界,并制约着那个本我的欲望与恶习,使人走向超我的境地,最终靠近了美好的生活。意志通过自我的不断反省,能够引领个人走向更加完善的自我。简单地说,意志就是在认识自我的基础上,审视和管理自我,并最终改善自我趋向善和美。意志之所以具有强大的威慑力,并不是在于它是个体的理想和内在约定,而在于意志品质是人处在所有生活当中所必不可少的德性。它甚至可以间接地帮助人们构建自己的思维体系、哲学逻辑,并指导人们的社会行动与实践。[①]

其次,追寻美好生活的目标必须是统一的、长期不动摇的。有的人常立志,有的人立长志。常立志不代表这个人是不值得赞赏的,但一定反映着该个体在毅力上、见解上、凝聚力上的缺陷。意志是帮助人达成在认识自己与实践自己的平衡,更是实现美好生活的必备素质。前文已认可了意志品质对于认识自己的重要价值。但仅仅认识自己是不够的,认识自己的最终目的是柏拉图所说的"成为你自己"。何谓成为自己?成为一个什么样的自己?以

① 张汝伦:《历史与实践》,上海人民出版社 1995 年版,第 319 页。

及怎么成为自己？这都离不开意志品质的坚定支撑。有意志品质的人是一个有着坚定信念的人，一个具有理性精神的人，他们能够在不断反思中把握并坚持生活的目的和方向，并具备作出合理性的价值判断和选择的能力。意志品质能够帮助人们从追求一时快乐的浅见中摆脱出来，能够推动人离开偏执的轨道或摆脱从众的不良心理，并能在自我独处的生活中始终保有理性的自觉、智慧的洒脱与警觉，能够快速感知、判断出不符合美好生活的糟粕和诱惑，并能及时、有效地制止自己或他人的非理性行为；能够及时止损，并且不贪恋利益或欲望的满足，始终保持清醒的头脑应对生活中所有关于美好生活的判断，包括公正、平等、正当、正义等，以及各类财富、物质的程度，和思想上与灵魂上的深度追求。这是对于何谓成为自己的解释，那么对于成为一个什么样的自己，便需要个体投入终生的时间来思索了。

对于哲学家来说，他们一定认为那些懂得思考、懂得探究何为幸福生活，以及如何获得幸福生活的人应该是最幸福的，因为他们在不断探究的过程中，懂得了好的生活的真正所指，以及学会了如何通过一条正确的路径去获取好的生活。[①] 这种强烈的探索欲望和研究意识也对人们思考自己应该成为何种人有着巨大推动力。这表明，人们会有意识地投入到新的生活中去，并且一直走在新的起点上去追寻更好的自己，以及更好的生活。[②] 可以说，意志就是促使人在不断追问什么是美好生活的过程中有意识地对生活进行

---

① 包利民：《生命与逻各斯——希腊伦理思想史论》，东方出版社 1996 年版，第 170 页。

② 约翰·杜威著、王承绪译：《民主主义与教育》，人民教育出版社 2001 年版，第 378 页。

省察,越坚定越好。模仿雅斯贝尔斯关于理性精神的一段话,我们可以这么说,意志品质是一种追求美好生活的卓越品质,如果没有卓越的意志品质,个人的生活就会失去信仰的支撑,就会不断纵容个体走向放纵、盲目以及缺乏激情的状态,更会导致一种对生活状态的迷茫和对生活信心的丧失,成为一场注重感官享受的乏味竞争。意志品质的丧失,意味着人的精神导引的丧失,“像苏格拉底那样‘检视’生活既不再可能,也不再成为需要了,因为生活本身已经成为不可理性检视的了。”[①]理性的追问使生活成为人的生活,使人成为理性的人。意志品质就是通过促使人达成理性的生活,通过理性的思考,对生活观念、价值立场、思维方式等进行诘问,“并从中发现了解答问题的广度,在这个广度的终结处,本源的质朴性就真实地摆在那里供人们认识了解。”[②]

3.铸造追求美好生活的能力

人对美好生活有了认知,进而有了追求美好生活的动力,但这最终的实践,却需要依靠个人的能力。在教育中,有着丰富多样的学科课程,为受教育者提供丰富的理论知识,以及适合于社会生活、生产需要的科学技术、生存技能、社交技能,等等。如果说对人思想上的锻炼是一种知识储备的话,那么对人实际技能的锻造则是一种知识的演练过程,二者缺一不可。随着社会的不断发展,科学技术日新月异,任何一个时间段都会有新发明、新技术呈现于世,倘若没有教育不断更新人类文明的经验,传承人类

---

① 金生鋐:《规训与教化》,教育科学出版社 2004 年版,第 77 页。

② 雅斯贝尔斯著、邹进译:《什么是教育》,生活·读书·新知三联书店 1991 年版,第 100 页。

的技术经验，人类不可能在短时间获取大量的资讯和技能，好多人将走上弯路、歧路。所以说，教育有铸造追求美好生活的能力的功能。

这种能力表现为有形的技术层面。教育有可能涵盖着大量专业性的东西，以及适用于不同层次、不同水平的人所需求的知识和技术。这些有形的技术可以实现社会分层与分工，让个体能够获得相应的职业许可和人生追求。这种能力还表现为无形的能力层面。教育促使人获得无形的知识、无形的社会阅历，以及无形的各种隐含在社会交往方方面面的细微能力，包括语言表达能力、情绪控制能力、行动方式、逻辑思维能力、应急能力、自省能力、抗打击能力，等等，这些都是人生活中涉及的必不可少的技能。只有通过教育，个体才能获得快速、合理的成长。

（三）教育何以实现美好生活

尽管教育具有对美好生活方方面面的作用和价值，这也并不意味着任何一种教育形式都具有促成美好生活的功用。简单地说，如何经由教育实现美好生活，需要明晰几个要素。

1. 教育要帮助个人构建全面的知识体系

众所周知，教育能够传播知识，建构强大的知识体系，并帮助人获取自身的完善，“人的知识愈广，人的本身也愈臻完善。”（高尔基）然而，这种知识的正向功能并不是理所当然地发生在每个人身上，在某些情况下甚至可能会起反作用，带来局限和狭隘的知识和思维定式。而片面、单一的知识，会阻碍人的发展，使人对美好生活的认知囿陷于自满、自负而不自知的状态，从而导致个体的美好生活走向褊狭、异化和粗俗。因此，教育理应建构全面的知识体系，才能帮助个体构建对于美好生活的完整图画。

毋庸置疑，教育要涵盖全面的知识内容，其中应当包含关于美好生活的所有素材。因为美好生活来源于现实，更要高于现实。所以，一切构建美好生活的要素都是个体从现实环境中甄选的。这就是说，个体选择什么材料以及能够选择什么材料，便直接影响着美好生活的呈现样态。所谓巧妇难为无米之炊，如果教育只传授那些教材中呈现的知识，只限于课堂教学的方式，个体的知识体系可能是完成度较高的，但不是全面的、完整的。因为教育要以生活为实例，以丰富多样的材料充实教育内容。所谓全面的知识，应是涵盖了个体所面临的一切生活状态的知识，应包括职业上的知识、情感上的知识、生存技能的知识、精神追求上的知识，甚至应对生死的知识，更应涵盖何种生活是美好的知识，如何构建、维系美好生活的知识，等等。打个比方，如果教育只是注重升学率，注重就业，而忽略了德育、体育或美的教育，个体所接受的这些知识就不是全面的知识。全面的知识，应是能够包含个体各种发展可能需要的知识，也涵盖着个体能够走向各种可能的路径知识。所以说，在教育过程中，为了实现对美好生活的追求，应提供给受教育者全面的知识。

毫无疑问，这种知识内容的呈现方式应是多样的，更应该是科学、系统的。全面的知识不仅在于内容的全面上，也在于知识形成过程中的全面上。并不是每一个孩子都能获得很高的成就，但这并不妨碍每个个体对美好生活的向往。如果教育过程中，忽视对那些弱势群体的关爱与救济，漠视他们的发展需求，这当然不是一种全面的教育。进一步说，全面的知识体系，应该是适应于各有特色的个体，同时也适应于各个水平的孩子。只有提供这种全面的知识，每一个孩子才能公平、平等、民主地建构自己的美好生活。此外，全面的知识要求知识呈现的多样性的同时，还应进一步推进知识的系统构建。受教育者由于经验、水平的不同，他们往往在构建知识时需要一个良好的、循序渐进的、螺旋式上升的内化过程，只有提供系统的、科学的知识体系，才有利于个体建构合理的知识系统。就针对美好生活这一知识理念来说，如果教育者对美好生活这一概念传达得不清晰，或者不系统，受教育者就有可能对美好生活产生误解和误判，并最终诱导出关于美好生活的不正确的理念与信念。

2.教育实践应加强对人卓越意志品质的塑造

意志是人类精神生活的主要航标，是由人内在灵魂深处散发出来的气质和个性。然而，不管何种意志品质，在最终形成为良善之意志品质之前，都是需要教育者加以引导和塑造的，更是需要个体不断演练、反复习惯，最终内化的。在柏拉图的洞穴隐喻中，就能看到一个始终被捆绑束缚在洞穴中的人，无法正确地认知世界，当见过真正太阳的光明而不是火把的照耀的哲学家，下到洞穴中，去引领其他受困者感受光明时，他们是抗拒的、惧怕的，甚至是怀疑的。他们无法忍受强烈的阳光的刺激，害怕失明，害怕成为别人眼中的“怪物”，而宁愿穴居在洞中。[①] 这是一种令人哀叹的生命状态，这些洞穴中的人，被自己的“意志”所绑缚，所控制，他们无法转身，无法回头看，更无法辨清哲学的真理。这明显是一批缺乏意志品质的人，是拥有着一具无法超越自己、超越苦痛的肉体躯壳的狭隘的人。我们从柏拉图的隐喻中看到，倘若一个人无法挣脱束

① 柏拉图著，郭斌和、张竹明译：《理想国》，商务印书馆 1986 年版，第 272—275 页。

缚，他便失去了深度。因此，教育理应帮助芸芸众生实现对自己的超越，实现“灵魂”的多次转向。

所以，教育要培育敢于突破他人局限的意志品质。可以想象，人是生活在社会中的，并且是一种政治动物。人处在一种复杂的人际关系网中，有着不同的角色和不同的面孔。社会生活越呈现复杂多样的样态，越表明个体所接触的其他“在者”也是复杂多样的。马丁·布伯将人际关系称为“我—你”的直接对话关系，而社会中人际关系越复杂，就越反映出“我”及“你”的多样性与复杂性，这也意味着关于“我—你”之间的对话也是多样的、复杂的、大量的。如此一来，其他“在者”通过交流对个体产生影响力的机会也就大大增加了。那么，个体如何在这种大量的信息交流中、情感传递中以及身体触碰中，甄别出何者为真善美、何者为虚假、诱惑及盲目呢？一个具有坚毅意志品质的人，不会轻易被外界所撼动，这并不表明他不会接受善意的意见和建议，而是说，他有甄别真假、对错、善恶的能力，并且有保持自我、坚持自我追求和主见的品质。所以，对教育者来说，培养受教育者关于突破他人局限的意志品质是有价值的，更是必须的。

教育当然还应塑造能够突破自我局限的意志品质。简而言之，突破自我局限的意志品质不像突破他人局限那般相对容易，因为人最大的敌人正是自己。这是源于人既有追求快乐、幸福的天性，也有惰性、欲望等劣根性，对于世间唯一的自己，人往往很难突破这道防线。对于教育来说，对个人意志品质的塑造的重点，即是对自我的突破。要将人培育成一个能突破自我局限的人，便是像尼采的超人一般，能够突破至少三次以上的障碍，首先是要突破成为骆驼的自己，成为狮子的自己，以及成为婴儿的自己，将人从“你应""我要"变成"我是"的状态，实现精神层面的三个递进、三步升华，最终成为"超人"。也诚如柏拉图对人的灵魂不断转向的鉴定，他认为，人应该被教授这种实现多次灵魂转向的技巧和能力，不仅具有透彻灵魂方向的视力，还要有创造灵魂走向的能力，更有肯定与坚持灵魂走势的定力。[①] 不管是柏拉图还是尼采，他们对精神的或灵魂的提升进程的重视也提醒我们，教育应该关注人的内在意志品质的内化与升华，意志品质蕴含着人性的优点和优势，理应顺势诱导并加以合理利用。

不仅如此，教育还应提供个人养成意志品质的机会与环境。对于意志品质的形成来说，个体的主观能动性可谓关键所在。然而，教育者的指导和培育作用也不可忽视。此外，受教育者在提升意志品质的韧性的过程中，理应得到多样性的发展机会，并且他在利用这样的机会的时候，他的意志品质发展的过程能够得到保障。所谓机会，便是提供个体发挥主动构建意志品质的机会，可以是丰富多彩的课外活动，可以是贴近生活的社区服务，也可以是个体自发形成的探索项目等，教育者不仅要鼓励这种主动行为，更要培育这种主动精神，为发展各种品质提供丰富的案例与体验条件，举办不同类型的主题活动，进行多层次、多角度的深刻考察，等等。而所谓环境，则包括物理层面和心理层面。物理层面的即合适的教学场所、恰当的培育时间，以及精巧的教育器材、平等的沟通方式等内容；心理层面则应考虑受教育者的心理发展阶段与发展水平，注重塑造能够诱发出归属感和安全感的活动区域，更要具备激发、刺激受教育者主动发展意志品质的空间。

---

① 柏拉图著，郭斌和、张竹明译：《理想国》，商务印书馆 1986 年版，第 278 页。

3. 教育应推动人对道德生活的追求

杜威曾说过，“要把一门学科看做使儿童认识社会活动的情况的一种工具。”[①]教育，不仅应该作为认识社会活动的工具，更应作为推动人的道德生活的马达。在人类诸多文化传统中，有一种传统永远不曾也不应被忽视，反而长久以来深受重视，这就是道德。

道德是涵盖着社会传统正义感和公正感的文化传统，更是构成了人之生活世界的基石。随着人之生活世界的变动，个人对于道德的构建也是不断变化的，而这变化之中，也包含着一些不能变且无法变的传统。[②] 它要求人们在无限循环往复的生活实践中，坚持并保留其核心的内蕴。而这一重复的、传承的、复演的过程得以施行和传播，便要归功于教育的作用。

对于个体而言，教育者应该传达这样的观念，即道德的生活是美好生活的最终形式。前面提到，人们通过教育获取对美好生活的认知、向往及追求的能力。那么，我们为什么要过道德的生活呢？一方面，美的内涵太丰富，包括外表的美、心灵的美、行为的美，等等。其中，道德之美应是最为至上的、最受推崇的美。美与好，也可转化为善，而对善的追求，无疑就是对德的追求。如此一来，道德是一切美好事物的化身，是能够净化心灵、美化行为的有力武器。另一方面，人们想要过美好的生活，首先得建立在人人都能维护对美好生活的支持和向往上，倘若有部分人不愿意过美好

---

① 约翰·杜威著，赵祥麟、任中印等译：《教育中的道德原理——学校与社会·明日之学校》，人民教育出版社2004年版，第147页。

② 卡尔·波普尔著、傅季重等译：《猜想与反驳——科学知识的增长》，上海译文出版社1986年版，第501—502页。

的生活，甚至破坏他人的美好生活，那这种生活何谈美好。道德既是能够约束他人不当行为的外在律令，也能够促使人从良心角度出发，自主地维护他人的权利。所以说，道德作为一种权威，一种足以威慑众人、降服众人的金科玉律，是一切美好生活的前提。它是群体追求美好生活的共同意志之集中体现，也宣示了社会前进的方向，它的高度统一性远远超越了美好生活之于个人的自我意味；而且，道德生活更是超越了时空的限制，所以，无论从哪个角度来看，过道德的生活应该是美好生活的最高形式。教育理应加大对道德生活的关注，更要为道德的生活提供可能。

道德的生活应该具有相匹配的道德品质，教育应关注个体道德品质的塑造。既然道德的生活作为一种最高的理想，那么教育便要为个人过道德的生活提供可能，而这种可能便表现在帮助受教育者形成能够过道德的生活的道德品质。首先，要甄选出合适的道德品质。从古希腊开始，亚里士多德就建构了一个自己的德性伦理体系，这些德性就是指道德品质。在中国古代，不论是孔子的"仁义礼智信"，还是老子的《道德经》，抑或是庄子的"物得以生谓之德"(《庄子·天地》)，都涉及德性品质的探讨。古今中外，何种道德品质理应为人所享有，以及教育应该培育何种美德，都有很多的争议。柏拉图认为，德性有四类，包括智慧、勇敢、节制和正义；亚里士多德则认为，德性代表着事物的本性："每种德性都既使得它是其德性的那事物的状态好，又使得那事物的活动完成得好。"[①]德性分为涵盖有智慧、理解和明智的理智德性以及包含慷慨与节制的道德德性，按照这种理解，德性显然并不限于道德的领

① 亚里士多德著、廖申白译注：《尼各马可伦理学》，商务印书馆 2003 年版，第 45 页。

域，它还涵盖了我们所说的理性能力。到了现代，各种关于德性品质的讨论更层出不穷，事实上，真正要过道德生活的道德品质，应是涵盖着所有内蕴的集合体，而不是分裂的。原因在于，其一，任何道德的生活都应是全部的生活，是实际的生活，这就意味着个体所要面对的是方方面面的道德，而不是某一个道德领域，更不是某一个道德品质。其二，个体在应对全面的生活时，无法用一种通用的道德品质应对不同的道德问题、事件或人物，道德的生活具有不确定性，更具有情境性，如果不具有一种内蕴丰富的道德品质系统，个人亲临实际道德状况与危机时，就会显得手足无措。其三，道德的生活是一种无穷接近的美好生活，倘若个体以一种停滞的品质水平应对发展的道德生活，明显是不可能的。要过道德的生活，必然就是要走发展的路子，也就是说，道德品质的学习是终其一生的，更是随着时代发展、不同场景切换、多种文化背景而变化的。所以，对于个人而言，教育应培养的道德品质，首先是一种完整的道德品质，其次是一种灵活变动的道德品质，更是一种能够甄别、判断和选择“善”的道德标准的能力，而不是一个关于文字意义上的道德品质的区分，也不是一个强硬地将某些道德品质割裂开来的教育。

道德品质的塑造需从他律（纪律）的角度促成个体自律。受教育者道德品质的养成离不开个体的不懈追求，更离不开个体自律、自控。不可否认的是，他律的本质是为了自律，他律形式的纪律正是道德自律的最佳培育手段，而一个拥有自律精神的道德行为人必然也有利于其道德品质的养成。同样，道德品质也可为道德的自律化服务。道德以自律的要求，引导个体自由地发展道德品质，纪律可以将他律到自律的前进为目标，将社会与个人的道德力量凝结在一起，最终促成个体的自由，即个体道德品质的自律。当然，自律乃至自由，最终都是为了促进社会道德的整体发展，而个人道德品质具体体现首先便表现在纪律行动上的彰显，因为一个和谐的社会、道德的社会，必然是井然有序的。作为社会中的个体，每天都会面临各种机遇与挑战。从功利主义的角度来看，个体追求快乐与幸福是自然禀赋，利益、权力，荣誉、物质等都能成为个体争抢的对象，这些无止境的追寻可统称为欲望。个体一生之中会面临形形色色的欲望，其中某些欲望却是不能碰触的，一经实现便会越过道德禁忌。可以说，欲望虽是无止境的、不受社会控制的，但欲望对社会来说却有善恶之分。不过正如亚当和夏娃抵挡不了禁果的诱惑一般，大多数人难以在欲望面前把持自己。唯有时刻谨记规则和习俗，欲望才能被理性控制。规则和习俗从何而来？这就需要教育者在教育过程提供纪律的教育，以外在的形式训练受教育者，因此可以说，纪律行为便是个体道德品质的基础，是个体得以彰显道德品质的平台。同时，教育者需要通过诉诸纪律教育，教给受教育者“怎样按捺住他的欲望，并为他的各种各样的渴望确定限度，限制并借助这种限制来确定他的各种活动目标。这种限制是幸福和道德健康的条件”。[①]

与此同时，在传授纪律知识的过程中，凭借纪律具有的规约特性和评价功能，不断地对个体的不道德欲望进行洗涤和瓦解，如此一来，进一步保证个体的道德品质便成为了可能。因为当个体的欲望不当时，教育者所教授的纪律首先会形成一道阻力，化为强大的“社会阻力”——即集体遵守的纪律精神，不断通过外界的舆论压力

---

① 爱弥儿·涂尔干著、陈光金等译：《道德教育》，上海人民出版社 2001 年版，第 35 页。

或“关心”来约束受教育者的欲望;另一种形式即是依靠受教育者在学校中一贯坚持的纪律习惯。人本是社会的动物,一旦受教育者违背或突破习惯时,其“社会良心”便会产生歉疚和自责感,害怕“被孤立在群体之外”的想法便会不断“折磨”他的意志,直至终止思考不道德欲望复归平静为止。可以想见,在纪律精神的作用力下,受教育者的不道德欲望会受到冲击,这种纪律精神就是“当一个正常的人试图通过一种与道德背道而驰的方式行动时,他会清楚地感到有某种东西在阻止他,就像他试图举起非常沉重的重物那样”。[①]由此可见,纪律教育便与他律形式的道德无异,都是为了自控而形成的内在约束力,同时也是社会对受教育者道德品质的他律式的精神锻造。基于此,在具体的教育实践过程中,理应切实实践好对个体纪律行为、纪律精神的塑造,以帮助个体达成道德自律,实现道德的生活所应具备的道德品质,并最终过上道德的生活。

4.教育要注重提升人的生活境界

教育的功能往往超越了人的认知,其作用往往是无形大于有形。在教育对美好的生活的具体功效能够得以实践之外,还应注重以下两个方面。

教育要首先致力于提升人的现实生活的质量。我们知道,美好的生活是一种对于美的追求,对于好的向往;同时,也表明个体是站在当下、现实的生活的立场上,去仰望美好的生活。如此一来,很多人会极易产生这样的误解,认为现实生活或者说自己正在经历的生活便是不好的、坏的,甚至是该被抛弃的。弗洛姆曾批判

① 爱弥儿·涂尔干著、陈光金等译:《道德教育》,上海人民出版社2001年版,第34页。

道:“现在人不是生活在过去就是生活在未来,但不是现时。”[①]其实,这是对美好的生活的误解,也是对现实的生活的错误判断。因此,教育者理应保持这样的清醒的意识,即对受教育者普及现实的生活的知识理念是有必要的。这种知识理念,第一要义应是关注对现实生活正确的思考与认识,让个体意识到,人只有今天与当下才是能够掌控的。即便美好的生活值得人向往,并且是奋斗终生的最终方向,也不表明人应该放弃当下的现实生活;相反,人只有保持对现实生活的热情,才能为追求美好的生活提供无尽的动力。教育要致力于传播个体正确的现实生活的观念,表现为个体能够坦然地接受自己所处的现实环境与生存状态,不比较,不攀比,不盲目追求不切实际的幻想,更不会因为过于追求理想化的生活状态而忽略了现实的努力。第二,教育个体应该具有化不满为奋斗的动力,推动个体努力改变现实的生活状态。个体在改造、完善、充实现实生活的过程中,也潜移默化地改造了自己,更丰富和完善了个人自身铸造美好的生活的能力。显而易见,教育促成的这种观念的改变,既推动个人的现实的生活景象,推动了社会整体的生活样貌,也间接地拉近了个人与其美好的生活的距离。第三,教育理应致力于培养个体提升现实生活质量的技能和路径,并通过融会贯通各种资源,提供以供个体交流关于改进现实生活质量的平台以及晋升途径。与此同时,教育要能够并善于利用自身的实力与优势,集结出一批优秀的人才,推广认知现实生活的正确态度,并致力于推进个人生活的现实状况的优化。

---

① 艾·弗洛姆著、李健敏译:《爱的艺术》,上海译文出版社 2011 年版,第 123 页。

教育还应当有提升人的美好生活的品质的功效。有了对现实生活的正确认知和不懈努力，教育还应提升个人美好的生活的品质。这主要体现为提升个体对“美好”的鉴赏能力，以及辨别“美好”的判断能力。对每个人来说，对于“美好”的鉴赏能力、判断能力都是不同的，这就意味着个体会受制于自身的鉴赏、判断水平。如果个体由于缺乏教育，而将挥霍无度的生活、不劳而获的工作、粗俗鄙陋的文艺作品之类的东西视为美好的代表，那么他的美好生活的品质，也一定是低俗的，更是饱受争议的。马克思就曾明确表示，人类之所以能够获得长足的进步，是源于人对美的无穷尽追求。早在春秋战国时期，孔子就喟叹道：“吾未见好德如好色者也！”（《论语·子罕》）由此可见，“美好”对于人来说，是一种具有无上的价值和不可比拟的现实意义，是受到全社会认同的价值。况且，人对“美好”的鉴赏能力和判断能力绝不仅限于表现在对这个世界的认知上，还表现在他现在或未来对于世界的改造上。这就意味着，他的眼里看到了什么样的“美好”，在现实世界中，一旦有机会，他便会去致力于建造这样的“美好”。所以说，整个关于“美好”的认知，既反映了个体所处的现实状况，也投射了个体的内部情感和想象，如朱光潜在谈“美”学时提到的那般，“自己在欢喜时，大地山河都在扬眉带笑；自己在悲伤时，风云花鸟都在叹气凝愁。……柳絮有时‘轻狂’，晚峰有时‘清苦’。”[①]这样一来，个人便也赋予了“美好”以自我的灵魂，创造出了属于自己的独特之“美好”。在鉴赏与判断“美好”的过程中，人是带有预设的，更是自由的。这样一来，个体如若有一个正

① 朱光潜：《谈美》，安徽教育出版社1997年版，第35页。

确的或者美的“美好”观，他倒也能成就一番美的事业，建构一个美的生活。然而，如果一个人头脑中所构建的“美好”及其欣赏的“美好”是扭曲的、变异的，那该如何板正呢？所以我们需要教育，需要教育在其过程中树立一个美的标准，以及一个衡量美的正确方法。

通过提升现实生活的品质、关注美好的生活的质量这两种途径，教育的最终目的是提高人的生活境界。境界与状态不同，它不是一种对现实生活态度的苟且，而是一种对现实生活状况的超然与洒脱；它不是对美好的生活状态粗俗的攀比，而是一种对美好的生活的清醒与警觉。提升个人生活的境界，是个体完善自身的表现和象征。不管从何种角度来看，只有个人生活境界得到提升，方能真正意义上实现美好的生活的价值指归，也才能在真正意义上达成道德的生活的最终追求。

（四）实践美好的生活的教育基本原则

既然教育能够促进美好的生活，那么教育无疑是指向未来的。“我们的生活不仅受事实支配，而且也受希望支配；那种只注重事实而不及其余的真实性是对人类精神的桎梏。只有把幻想当作改变现实的努力之懒惰的替代品时，它才应遭受谴责；当幻想为一种刺激物时，它在体现人类理想方面，正在执行一项极其重大的使命。”[①]联合国教科文组织早在1996年发布的报告中就明确指出，教育是“取决于共同生活的愿望以及把群体的凝聚力建立在一

---

① 伯特兰·罗素著、杨汉麟译：《教育与美好生活》，河北人民出版社1999年版，第83页。

系列共同计划之基础上的愿望”[①],也就是说,教育应是一种共同的愿望。从这一点来看,教育要实践美好的生活,则必须指向未来。所谓指向未来,其一,教育的内容应该具有先进性和超前性,能够预见未来社会发展的需要,提前筹划人的未来成长。这是一种关于建设何种生活、建设何种社会、发展何种美德、构建何种人生的提前设计和规划,所谓人无远虑必有近忧,说的就是这种指向未来的学习是有必要的。其二,人本身就对未来有恐惧心理,并视之为生活中最大的不可控因素,人需要通过不断学习、不断获取知识和养分,才能积极地应对这种不可控、不确定。正如弗洛姆认为的那般,“人一生下来——亦指种族和个人——就从一个确定的环境,如本能,被推到一个不确定的、完全开放的环境中去。人只了解过去,对未来——除了知道要以死亡告终外——一无所知。”[②]倘若人能积极地应对未来,即通过教育进行充分的准备,有了良好的心理预设,加上可能的物质支撑,人对于未来的恐慌必会有所减轻,从而以平和、淡定的心态应对未来生活的挑战。其三,所谓指向未来,是表明着对人的未来美好的生活有所期许。这不同于对于未来的恐惧和紧张,而是人应对生活状况的动力。教育带给人积极的自我心理暗示,促进人不断向着好的方向发展,而不是停留在现有水平。

当然,教育也是开放的。

教育要具有开放性是指教育具有必须保证自身是开放的,面向未来的,而不应是保守的,固守现实的。舍勒有句名言:“人就是

---

① 联合国教科文组织总部中文科译:《教育——财富蕴藏其中》,教育科学出版社1996年版,第83页。

② 艾·弗洛姆著、李健敏译:《爱的艺术》,上海译文出版社2011年版,第10页。

能无限制地'向世界开放'的 X。"[①]当然,教育要具有开放性,指的是基于现实的基础上,结合当前的社会背景,尽可能去打破藩篱,冲破现实的束缚。开放首先表现在其包容性上。也就是说,要教育人学会以包容的心态接受任何形态的生活,更能以包容的心态去接受他人不尽如人意的或者超越于自己之上的生活状态。对于个体而言,教育要教会他们既学会包容自己,也能包容他人。其次,教育指向开放的是指教育内容的开放。如雅斯贝尔斯所言,"尽管历史性是人存在的基础,但如果缺乏开放性和学习的准备,这种历史性就会变得狭窄起来。"[②]所以,教育的内容应是海纳百川、无所不包的,对任何新兴技术、任何新颖观点、任何相左理论都能敞开怀抱。这就意味着个体不仅能够成为一个全面的人,也意味着能够获得全面的知识。其三,人与人之间缔结的关系是开放的,因而教育应指向能够使人走向开放状态的社会生活。弗洛伊德通过其精神分析理论提出,"性格的根本基础并不是里比多的各种类型而是人与外界关系的特殊类型。在生活过程中,人藉(一)获得和同化事物以及(二)使自己与人们(及自己)发生关系的手段而使自己与外界发生联系。前者谓之同化过程,后者谓之社会化过程。这两种关系形式都是'开放'的,同时并非像动物一样是先天决定的。人可以从外界来源接受或取得或由自己的力量生产制造而获得东西。"[③]社会化过程本身就是开放的过程,如果一个人

---

① 马克斯・舍勒著、陈泽环译:《人在宇宙中的位置》,上海文化出版社 1989 年版,第 28 页。

② 雅斯贝尔斯著、邹进译:《什么是教育》,生活・读书・新知 三联书店 1991 年版,第 86 页。

③ 艾・弗洛姆著、孙石译:《自我的追寻》,上海译文出版社 2013 年版,第 49 页。

故步自封、闭锁心门，那么这个人是无论如何也无法获得成长的，要命的是，这种社会化的过程应是个体所必备的生存要素，所以社会化的过程是不可避免的，不可受到阻碍的，更是不能被迫的。是故，教育应指向开放，是指教育者应帮助受教育者完成自我的开放，主动地走向社会，完成社会化的进程。

继而次之，教育是指向美好的。

“人们普遍认为，美好生活的基础不在于责任而在于幸福，而幸福则被定义为个人本能和内在冲动的满足。”[①]那么，教育的本真应该致力于追寻美好的事物。所谓美好，首先是指能够给人带来美好体验的事物和经验，其次是指能够促进人去追寻美好旨趣的动力和源泉。美好的体验可以说共包含两方面内容，一个是道德的体验，另一个则是知识的体验。生活分为物质的和精神的生活，而且，“物质生活和意义生活在不同的人的生活中含量不同地实存着，彼此内在地对立统一，形成一定的张力并表现为统一的个体生活，即‘德性生活’。”[②]所有的生活形式最终都要归化为道德生活。“道德在生活中有两种存在的状态：一是它表现为道德主体的品质，可以称之为‘德性’（品德），二是表现为道德主体的行为，可称之为道德生活、道德实践或者‘德性生活’。”[③]所以说，教育要注重指向道德的生活与道德品质的塑造。而之所以将知识的获得称为美好体验，是因为人在获取广泛知识的前提下，能够让自己对美的感知变得敏锐起来。同时，富有知识内涵能够帮助个体体悟

---

① 约翰·布鲁柏克著、吴元训主译：《教育问题史》，安徽教育出版社 1991 年版，第 301 页。

② 檀传宝：《信仰教育与道德教育》，教育科学出版社 1999 年版，第 90 页。

③ 同上书，第 18 页。

事物的内在美感和美好属性，能够鉴别美好事物的本质和内在规律。那么，从另一层面来说，“德性生活是从道德维度对生活的观照，并不等于人的生活只有道德属性。”①因此人的生活应该还包括其他的属性，也就是追寻美好的物质的属性。教育应赋予这样的能力和相应的源动力，促使个体向着善、向着美而发展、靠近。“教育除了要使学生懂得世界是什么，为什么是这样的，还应当引导学生不断地去追问：世界和人类是不是还可以更加完善、更加美好，怎样才能促使更加美好、更加完善的世界的到来，即永远要引导学生进行对世界和人类应当是怎样的这一问题的寻思，并且还要引导他们通过自己的生活实践无可逃避地去做出自己的回答。”②

不仅如此，教育还是指向生活的。

首先，教育指向生活这一原则要求教育要植根于现实生活。所谓现实生活，既包括了柴米油盐酱醋茶之类的生活琐事，也应包括有人类文明、世界生态、医学卫生等等宏大领域，不管是琐碎还是广阔，哪一种生活都是深深扎根于现实境况下的，正在发生的或者即将发生的事情。这也同时表明，现实生活无小事，时时事事皆重要。教育指向生活，是指不能够眼高手低，雅斯贝尔斯提出，“人们如果光谈大原则，就会变成空谈；如果将目光仅仅投注在实际事务上，就会迷失方向，哪怕是最微小的行动也应和终极目标联系起来。只有不让遥远的地平线从视界中消失，我们的脚才能迈出有意义的一步。”③其次，教育要植根于人的生活，因为“人性表现于

---

① 檀传宝：《信仰教育与道德教育》，教育科学出版社 1999 年版，第 20 页。

② 鲁洁：《培养有理想的人》，《河南教育》2002 年第 11 期，第 1 页。

③ 雅斯贝尔斯著、邹进译：《什么是教育》，生活·读书·新知三联书店 1991 年版，第 177 页。

人的生活”。[①] 任何关于现实生活的考量如果缺失了人，便了无生气。再次，教育要植根于人的美好生活。由于生活本身就“充满了困惑和不解之谜”[②]，教育指向的生活应是一种理想的生活、美好的生活。教育既关注其美好的生活的最终境界即道德的生活，引导人向善，培育其道德品质，也不吝啬对个人的物质生活的关注。物质是一切生活得以形成的基础，也是道德生活得以维系的动力所在。直面物质而非视而不见的道德生活才是经得起考验的、完满的和值得过的生活。

最后，最不可或缺的因素是——教育是指向人的。

一切教育都有其理想样态。在这里，教育的理想应该是促进人的全面发展。首先，这是因为人的潜力无穷，人的“自我”意识的发展能够促进社会的发展，并且人的发展是有预设的期望值。“每个人无论他是否具有宗教倾向，都有自己最终的假定前提。因为这些前提对他来说是真实的，这种假定前提不管是被称为意识形态、人生观、观念或者仅仅是对生活的一种直觉，都对属于他们的所有行为产生了创造性的压力。”[③]所以，教育指向人，应是对人之成为何种人的规划、塑造和引领。其次，指向人，是要求教育能够在认清人的本质的基础上，促进人的主观能动性发展。值得一提的是，在人对美好的生活的构建过程中，不管外界如何干预、帮助或诱导，发挥最核心的作用的是人自己，所以对于美好的生活的构建来说，人的主观能动性应占主导地位。忽略了人的主观能动性，无疑是将他人的或社会的既定美好生活模式强加给个体，这是不科学的，

---

① 檀传宝：《信仰教育与道德教育》，教育科学出版社 1999 年版，第 19 页。

② 布鲁斯·雪莱著、刘平译：《基督教会史》，北京大学出版社 2004 年版，第 361 页。

③ 檀传宝：《信仰教育与道德教育》，教育科学出版社 1999 年版，第 11 页。

更是不理性的。再次，如黑格尔所言，人本质上是“精神”的，任何体系或世界观对人的塑造都是需要依靠人自己这个内化通道，[①]所以对人的教育不应只是浮于表面的，而是深入灵魂的，注重精神镌刻的。“如果依照人性的特征和规律发展至成熟，他的精神就会是健康的。”[②]反之，则是不健康的。综上所述，教育是指向人的，要求教育应注重关怀人的身心发展需要，应以人的主要需求为导向，促成人的全面发展，最终促使个人自身完成对美好的生活的构建。

三、推进社会文明

教育的作用远不仅仅是对个人生活的影响，其更大的影响力是推动社会的进步。在人类的历史长河中，有数不胜数的物质与精神遗产，这些久经传承的历史和文化，有形或无形地改变着人类的生活状态，丰富着世界的呈现样貌。在无限的过去与现在、现在与未来的期盼、经营以及重复之间，人类得以不断进步，而不会倒退的，便是文明。

（一）社会文明的发展脉络

文明一词起源于近代欧洲，最开始多用于对人们行为方式的描述，有“礼貌”“教养”“开化”之意，在很多场合还表征“公民”“市民”的含义。最早使用“文明”一词的是法国的启蒙学者，他们明

---

① 阿伦特著，王寅丽、张立立译：《过去与未来之间》，译林出版社 2011 年版，第 34 页。

② 艾·弗洛姆著、孙恺祥译：《健全的社会》，上海译文出版社 2011 年版，第 10 页。

确指出“文明”一词是对知识进步、技术进步、道德进步和社会进步的一种朦胧向往，这也就是“启蒙思想”的萌芽。随着经济社会的不断发展，文明的表征对象逐渐完成了由个人向社会的改变，更多用来描述一个社会进步与发展的程度。我们大致可以将人类文明划分为以下几个阶段：

1.原始文明阶段

原始文明时代的人类生活完全以人自然为依托，所有的生产、生活资料都来自对自然物的直接采集，人类开发和支配自然资源的能力极其有限。人们最重要的生产劳动方式就是猎狩和采集，这一时期集中体现劳动力发展水平的成果包括石器、弓箭、火。

2.农业文明阶段

在农业文明时代，农业是社会发展最重要的推动力。这一时期，土地、人口、畜力、水力、风力等社会资源是人类创造社会财富最主要的生产资料。因为对自然资源的开发程度有限，人类的生产力发展很缓慢，与农业文明时代的生产方式相对应的是奴隶制社会和封建社会借以延续了几千年。

3.工业文明阶段

工业文明时代生产力进步的标志性事件是蒸汽机的诞生。这一时期的社会生产资料主要是煤炭、石油和天然气。工业文明最显著的特征就是科学技术成为社会发展最重要的生产力。18 世纪中叶，英国开始了轰轰烈烈的工业革命，正式拉开了工业文明时代的序幕。

4.科技文明阶段

工业革命之后，发展到现在的一百多年里，人类社会实现了生产力和生产方式的前所未有的巨大转变，人类社会的生产效率更是达到了前所未有的水平，实现了社会财富的极大积累，尤其是随着计算机和互联网技术的飞速发展，人类已经进入了数字化时代。

(二)教育在社会文明中的意义

众所周知，教育在国家和社会中所扮演的角色十分重要：可以弘扬和培育民族精神，可以引领时代精神的方向，可以成为社会发展的巨大助力；既是文明的成果又是文明的载体，既传播文明又创造文明。

以大学教育为例，随着人类社会的发展与进步，大学教育在人类社会生活中的地位与作用愈加重要，其主要任务是人才培养、科学研究、社会服务。这些显然都指向了文明的生发与传递。

1. 教育传播、传承社会文明

自从有了文字以后，人类的文明得以广泛传播。文字对于人类文明的重要贡献与重要价值是有目共睹的。然而，文字的传播可能是一种自发的传播，也可能是一种无意的传播。教育包括各种各样的形式，包括家庭教育、学校教育和社会教育等类型，是促使社会文明得到广泛传播的重要途径。其中，学校教育作为一种制度化、体系化、组织化的形式，主要承担着传播与传承社会文明的重要作用。教育不仅使得社会文明在父子之间等近距离的人际关系网中广泛流传，更重要的是能使社会文明突破时空限制而传播，比如留学生教育就具有这一功能。传播是社会文明的横向发展，而传承则是纵向的继承。教育是这两种功能的结合体，可以起到文明横向传播与代际传递的功能。

2. 教育改造社会文明

任何一种教育形式都不可能只是对社会文明进行一成不变的

传递，更多的情况是结合国家背景、地域环境、社会发展、个人条件以及教师水平等条件对社会文明加以改造。这种改造包含两种形式：一种是有意识的改造，这种形式的改造或者是对社会文明稍加批判的继承，是在认可其价值的同时，稍加改动以符合社会实际；或者是因为社会进步、经济发展等因素，原有文明的滞后性及各种弊端便暴露出来，于是，教育借助其自身的理性能力开始批判、选择、改造与创新。比如早期对宇宙的认识过程中，由地心说向日心说的改造。在国王（一国领袖）、国民与国家的关系上的认识，从君权神授，到公民同意，等等。

还有一种改造，是无意识的改造，主要是微观层面的改造。教育过程中，由于教师队伍的自身素质和教学经验差异，对社会文明的理解也是不同的，与此相似，个人、家庭、学校、国家乃至世界，每个人对于社会文明的理解与态度也是多种多样的，所以在继承的过程中难免有删减或是有疏漏，继承的过程也就具有了选择和改造的功能。

教育通过改造文明，实现了文明的不断发展。

3.教育创造社会文明

教育不仅具有传播、继承、改造社会文明的意义，还有创造社会文明的重要意义。

文明的开端，便是从一无所有的原始社会中创造出来。举例来说，原始人本身没有衣服可以穿，只是裹着树叶或动物皮毛作为御寒或遮挡物，随着经济基础的完善和生产力的发展，棉、麻等各类原本就存在的东西被开发成衣服，它原本就存在，但它存在的样态并非是衣服，而只是植物。这表明，教育创造文明，有可能是将原本就存在的事物、文化、习俗等内容，变成了文明，教育的作用在于改变了事物、文化、习俗等的存在样态和外在形式。其次，在选择衣物时，现代人们又多了更多的选择，包括涤纶、化纤等材质和款式、颜色的不同等。在客观世界中，这些成品原本是不存在的，是由教育通过发明技术、传播技术，将各种自然状态的原材料造成这些不同材质、不同款式、不同颜色的衣物。因此可以说，教育是另一种创造文明的方式，是整合、融合不同的文明，发展成为更具有吸引力、实用性的新的文明。

第三章　教育的角色辨析

民主是一种生活方式，这种生活方式能促进人类生活关系的和谐以及个体人格的良好发展，是社会形成有序且和谐的共同体和个人积极参与共同体的方式，也是将人在类群体层面解放的途径。民主对扩大社会和个人的福祉都具有重要价值。从民主的智力条件和心理条件来看，教育是民主的重要条件，是民主的前提。

我们需要并追求民主的、美好的生活，因而，我们需要“好”的教育。

一、民主教育还是专制教育？

民主和专制在政治领域是一对反义词，无论是在理论界还是教育实践中，我们都需要厘清民主教育与专制教育的本质、意指、涵义与差异，否则，我们的教育可能就会走向反教育的一面。

（一）民主教育

民主是指在一定范围内，按照平等和少数服从多数的原则来共同管理国家事务的国家制度。在这样的体制下，人民拥有主权和立法权。以马克思主义的观点来看，民主的出现标志着人类社会的进步。民主最重要且最根本的作用是保证公民的自由、平等。民主是由全体公民直接或通过他们自由选出的代表来行使权力和公民责任的政府，是保护人类自由的一系列原则和行为方式：自由的体制化表现，以少数服从多数的决定、同时尊重个人与少数人的权利为原则。

因此，一个显而易见的命题是：民主的真正实现，是要以民主教育为基础的，因为未经民主的启蒙、教化和训练的个体，其民主能力是有限的。那么，何谓民主教育？

国内外许多教育著作论及教育和民主这个话题时，关注更多的还是教育民主，而非民主教育，作为教育哲学的专著，而非政治哲学的研究，我们这里自然也是只讨论教育民主。

学界对教育民主的研究，尤其注重教育平等的探讨，这是顺应世界教育改革潮流的，但当教育民主化程度越来越高，越来越多的人享有受教育权的时候，人们不仅仅注重形式上的教育民主，也更加关注用民主的理念去更新教育。杜威虽未对民主教育下明确的定义，但他所理解的民主教育即能够造就适合于民主社会的公民教育。陶行知先生认为，民主教育就是“叫人做主人，做自己的主人，做国家的主人，做世界的主人”。石中英认为，“民主教育是向人们特别是青少年一代传播民主思想，培养他们健全的民主意识和态度，帮助他们掌握合理的民主知识结构，引导他们在民主实践中形成一定的民主生活能力，并树立某种程度的民主信念，以最终使他们成为合格的民主公民。”[①]由此可见，民主的核心是尊重，民主教育的核心自然也是尊重，对象是全体受教育者。教育者既要

---

① 石中英：《教育哲学导论》，北京师范大学出版社2004年版，第322页。

尊重学生的各项权利，也要尊重其身心发展特点，当然更要使学生学会尊重。这就要求教育者自身必须具备民主素养，并能将这种精神体现在教育过程中。

如何实现民主教育？杜威指出："家庭和学校的主要职责就是直接影响情绪上、理智上和道德上态度与性情的形成与成长。所以，这个教育过程在主导方面是以民主的或非民主的方式进行的，就成为了一个特别重要的问题了。"[①]所以，杜威认为民主本身即是教育的原则、信条和规则，并且强调"应该认真地、有力地、生动地运用民主的学校以及学校里民主的方法"，使儿童得到充分发展。但是现行教育体制中却存在着许多非民主的现象，比如教育者往往低估学生的能力，把他们看成是"空着脑袋的机器"，或者"学习的奴隶"，由此而产生的灌输式、体罚式教育屡见不鲜。追根溯源，还是教育体制的问题，尤其是在应试教育下，"学生的个性、性灵的自由，平等的师生关系"更是一纸空谈。因此，要实现"民主"的一个关键因素是提高公民的民主素质，包括民主知识、民主态度和民主能力。学校担负着实现政治民主化的责任和使命，因此，学校教育必须是民主的。这种民主主要体现在学校课程及环境等方面。

民主首先是一种国家治理方式，人民有权参与国家决策，体现了对个人的尊重，也体现了人们对自由精神的追求。当然，民主不只是一种政治制度，它首先是一种联合生活的方式，一种共同交流经验的方式。要将民主、自由、平等、尊重的观念渗透在生活的方方面面，最终内化为个人自身的一种素养，而不仅仅流于形式。随着教育的进步与发展，民主教育思想越来越深入人心，并对推动教

---

① 约翰·杜威著、傅统先译：《人的教育》，上海人民出版社 1986 年版，第 48 页。

育事业的健康发展起到了举足轻重的作用。

因此,民主教育包含了两层含义:一是民主地进行教育,也就是说采取民主而非专制的教育方式,一切以学生的自由发展为出发点;二是学生民主地参与教育——选择教育的内容、方式,以及是否接受义务教育以外的教育等。民主教育应该是涵盖整个生活的教育,它应该是健康、科学、艺术、劳动与民主织成的和谐生活,即和谐的教育。

由此可将民主教育在逻辑上划分为两种不同的形式:第一种是形式上的民主。尊重学生的个性与权利,比如师生对话的角色平等、学生表达个体观点的自由,以及课堂上学生行为的基本自由,等等。第二种是内容上的民主。包括选择具有民主精神与内涵的教学内容,学生意志自由,鼓励与尊重每一个孩子的不同想法,包容所有不同的观点,哪怕它与现实的思想有冲突,只要他能表达出来,我们就予以支持。诚如伏尔泰所言,即使不同意其观点,也要誓死捍卫其说话的权利。

民主教育之所以可以促进社会民主,是因为教育培养公民的理性、德性、个性以及民主所需要的态度和行为方式。民主教育既是民主的组成部分,也为民主提供重要的理智条件。民主需要理智的条件,这就是公民处理公共生活的普遍问题的各种理性能力,如推理能力、合作能力、理解能力、理性能力(反思与批判、理性计算等),等等。

民主教育又是教育实现其价值的重要方式之一。民主教育涉及教育价值的实践方式,也涉及培养什么人的问题,民主教育是教育健康、有序、和谐运行的方式。民主教育的本质是让教育成为教育对象自己的事,自己主导、自己参与、自己选择、自己负责。民主教育意味着要为儿童提供更多的社会支持,通过提供选择的自由、观点的开放和实际的参与机会来形成学生的公共道德、理性精神、社会态度和社会责任感,形成社会生活能力。

(二)专制教育

由于长期受集权专制思想的影响,我国传统教育很难说是民主教育。虽然传统教育中有许多值得我们今天继承和发扬的精华,但从总体上讲,中国传统教育,无论是形式与内容,还是目标与手段,都已不适应社会发展的步伐,这是显而易见的。

教育是帮助人不断提升人性、促进人的成长和发展的,并对确立人的主体性和发展人类文明起着异常重要的作用。正如康德所说:"人只有通过教育才能成为人,除了教育从他身上所造就出的东西外,他什么也不是。"[①]人类正是在总结以往经验的基础上发现了教育的重要作用,并自觉地把教育贯穿于人类所有的社会活动之中,既有物质的、精神的,也有生活的、生产的。广义上看,人类的所有活动都具有教育的性质,或者说教育是人类活动的普遍的显现形式。生活中有教育,生产中有教育,娱乐中也有教育,有组织的学校教育当然更是教育,人类的教育方式是丰富多样的。所以,教育是一件关乎国运、民族生存、个体发展的大事,但是,过度强调教育这些工具性和功利性价值必然导致异常的教育迷恋与崇拜,从而导致专制教育。

这里的"专制教育"是与"民主教育"相对而言的,主要是指在教育过程中无视学习者的意志而为其设定发展目标,并采取各种

---

① 康德著、赵鹏译:《论教育学》,上海人民出版社2005年版,第5页。

不合理的教育手段，强迫受教育者认可、接受和服从。专制教育现象不仅出现在学校教育中，在家庭教育中也随处可见。要消除教育专制和教育暴力，促进教育的科学发展，让教育回归本真，需要了解教育专制和教育暴力是如何生成的。

在极权时代，专制统治必然导致教育专制和暴力，实用理性传统也是引发教育专制和暴力的重要原因。概言之，教育专制与教育暴力皆源于教育中“人”的缺位，教育仅仅被视为工具。

在学校教育中，专制教育影响着教育观念、目标、方法、评价等各个方面。从教育观念看，专制教育不把受教育者当作人来看待，忽视学生的兴趣、潜能及身心发展的可能性，视学生为容器或毫无主观能动性的活生生的个体，将外在的、想当然的所谓教育目标强加给学生，只为达到某些外在的目的和要求而去培养所谓的“合格人才”。从教育目标看，从国家、学校和家庭的角度出发，以适应社会发展与需要作为教育的价值取向来培养“合格人才”，唯独没有考虑教育对象的价值存在和意义存在，漠视教育对象作为人的权利与意志。这就必然使教育的“自由、个性、全面、整体”的发展目标被异化和僭越。从教育方法看，教育者往往是权威的象征，高高在上、不容置疑，习惯性地采用单向度的灌输式、强制式、重复式、体罚式等不尊重学生的专制态度，将学生分成优生和差生，以成人意志去对待孩子，学生毫无权利，更不会有平等的互动地位与人格平等的对话。从教育评价看，教育评价重结果轻过程，以分数定输赢，无视受教育者的个体差异，成绩是评判个体成功与否的唯一标准，不在乎实践能力，更不注意学生的情感、态度和价值观等素质的培养。在这里，教育评价的功能仅仅是为完成“区别对待”的任务，而全然不顾受教育者的成长和发展。由此可见，学校中的专制教育就是那些无视受教育者个体权利，缺乏对个体生命发展的基本权利的伦理尊重的意识，按照某种外在的意志为学生设计人生发展道路，并强行把学生推进这个轨道，这个外在的意愿可能来自国家、社会、父母或老师，唯独非学生所愿。

专制教育具体会表现在课堂上的“非人教育”，就是无视学生的主体地位，无视学生的尊严、思想、情感等精神存在的教育。其中一个重要表现就是，在教学中无视学生的生理、心理特点，不把学生的大脑看做可以点燃的智慧的火炬，而是看成装知识的空荡荡的容器，一味进行填鸭式的灌输：满堂灌、超负荷的题海、没有休息日的补课、罚抄作业，等等。这丝毫谈不上对学生主体意识的尊重和自我意识的保护，相反，学生只有服从于教师的所谓权威和所谓的教育目标，甚至是机械的过程控制。

专制教育曾是传统家庭教育中的主流方式：一方面，受传统儿童观和儒教伦理观的影响，受教育者在家长和成人眼中是附属品、花草树木，是传宗接代、光耀门楣的工具，所谓三纲五常的父为子纲，即为这个意义；另一方面，儿童的生理、心理规律尚未被完全探究和认识，知识传播与习得的规律没有被社会所发现和掌握，在这样的思想影响下，专制教育在家庭教育中生根发芽。长期处于专制型教育下的孩子通常缺乏自信心、独立性，变得自卑、内向，做事畏首畏尾，没有主见，或者不敢提出自己的想法和需要，有的甚至可能走向极端，变得叛逆、暴躁、逃课、离家出走、自暴自弃。

专制教育不但无法发挥家庭教育应有的作用，反而使父母与孩子之间会变得疏离、对抗，儿童心理中最需要的爱的情感需要也无法得到满足，青少年时期不能得到很好的教育和疏导，而这一切最终将会扭曲他们的心理、人格，外显为失范的行为、暴躁的性格等，甚至于由于家长或监护人疏于引导而走上犯罪的道路。

总而言之,无论在学校教育中还是家庭教育中或多或少都有专制思想的影响,也产生了非常多的负面影响。所以,为了孩子能够健康快乐地成长,我们应该深刻反思专制型教育方式,要学会如何真正的尊重孩子,要把孩子看做一个和父母一样具有平等人格和身分的人,只是在心理和情感方面更需要呵护与尊重。

(三)政治控制在教育中的作用

戴维·伊斯顿认为,"政治是对价值的权威性分配。"[①]教育本身就是一项重要的值得追求的价值,因而教育不可避免地成为政治权威价值分配中的一个非常重要的方面。"在政治学研究中,学校一直被视为政治社会化的一个重要机构和媒介。这虽然与认为学校是道德机构而非政治机构的观念相冲突,但却更真实地反映了教育的本质和价值,也使久已被人忽视的教育的政治维度变得突出和清晰起来。"[②]

保罗·弗莱雷在《被压迫者教育学》中提到,如果把教育与政治分开,这是一种危险的行为,如果教育独立于权利之外,独立于现实社会之外,那么学校只能成为一堆抽象的价值观和概念的场所,或者技能的表演场地。不是教育让社会去适应某些规范,而是社会塑造了教育。

教育作为上层建筑的一部分,必定由经济、政治所决定。教育是人类的一种社会活动,在阶级社会里具有鲜明的阶级性。掌握着政权的统治阶级必然要掌握教育权,决定着谁能享受教育,谁不

---

① 戴维·伊斯顿著、马清槐译:《政治体系》,商务印书馆1993年版,第122页。

② 王丽萍:《政治学视野中的教育与政治》,《民主与科学》2005年第2期。

能享受教育；可以教授什么样的知识，不能教授什么样的知识等，深刻地制约着不同社会背景的学生享受教育的类型、程度、内容和方式。因此，政治制度对教育制度的影响是直接的。在古代社会里，由于社会的阶级性和等级性，教育制度也具有阶级性和等级性，能够享受学校教育的只能是一小部分人，其余的人被排斥在学校体系之外，接受一些粗浅的生活教育或劳动技能教育。在现代社会里，由于普及义务教育的原因，再把大部分国民排斥在学校教育系统之外的做法行不通了，但家庭背景对受教育权仍然起着重要作用，远未实现教育公平。

因此，任何回应社会存在状况的教育改革都实质上反映了社会的权力表达和政治控制，“以教育改革为目的的很多政策其实都可以看作具有政治意图的社会改革。各种政治集团各自具有不同的社会改革理想，其中包括教育改革的方案，因此某种教育改革方案的出现和实现的过程中体现了各种政治势力间的矛盾斗争，政治对立的结果是某种教育改革方案得到实现，而另外的方案则被束之高阁”。[①] 几乎每次教育改革都是政治改革中各种政治势力间的利益权衡。另一方面，教育发展的状况在很大程度上影响着政治的稳定及各种人才的培养与选拔等，这正好凸显出教育的政治性功能。在社会发展进程中，政治是“上层建筑”，对社会各个方面的发展都起着不可忽视的导向作用，教育的发展也必然受其影响。因此，不同时期或历史阶段的教育改革或调整，其实就是教育对政治需求的一种满足。任何时期、任何国家的政治改革运动都

① 广田照幸著、张晓鹏译：《现代日本教育改革的政治学分析》，《复旦教育论坛》2008 年第 22 期，第 66 页。

非常重视政治对教育的影响，同时也会想方设法发挥教育的功能，以最终达成其政治目的。在一些特殊的历史时期，国家就更加重视教育的政治功能和政治目的，并且希望通过教育的改革与调整来达到改变自己不利的政治处境的目的。由此可以看出，教育的发展不只是对政治的依附，更是政治改革的组成部分。所以，政治与教育的发展也是相辅相成的，这在中西方教育改革发展历程中都有所体现。

国家教育事业的发展既关乎国家人力资源素质，也关乎国计民生和社会公平，还担负着传承、发展民族文化的重任。因此，教育发展一直是国家政策关注的重点领域并受国家总体政策的影响。关注政府教育政策的制定走向，我们不难发现，几乎每一个历史时期的教育政策都受到政治决策的影响，教育决策的制定总是要考虑国家发展、社会发展及个人发展的需要，是三者之间的平衡与统筹规划，依此制定出的一系列具有法律或行政效力的教育政策，最后通过国家机器和相关职能机构来推动实施。

纵观欧洲历史特别是中世纪大学的发展史，政治发展与教育政策之间的这种关联性也一以贯之。例如，中世纪时期的教会控制着政治、教育的发展，压制人性，提倡神性，人们的思想长期受到压抑。随着资本主义经济的产生与发展，代表着新兴资产阶级利益的自由、平等的理念逐步深入人心，由此滋生了“新大学运动”。脱离教会的大学随即成为新兴资产阶级政权的人力资源中心和舆论辩护场，社会对追求自由、自主和独立的呼声越来越高。事实上，在高等教育发展的每一个阶段，都离不开政治的影响，与此同时，大学的蓬勃发展也为政治发展提供了大量人才、必要的政治学理论和社会管理学理论。

二、学生中心还是教师中心？

师生关系是教育教学中决定其系统生命力的最重要的因素，历史上关于师生地位与作用的争论由来已久。通过辨析，我们发现师生关系的建立最终影响着一切教育的行为和结果。

（一）学生中心说

教师应该对学生有全面的认识，即学生观。哲学视野中的学生观主要有性善论、性恶论、传统教育派、存在主义及建构主义的学生观。

性善论首先假设学生内心深处有向善的本能倾向，有向善的萌芽："恻隐之心，人皆有之；羞恶之心，人皆有之；恭敬之心，人皆有之；是非之心，人皆有之。恻隐之心，仁也；羞恶之心，义也；恭敬之心，礼也；是非之心，智也。仁义礼智，非由外铄我也，我固有之也，弗思耳矣。"（《孟子·告子上》）卢梭曾说过，"出自造物主之手的东西都是好的，而一旦到了人的手里就全变坏了。"（《爱弥儿》）性恶论认为，人生下来就有恶的倾向，内心有着向恶的种子。荀子认为人性中有"性"也有"伪"，其中"性"是恶的，如果后天不加以引导约束，一定会发展成为恶。西方原罪说认为，人天生就是带有罪恶的，人生来就是来赎罪的，这种观点对西方教育产生过非常深远的不利影响。在性恶论的影响下，既然受教育者被认为有恶的倾向，那就需要通过教育来改变，需要用灌输、强制、惩罚等方式向他们灌输善的观念。

以赫尔巴特为代表的传统教育派认为，受教育者是教育活动的组成部分，是教师加工改造的对象，受教育者的发展是由外而内的灌输和填充。[①] 在此观点影响下，受教育者成为教育活动的一个要素，可以被教育者任意设计、定位，而受教育者自身的主体性往往得不到体现。教育者总是忽视受教育者的意愿和需要，受教育者则沦为等待加工、雕琢的"容器"，教师是知识的传授者，受教育者是知识的接受者，受教育者完全没有主动性，遑论个性。

现代西方哲学体系中，存在主义是一个非常重要的流派，它产生于20世纪20年代的德国，后来传到法国、美国、日本及其他西方国家。"存在先于本质"是存在主义最著名的论断，其意是说人首先存在着，再通过自己的自由选择来决定他的本质。存在主义理论流派批判了现存的教育制度中忽视人的存在、欲望和需求，由此而产生的存在主义学生观认为学生是有主体性的人，有自由选择权的人，并能为自己的选择负责的人。

建构主义流派以皮亚杰、奥苏贝尔、维果斯基等为代表，强调学生是积极主动建构知识的、具有独特个性、有自己生活世界的认识主体。教育者应建构一定的教学情境，激发学生探究欲望，理解学生的学习行为。

随着人们对"学生"的认识的深入，在教育实践中也逐渐形成了一种认识——学生中心。在西方教育史上，亚里士多德最早强调教育应遵循学生个体的发展，提出教育必须依靠自然本性、发展儿童的潜能。后来人文主义教育者强调人性，反对神性，强调发展儿童的个性，发挥儿童的主动性和积极性。卢梭最早提出了"儿童中心"的思想，要求教育要顺应儿童的自然本性：儿童就是儿童，而

---

① 赵慧君、李春超：《教育学基础》，科学出版社2015年版，第27—28页。

不是“小大人”。在此基础上形成的“自然教育观”成为他的主要教育观点：学生的发展是一种自然的过程，教师不能主宰这种自然发展的过程，而只能作为“自然仆人”；儿童的发展是一种主动的过程，教师的作用只在于引导学生的兴趣，满足他们的需要，不要对学生多加干涉；学生只能在个体经验中获得发展，取得他们所需要的知识。因此，教育就不应当由教师直接来进行，而只在于使学生亲身去获得某种生活的训练。裴斯泰洛齐受其影响，赞同“自然教育观”，成为在教育史上第一个提出“教育心理学化”的观点的教育家，开启了19世纪末遍及欧美的以“儿童研究”为标志的教育心理化运动，从科学意义上确立了儿童中心论的地位。

20世纪初，杜威在批判“教师中心论”的前提下进一步发展“儿童中心论”。他指出，“教师中心论”就是成人将自己的意愿强加给儿童，学校教育也不是为学生准备的。杜威进一步推动了以“儿童为中心”的世界范围内的教育改革，他认为：“现在我们的教育中正在发生的一种变革是重心的转移。这是一种变革，一场革命，一场和哥白尼把天体的中心从地球转到太阳那样的革命。”[1]但是，杜威也并不忽视教师的重要地位：“教师在学校中并不是要给儿童强加某种概念，或形成某种习惯，而是作为集体的一个成员来选择对于儿童起作用的影响，并帮助儿童对这些影响作出适当的反应。”[2]所以，杜威坚持认为，要使教育过程成为真正的师生共同参与的过程，成为真正合作的相互作用的过程，师生两方

---

① 约翰·杜威著、赵祥麟等译：《学校与社会·明日之学校》，人民教育出版社1994年版，第44页。

② 约翰·杜威著，赵祥麟、王承绪编译：《杜威教育论著选》，华东师范大学出版社1981年版，第432页。

面都是以平等的身分来参与的。

20世纪上半叶，"儿童中心主义"曾推动了许多国家教育事业的改革与发展，然而，"儿童中心论"并非完美无缺，也曾因一些国家知识教育质量下降遭到了不同程度的质疑和批判。但毋庸置疑的是，儿童中心论强调学生主体性、创造性、发展性以及尊重学生个性的目的确实对教育改革发展有不可替代的理论价值。1952年，心理学家卡尔·罗杰斯依据人本主义心理治疗的原理，在哈佛大学举办的"课堂教学如何影响人的行为"的研讨会上提出了"以学生为中心"的观点，提倡人本主义学习观，认为学习是人自我价值实现的需要，价值的实现是在自我主动自由的选择中实现的，而教师的作用则体现在教育教学中是促进和催化个人潜能和人格的充分发展。

如何在教育过程中体现"学生中心说"，体现以人为本的教育内核呢？毋庸置疑，这离不开国家、学校和教师的多方努力，最重要的则是国家层面。这是因为政策、法律、课程、资源等关涉教育生死存亡的东西在国家的手上，而且这些因素还具有对教师和学校更大的制约作用。

在国家层面，面对的是国际竞争、就业压力不断增大的大背景，因此势必关注国家的利益，那么又何以体现学生的主体性和主动性，让受教育者有机会使个人的能力得到充分得发挥和发展呢？另一个值得注意的倾向是：教育正在丧失社会性质和社会精神，从而在丧失社会意义和社会价值的危险道路上愈走愈远。一种迷失了社会方向、丧失了社会理想的教育，在任何时代都注定是没有前途的。这需要我们保持警醒，在教育中要将国家意志和利益与学生的个人理想相结合，最终在实现个体提升的同时实现国家的整体利益。

于是，在这一语境下，学生身分及其在教育关系中的地位需要重新被评估，然而也有另一个值得我们深思的命题，这就是——以“学生中心”取代“教师中心”。那么，何谓“学生中心”？对“学生中心”的功过利弊的总体评价是否经得起推敲？

学界一般认为，“学生中心”的主要优点是能够使课堂教学中的学生从教师控制一切的状态中解放出来，自主学习，充分、自由地发展其主体性，并取得更高的认知成就；至于主要的弊病，则是在强调学生自主性或主体性的同时忽略了教师的主导作用。这已或明或暗地分别成为“学生中心”取代“教师中心”的鼎力支持者和强烈反对者的主要依据。当我们彻底检视“学生中心”时，我们不能忽视的是，如果教育只是为了满足学生的好恶与口味，那么教育必将被摧毁。当学习变成一种个人化的便利行为后，必然失去其内在价值。一言以蔽之，学生中心论所包含的极易混淆视听的相对主义思想，也许适合生命、政治领域，但把它拿到教育上来就越位了。人类生命有限这一事实，决定了优选法则，或者说精英主义，永远都不会过时。教育，正是要把人类千年所积淀的优秀、卓越和杰出的事物传承给下一代。就大多数学生的资质而言，这种传承的获得远非游戏水平的努力就可以胜任的。我们应时刻谨记，学习从来都是一种艰辛的劳动。一旦驱逐了优秀、杰出、非凡等教育标准，整个教育将流于可怕的平庸，从而与教育培养合格公民、提升国力的目标相抵牾。在个体层面，让学生获得高水平的理性训练，感受高质量的人生体验和生命状态自然也是一句空话，对国家和个人都是不负责任的。换言之，也许在理论范畴中，学生中心论有其理论自洽与自足之处，但是在市场经济、民族国家以及全球竞争的现实背景下，学生中心论是一个过于“昂贵”的命题。美国的进步主义教育衰落于苏联第一颗人造卫星上天、国内经济不景气之际，足以证明这一点。应该说，学生中心论的一些主张——打破师生间的等级关系，消除传统学科间的分界，视经验学习与书本学习同等重要，对于反思僵化的教育体制和冷漠的程式化的教师灵魂具有重要意义。这种反思，既是对现存教育体制的反动，也最终使教育问题凸显为教师素质问题或教师职业伦理问题。我们要警惕的是学生中心论的极端化实践：不折不扣地把该论点贯彻到实践中去，是一场代价高昂的试验。即使是当今世界最为强大的国家，也没有实力和底气，可持续地容忍学生把时间浪费在低效的甚至毫无目的的交谈、游戏和游荡上。

不得不说，适当地警惕和限制学生中心论，或者说对其去伪存真和得其意而忘其形，是当前教育不得不面对和反思的问题。

（二）教师中心说

教师被誉为“人类灵魂的工程师”、“太阳底下最光辉的职业”、“园丁”、“蜡烛”等等，溢美之词不在少数，可见教师职业在人们心中的地位。自古以来，无数思想家、政治家、哲学家、科学家都做过教师，为人类文明的薪火相传作出过巨大贡献，同时，他们也对教师职业做了很多的思考及很高的评价，倡导“尊师重道”。

关于教师在教育教学中的地位的认识，争论由来已久。“教师中心说”主要是基于教师和学生之间关系而形成的一些认识，这也是西方教育史上最早形成的师生观。“教师中心说”起源于西方。古希腊罗马时期，学校中的学习被描写成是“在桦树枝下行进”——意即学生是在教师的教鞭之下读书的。苏格拉底的“产婆术”强调，教师要引导学生理解事物的意义。柏拉图在《理想国》中将师生关系规定为尊卑有序的等级秩序。中世纪基督教神学盛行，当时社会在“原罪说”和禁欲主义的思想背景下盛行原罪说和预成论儿童观，为“教师中心说”披上了神性的外衣，在一定程度上推进了“教师中心说”的发展。人文主义者批判基督教的“原罪说”和禁欲主义思想，赞扬人的价值，主张尊重儿童的自然本性，只是这并不能改变当时社会中对教师地位的推崇。夸美纽斯把教师比喻为给予万物阳光和温暖的“太阳”，“（他们）站在一个高高的讲台上面，眼光同时看着全体学生，谁也不准做别的事，只准用心，只准看着他。”[①]他甚至认为，教师可以对那些难于管教的学生采取粗暴的纪律处罚。他的这种思想，特别是“太阳说”，在一定程度上为后来西方教育界的“教师中心论”提供了可循的依据。[②]

19 世纪初，赫尔巴特提出的“教育性教学”、教学四阶段论、课程理论和教学方法等都坚持一个核心思想，即以“教师为中心”，强调的是教师如何去教，却忽视学生如何去学。他的这种思想标志着“教师中心说”的正式形成，同时他也成为该理论的主要代表人物。赫尔巴特批判自然主义教育完全把人的教育交给自然，让儿童在自然中得到自然而然的发展的观点，主张遵循“以教师为中心”的思想来传授知识，以达到教师更有效地教的目的，学生在学习过程中则始终保持着被动接受的状态。在赫尔巴特看来，教师在教育教学中处于绝对的权威地位，而学生只是被动的接受者、被支配的对象。因此，他认为，教师的权威是绝对的，它必定是命令的，而不是商讨和说服的；他的需要和决定，不管是用什么方式表

① 夸美纽斯著、傅任敢译：《大教学论》，人民教育出版社 1984 年版，第 140 页。

② 单中惠：《外国中小学教育问题史》，山东教育出版社 2005 年版，第 326—328 页。

达出来，不管是请求、命令或训令，都必定是毋庸置疑的。

19 世纪末 20 世纪初，“教师中心说”成为传统教育理论流派的代表观点及教育的基本原则。这种观念的影响力和生命力的源泉在于，它确实在一定程度上揭示了教育及认识的本质和特点。但随着现代教育的发展，现代教育理论流派的卢梭直至杜威等教育家批判“教师中心说”仅强调教师的权威，而忽视儿童的主动性；把儿童看成是空着脑袋的机器，一味地灌输书本知识，忽视其社会实践能力的培养；重视课堂教学，忽视学生的实际生活，最终造成学生脱离社会生活，实践技能差，教学质量骤降。即便如此，“教师中心说”却一直有意或无意地存在于现代教育教学过程中。到了 20 世纪中期，要素主义教育流派在批判现代教育理论流派关于师生关系论述的基础上，提出“教育是一种传递民族文化遗产的过程”，起主要作用的就是教师，而无论学生的天赋、智力或潜能有多高，也不可能完全靠自己来理解传承下来的经验，还是离不开由教师的启发、引导和帮助。教师在教育中是具有权威的人，“应把教师放在教育事业的中心”。①

“教师中心”说历经波折发展至今，仍然彰显着教师在教育教学中的主导作用。然而，教师的作用不可替代并不代表可以忽视学生的作用，教师在教育中的地位和作用的发挥更是离不开学生的参与，否则，教育将成为“无米之炊”。因此，我们应该吸取“教师中心”说中肯定教师地位和作用的思想，促进教师对自我的要求不断提高，不断努力寻找专业成长的路径，以不愧于“太阳底下最光辉的职业”之称号。

后现代主义代表人物多尔从课程观角度重新思考师生关系，

① 单中惠：《外国中小学教育问题史》，山东教育出版社 2005 年版，第 326—328 页。

指出:"'平等中的首席'界定了转变性后现代课程中教师的作用。作为平等者中的首席,教师的作用没有被抛弃,而是得以重新建构,从外在于学生情境转化为与这一情境共存,权威也转入情境之中。"①传统的师生关系最重要的特点就是权威控制式。教师在教育教学过程中代表着知识的权威、管理的权威,学生是被控制的,在师生交往过程中,学生几乎没有话语权,呈现被动接受的状态。因此,传统师生关系中的教师地位问题一直备受争议,甚至是被批判的。如何才能正确认识教师的地位与作用呢?弗莱雷认为:"缺乏对世界、对人的挚爱,对话就不能存在。对世界的命名是一种创造与再创造的行为,若不倾注爱是不可能实现的。爱同时是对话的基础和对话本身。对话因此就一定是负责的主体要担负的任务,而在控制关系中对话不能存在。"②要正确认识教师角色与地位,首先就要打破传统的主客体师生关系,教师不是学习唯一的主人,更不能剥夺学生的话语权。在此基础上,重新定位教师"权威"。教师的权威应该是在激发学生的主动性和积极性、引导其不断探索发现、促进学生不断成长的过程中散发出来的人格魅力,是受学生的喜爱,而不是恐惧。所以,应该摒弃某些教师以自身的权力来威慑、控制的做法。最后,教师应努力树立新形象、新角色。"对话不能被简化为一个人向另一个人'灌输'思想的行为,也不能变成由待对话者'消费'的简单的思想交流。"③教师在某种程度上

---

① 小威廉姆·E.多尔著、王红宇译:《后现代课程观》,教育科学出版社2000年版,第9页。

② 保罗·弗莱雷著、顾建新等译:《被压迫者教育学》,华东师范大学出版社2001年版,第38—39页。

③ 同上书,第11页。

比学生眼界更开阔、知识更广博、经验更丰富，因此，教师要尽量与学生多沟通交流，不断激发学生的潜力，扮演学习的激发者、促进者的角色。教师若能做到以上几点，必然在一定程度上让学生感受到平等、自由、尊重、信任、理解和宽容，从而帮助学生实现自我追求、激发创新的热情和积极向上的价值观。

（三）主体间性

教育过程中，教师与学生的关系及各自的地位，至今都是各国教育界探讨争辩的话题之一。对于此话题，教育界曾有的两种截然不同的观点——“教师中心说”和“学生中心说”的积极与消极意义，我们均进行了探讨与分析。当然，随着时代的发展、社会的进步，教育的深入研究和实践，这两种观点虽各自仍有偏重，但都朝着融合的趋势发展。总体看来，教育理论研究工作者大部分站在学生中心论一边，而从事一线教育工作的更多的是站在教师中心论这一边。孰是孰非，还需要从更深层的角度进行思考和做出判断。归根结底，师生关系首先是人与人之关系。人是一切社会关系的总和，是一种关系性存在，教育中的师生关系在某种程度上也是人与人的社会关系的映射，另一方面，教育过程就是在各种关系中进行的，师生关系则是其中最为基本的关系之一。

在当代，对师生关系的研究仍然离不开哲学的指引，当代哲学注重研究交往与对话的主体间性，为我们进一步深刻认识师生关系提供了新的角度。

什么是主体间性？胡塞尔最早提出主体间性这一概念，他针对人们对他的现象学的批评，同时也为了消解所谓“人的主体性悖论”，提出了“主体间性”。主体间性虽是一个备受争议的哲学范畴，但研究者一般认为主体间性有利于走出主体性哲学主客关系的困境。在人与自然、人与人的关系处理上，通常有两种模式："主体—客体"或"主体—中介—客体"模式和"主体—主体"或"主体—中介—主体"模式。单向度的、线性的"主体—客体"或"主体—中介—客体"关系模式是在狭义认识论的分析语境下进行的。这种模式有个问题："主体—客体"或"主体—中介—客体"模式，所处理的是认识本身是否有效的命题，在处理人与自然、人与物的关系时是行之有效的，但在处理人与人之间的关系时，就出现了"他人不是客体"的矛盾。[①] 西方哲学对主体间性概念的解析主要从认识论和本体论的角度出发的。认识论分析角度以胡塞尔为代表，他们认为，主体间性是一种"自我"与"他我"的交流和沟通，是一种认识上的"共通性"。从本体论角度出发的主要以海德格尔和哈贝马斯为代表，海德格尔认为主体间性就是个体的"此在"与他人和世界的"共在"，人与人是因其"共在"而结成了主体间性；哈贝马斯认为主体间性是一个具有主体意识的自我，并不是个人的事情，因为这种存在的主体性从其产生就已经是一个主体间性了。

我国部分学者认为，从实践意义上来说，提出主体间性是对个人主体性的一种批判，这种批判主要针对个人主体性对孤立、封闭自我的尊崇，缺乏对人与人之间的共同性、平等性的认识，最终导致人与人之间关系的歪曲，扭曲了对个体的人格的理解。"主体间性"是指主体与主体之间以交往和对话为手段，以达成目的的一致性和共识。[②] 由此可以看出，主体间性的一些特征：主体间性是对

---

① 郭湛：《论主体间性或交互主体性》，《中国人民大学学报》2001年，第3期，第32—38页。

② 冯建军、尚致远：《走向类主体》，《教育研究》2005年第1期。

单一主体性的新发展，在不同主体之间客观的存在着；它强调不同主体间的平等对话、交流与合作。

从主体间性的角度来剖析师生关系的本质不失为一个全新的研究视角。师生关系是现实中人与人的关系之一，要探寻其本质，首先要厘清现实中人与人关系的本质。由前面的论述我们知道，狭义认识论忽视了人的本质是一切社会关系的总和，也忽视了人在认识和改造外部世界时是在一种特定的社会关系中进行的，从而导致人丧失了自己的本质。广义认识论突破了这种思维的束缚，它更重视人在社会发展过程中认识主体之间的关系，而交往就是人类实践的基本形式。社会发展过程中人与人之间的关系本质上是主体与主体的关系，是彼此独立的两个主体之间以客体为中介而展开的交往关系，这是一种互为主体性关系，或称主体间关系，而绝非谁是主体，谁是客体。主体间性源于交往实践，寓于交往实践之中，因此，交往指在主体间存在的一种关系或者关联性，即主体间性构成了交往概念的本质。由此可见，主体间关系是人与人之间关系的实质。只有主体之间的关系才能算得上是相互关系，因为主体和客体的关系是线性的主动和被动关系，是单向的，这种关系也就不能称为相互关系。教师与学生关系的本质应该是主体间的关系，而不是主客体的关系（师生无论谁是主体），所以，在师生主体间关系中，师生互为主体，缺少了任何一个主体都不能形成主体间关系。这种关系强调的是主体间的对话和沟通、尊重和欣赏，从而为建构和谐的师生关系打下坚实基础。

主体间性思想强调，真正的主体只有在主体间的交往关系中，即主体与主体相互承认和尊重对方的主体身分时才可能存在。在主体间的相互关系中,人们是相互需要的,他们既相互是目的又相互是手段,而不纯粹是目的或纯粹是手段。在这一语义下,没有学生就没有教师,反之亦然。主体间性形成于两个主体之间的"相遇"——如果两个主体之间没有这种"相遇",则不会产生主体间性。也就是说,主体间性形成于主体之间的关系中,只有主体之间有关系,才有这种主体间之关系。"主体间性的根本前提是主体的复数化,然后才是多个平行主体之间的一致性、共通性,即不同主体对某一对象性事物的相同理解的可能性问题。"①也就是说,如果个体不把他人看成与自己一样的主体,那主体间性就自然无从谈起。可见,主体间性内涵的一种理想化的价值诉求,就是主体之间的关联性和共融性。主体间性的前提是两个主体之间有必然或偶然的联系存在于一定的共同体中,彼此承认对方与自己地位与人格的平等。

这种师生关系的主体间性表现在:

1. 平等与复数

平等是公平的基础,没有平等就没有公平,没有公平就没有正义和民主。教育如果没有平等就没有正义与民主,就失去了伦理底线和教育意蕴。复数是将"他—我"视为"我们"的过程和手段,这一手段要求排除"我—他"的主客二分法,在形式、共识、言语、意义等方面形成统一。

在教育过程中,老师和学生只有身分的不同,并没有人格上的高低,因此师生关系的主体间性应表现在相互尊重,相互理解,增加沟通的基础之上,教师不是权威,学生也要做到"不唯上,不唯

---

① 高秉江:《胡塞尔与西方主体主义哲学》,武汉大学出版社2005年版,第162页。

书，只唯实”。

2.言语一致与视界融合

只有相互理解、共享知识、彼此信任、互相认同，才能形成主体之间的认同和协调，而这些则依据言语一致。“言语便不仅是交流、理解和相互认同的中介，而且是主体成为主体的环境与条件”。[①] 语言作为沟通的工具，同时也是主体间性存在的前提。当然语言包括口头语言和肢体语言，二者相互补充来促进主体间性。其次，主体之间还要有相当水平的视界和认知体系，否则会造成沟通困难，从而难以形成真正的主体间性。

教育就是言语的世界，在某种程度上可以说没有言语就没有教育，而“言语”是教育教学的核心媒介，言语就是“教育的家”，师生居住在言语之中，以言语的方式彼此共同拥有教育。所以教育的失效，首先就应该从教师的言语交往能力和水平去思考，而教师的交往能力也暗合哈贝马斯对交往能力的定义——以相互理解为指向的言者将构成的语句运用于现实并使二者吻合的能力。每个人对世界的认识与解释必将受制于个体的“局限”，即使面对同一个对象，人们理解的视界也不是封闭的，而是开放的、不断生成的。理解者对对象理解的视界同历史上已有的视界相接触，形成了两个视界的交融为一，达到“视界融合”。而教育主要就是解决师生之间在“前识”“前见”(即个体已有经验和限度)的基础上何以能理解，达成师生的“视界融合”，即认识统一。在伽达默尔看来，蕴涵于文本中的作者的“原初视界”与对文本进行解读的接受者的“现今视界”之间定然存在着各种水平的差距，这些由时

---

① 余灵灵:《哈贝马斯传》,河北人民出版社 1998 年版,第 157 页。

间间距和历史情景的更迭所引起的理解差异是不可能消除的，因此理解的过程一定是将两种视界交融在一起，达到"视界融合"。这个过程是开放的，既是一种历史的参与，又是对自己曾经视界的超越。而做到这一点，则离不开言语的一致与态度的平等。

在教育当中，师生之间的主体间性，除了我们以上提到过的师生之间相互尊重，相互理解，彼此沟通之外，还要达到言语的一致和视界的融合，因此，师生之间要有共同的语言体系或者将要达成一致的语言体系。比如，师生的母语一致，并且教材和课堂用语也是其母语，这就为言语一致做了前提准备；其次，学生在老师的教导下语言的深度和广度逐渐提高，最终能达到跟老师相当的语言体系，甚至通过自己的学习超越老师的语言深度和广度。视界融合指的是通过老师的传道、授业、解惑能让学生的眼界更加开阔，知识更加丰富和完善，最终达到与教师相当的水平。

要建构这种师生关系，就应将以主客体间关系为主的对象活动向以主体之间关系为主的交往活动转化。作为一种交往活动，首先，师生关系应该体现出平等。后现代主义教育提倡改变教师对学生的绝对权威或"学生中心主义"思想，在师生间建立一种"平等对话"的新关系。弗莱雷指出："没有了对话，就没有了交流；没有了交流，也就没有真正的教育。"[①]多尔从课程观角度出发阐述了构建师生对话关系的内涵："在这一新的后时代，我坚信，我们需要探索并尊重彼此的思想……为此我提议一个以会话—对话性会

① 弗莱雷著、顾建新等译：《被压迫者教育学》，华东师范大学出版社2001年版，第31页。

话为核心的课程。”[①]在新的课程发展中，教师和学生都是具有完整意义的生命个体，人格尊严也是平等的。要实现平等的人格就要求主体间真正做到相互的尊重，作为平等的主体双方，师生的交往和对话中教师不再是“绝对权威”、不再完全控制着话语权，只是扮演着“平等中的主导者”；相对应的，学生也不再是“听话的木偶”、“被动的接受者”。师生都应把对方看作是一个真正的完整意义上的独立的个体，他们之间的交往是“我”与“你”的对话，情感、态度、价值观、感觉等都将参与其中。其次，师生关系应建立在理解与欣赏的情感基础上。教育是“人与人的主体间的灵与肉的交流活动”。[②] 传统师生关系中往往最容易忽视受教育者的心理和情感，致使教育的功能仅仅是知识的传授和技能的获得。长此以往，受教育者的情感逐渐冷漠、对知识的渴望随之消退，与教师之间的感情也随之淡漠。然而，师生主体间的交往不是师对生简单的单向传递知识，而是交往主体间丰富情感的交流与沟通。所以，师生关系的构建需要真实、真情、真意，将对方视为自己的朋友，相互坦诚。只有这样，教师才有可能深入了解学生内心深处的真实想法与诉求，拉近彼此的距离。

“主体间性”体现了后现代社会范式下人的真实存在状态，也反映了新时期民主的本来意义。“主体间性”体现的是主体间在独立基础上的统一、在平等基础上的交融，这是生动的主体间的“共鸣”。

---

① 小威廉姆·E.多尔著、王红宇译:《后现代课程观》，教育科学出版社 2000 年版，中文版序。

② 雅斯贝尔斯著、邹进译:《什么是教育》，生活·读书·新知三联书店 1991 年版，第 3 页。

三、自我需要还是社会需要?

教育目的是指教育所要培养的人的质量和规格的总要求,即解决把受教育者培养成什么样的人的问题。它有广义与狭义之分,广义的教育目的是指人们对受教育者的期望,即人们希望受教育者通过教育在身心诸方面发生什么样的变化,或者产生怎样的结果。国家和社会、具体的教育机构、学生的家长和亲友、学校的教师以及学生自己,都对教育目的有着或多或少、清晰或者概略的期望与诉求,这些期望和诉求都可以理解为广义的教育目的。狭义的教育目的是国家对把受教育者培养成为什么样的人的总要求。各级各类学校无论具体培养什么领域和什么层次的人才,都应当遵守并符合国家提出的总要求。

毫无疑问,教育目的是整个教育工作的核心,是实际教育活动的前提和方向,也是确定课程、教学目标、教育内容、教学方法及教学评价的根本依据。教育目的按照不同标准可以分为不同种类,其中按照价值取向可以分为个体本位的教育目的和社会本位的教育目的,即在制定教育目的时对个体与社会的价值分配与偏好。

(一)自我需要

这里的自我需要并不是社交或心理层面的“以自我为中心”之意,而是指教育的目标或指向,是以学生个体发展的自身需要为中心,还是以社会的需求为指向,即我们的教育目的应当是谁的教育目的,教育应当照顾谁的需要。

教育,即为促进人实现最优化发展的活动。因此,“选择确立教育目的,如果其价值性问题不确定,教育目的也难真正得以确立;价值性问题明确了,教育目的的选择和确立也就有了基本的方向和原则。”随着时代的发展、人性的解放,自我问题愈加凸显,个人本位论及其相关问题尤其需要特别关注。

人是社会的原子,如果没有人的存在,那么就没有真正的文化意义的社会存在。所以,不由自主的疑问就是,如果个体得不到发展,那么还能期待什么社会的发展呢?因此,倡导个体充分发展的个人本位的教育日的论就应运而生了。18—19世纪,西方出现了以卢梭、裴斯泰洛齐和福禄贝尔为代表的自然主义教育家,他们倡导的教育就是要促进自我的发展,在教育过程中要尊重儿童的天性,激发儿童内在力量的发展,使其能力能够自然和谐地发展。裴斯泰洛奇认为,为人在世,可贵者在于发展,在于发展个人天赋的内在力量,使其经过锻炼,能在社会上达到他应有的地位。这就是教育的最终目的。[①] 卢梭通过《爱弥儿》一书阐述了他的教育思想,他主张教育应尊重儿童的自然天性,遵循儿童的自然发展规律,提出“自然主义教育”,认为教育的目的就在于把儿童培养成“自然人”;他主张,儿童是自由的个体,因而不能压制其天性。福禄贝尔特别强调人的本性的充分发展,认为只有通过对人的本性的彻底认识才能使教育真正发挥作用,他指出:“只有对人和人的本性的彻底的、充分的、透彻的认识,根据这种认识加以勤勤恳恳的探索,自然

---

① 张焕庭主编:《西方资产阶级教育论著选》,人民教育出版社1979年版,第177页。

地得出有关养护和教育人所必需的其他一切知识以后……才能使真正的教育开花结果。"[①]19世纪末20世纪初，个人本位论者爱伦·凯(E. Key)曾倡导教育目的主要在于人的自我实现。以上关于教育目的的阐述和主张中都不难发现其中的自然主义理念。

我们在分析教育的个人本位还是社会本位之前，我们还须问清楚：教育指向谁？个人本位的本质是什么？

鲁迪格尔指出："教育就是要使人成为人，教育的根本目的在于个人而不在于社会。"[②]人生来就具有健全的本能，教育就是为了促使人的本能和本性得到自由而充分的发展。所以个人本位的教育在一定程度上是"以人为本"的教育。这里的"本"就是出发点和落脚点，是基础与目标，也就是教育之根本。

中国很早就有"以人为本"的思想，如"夫霸王之所始也，以人为本。本理则国固，本乱则国危"(《管子·霸言》)。今天我们讲的人本主义思想主要源自西方的哲学和思想文化。狭义的人本主义是指反对灵肉分离、反对把灵魂看作第一性的唯物主义学说，主要以19世纪费尔巴哈和车尔尼雪夫斯基为代表。教育以人为对象，从一开始就与人本主义息息相关。文艺复兴时期的人文主义教育家提倡以人为中心，反对神道，提倡人道、人权，肯定人的价值，主张教育要依据受教育者需要，最大限度地发挥个体的能力。西方古代的"七艺课程"、博雅教育、近代的绅士教育、当代的通识教育都是为了实现培养高贵的、有教养的、无所不能的、全面发展的人的理想。马克思主义教育学的精髓也正是如此，马克思的"人权宣

① 张焕庭主编：《西方资产阶级教育论著选》，人民教育出版社1979年版，第96页。

② 引自吴俊升：《教育哲学大纲》，商务印书馆1943年版，第147—148页。

言”包括了“全面发展”和“自由发展”两个基本方面:“每个人的自由发展是一切人的自由发展的条件”,[①]“人以一种全面的方式,也就是说,作为一个完整的人,把自己全面的本质据为己有”;[②]“人终于成为自己的社会结合的主人,从而也就成为自然界的主人,成为自己本身的人——自由的人。”[③]当今教育界使用的“人本主义教育”概念发源于美国人本主义心理学,主要代表人物有罗杰斯、马斯洛等,并形成了以学生为中心、自我指导的学习等学习和教学模式。

有的人认为个人是生活在社会中的个人,因此,社会状态决定个人状态,社会是个人的环境和条件,所以一切应以社会需要为中心。事实上,个人虽然生活在社会之中,但是社会确实又是个人的集合,没有个人就没有社会,所以孰轻孰重,谁是第一位的,谁是次生的一目了然。再则,如果我们说,社会发展是人的发展条件,社会的需要应当优先于个人的发展,那么,这就带来两个逻辑问题:第一,我们让社会发展的目的究竟是什么,是不是为了人的发展?如果是,那么又何至于本末倒置?或曰,我们组织社会、结社合作的目的究竟是让我们更美好的生活呢,还是为了受制于或让位于我们所结之社?第二,社会的需要又是由谁的需要组成的呢?是空洞的所谓集体和社会的需要,还是被其中的个别人所绑架、偷渡和僭越了的需要?谁才是这个社会的真正主人和主宰?谁有权利发表和宣称所谓的社会需要?

---

① 马克思、恩格斯:《共产党宣言》,人民出版社1975年版,第46页。

② 马克思:《1844年经济学哲学手稿》,人民出版社1975年版,第77页。

③ 《马克思恩格斯选集》(第一卷),人民出版社1972年版,第273页。

当然，重视个人需要并不代表以个人为中心，最终导向个人主义的误区，因此，教育必须坚持全面发展，尤其是必须强调道德的教化与熏陶作用。今天，个人的发展已不能局限于智育或单纯的知识教育，只有德行、智慧、审美、体格等诸方面全面发展才能获得更好的生存状态，实现个人价值。而只要每一个具体存在的、活生生的个人得到较好的发展，社会自然也就向前发展了。

（二）社会需要

教育目的的制定是以社会需要为指向，而且是随着社会的发展而演变的，因此，社会本位论的教育目的也是随着历史前进而逐渐形成并发展的。原始社会时期的生存条件恶劣、生产力低下，教育的基本形式是公养公育，氏族内部所有成员对儿童都有教育的义务，教育的目的与生产劳动和社会生活分不开。奴隶社会的教育逐渐从社会生活中独立出来，教育的主要目的是专门为奴隶主阶级培养统治人才，从而更好地巩固奴隶主阶级的统治。在中国，两千多年以来，儒家的教育思想一直占统治地位，儒家的教育日的就成为中国封建社会的教育目的。《大学》强调个体价值的实现，强调"在明明德，在亲民，在止于至善"；主张通过个人价值的实现指向社会的实现，提出"格物、致知、诚意、正心、修身、齐家、治国、平天下"的教育目的。

在西欧的封建社会，宗教神权与世俗皇权分离，教会学校的目的在于培养僧侣，世俗封建主的教育目的是培养骑士。资产阶级为了适应资本主义发展的需要，在不同的历史阶段提出过不同的教育目的。文艺复兴时期，人文主义者针对封建教育中的"神道"之学，提出了资产阶级的"人道"之学。他们反对教育的目的是培养僧侣和其他教会神职人员，主张培养新型的人——完善全面的人。16—17 世纪，由于科学知识的发展，英国思想家培根、捷克教育家夸美纽斯等提出泛智主义的教育目的，主张把一切知识教给一切人。后来，洛克顺应新兴资产阶级的要求，主张以培养绅士为教育目的。黑格尔认为教育不应追求个性，而应追求“一个更高更普遍的目的”——绝对理性的精神。赫尔巴特主张，教育目的应是在与环境的接触中，通过多方面的兴趣，把道德的目的提高到支配的地位上来，形成理想的人。19 世纪中叶，斯宾塞为了适应当时英国资产阶级发展的需要，提出了为“完满的生活”作准备的教育目的。社会本位的学者和教育家往往主张在社会学的基础上来制定教育目的。涂尔干指出社会才是真正的存在，“人实际上因为生活在社会中才是人”；孔德则把生物学的综合性和整体性思想引进到社会学的研究和社会实践当中，他认为真正的个人是不存在的，只有人类存在，因为不管从哪方面看，我们个人的一切发展都有赖于社会。教育社会学家白尔格门曾说：教育除了造就每个人，使其乐于贡献其最优力量于人类生活的保存与改善外，不能有别的目的。由此可以看出，以社会学为基础的社会本位论者坚持教育目的的制定应从社会发展的角度出发。

文明进程也带来了社会竞争日益激烈、社会分工越来越细等社会现象，于是，实用主义与功利主义对教育的影响越来越严重，民族国家出现以后，由于国家间的战争与竞争、市场的垄断与逐利，教育的重心就逐渐从个人的需要和发展转向社会发展的需要，从近些年来的一些热门词汇，诸如“科教兴国”、“经济要发展，教育须先行”等可以窥见一斑，教育的目的也越来越倾向于回应、满足和迎合社会的要求。

如上所言,教育的社会本位之价值预设是:人是社会的人,单纯的个体不具有社会意义,最多是一种生物样态,所以,社会(这里的社会都有国家之意)才是人的归宿与家园,甚至是人生活的一切来源。

总之,社会本位论的支持者认为,教育的目的应该以实现社会的价值为核心,社会的价值高于个人的价值。纳托尔普(Paul Natorp)指出:"在事实上个人是不存在的,人之所以为人,只是他生活于人群之中,并且参加社会生活";"在教育目的的决定方面,个人不具有任何价值,个人不过是教育的原料,个人不可能成为教育的目的。"[①]所以,制定教育目的的根本依据在于社会发展过程中所产生的各种客观需要;而个人仅仅是教育的加工材料,对教育目的的确定不具有任何的价值,教育的首要目的是为了促使个体更好地适应社会生活,为社会发展作出贡献。

本质上,社会本位论混淆了个人与社会的关系、个体与集体的价值等核心问题。人当然是社会的人,但是社会的意义在于促进个体的幸福与发展,假借他途,要么是南辕北辙、缘木求鱼,要么是上下其手、夹藏私货。

然而,在社会本位理念的影响下,教育目的更加倾向于成"材"教育,而不是成"人"教育。这种教育视社会或国家需要为唯一标准,在这一方面做到极致的在古代是斯巴达,在现代则是苏联。在社会需要的名义之下,个人的需要和意志都不值得考虑。当然,斯巴达之迅速灭亡与苏联的崩溃,可能并不是这种教育方式的必然结果,或者说与教育方式并没有必然的直接关系,但是我们也许能

---

① 引自吴俊升:《教育哲学大纲》,商务印书馆1943年版,第147—148页。

够从中得到或多或少的启示——那些蔑视个人尊严、漠视个人需求的(教育)制度,往往并不必然得到其预设的美好结果。

当代社会,教育仍然被社会需求所困扰甚至绑架,享乐主义与物质主义盛行,国家利益至上主义与极端集体主义力量叠加起来,一定程度上腐蚀了教育的本质价值,于是,功利主义与工具主义弥漫在教育的理论与实践层面。正如日本学者池田大作指出:"现代教育陷入了功利主义,这是可悲的事情。这种风气带来了两个弊病,一是学问成了政治和经济的工具,失掉了本身应有的主动性,因而也失去了尊严;另一个是认为惟有实利的知识和技术才有价值,所以做这种学问的人都成了知识和技术的奴隶,由此产生的结果是人类尊严的丧失。"①

但是,社会的利益抑或国家的诉求就不重要吗?完全意义上的个人本位就是完美无瑕的吗?

(三)可以兼顾吗

虽然教育的目的不可能任由受教育者确定,尤其是基础教育阶段不能任由受教育者自己确定,但是,其价值指向和需求主体应当明确指向受教育者。但现行教育目的的确定,从主体到目标都是成人的意志和臆想,成人和成人社会越俎代庖……个人需要与社会需要在教育目的中能否兼顾呢?

要回答这个问题,首先要搞清一个概念——价值取向,它是哲学的一个重要范畴,是指一定主体基于自己的稳定价值观在面对、

---

① A. J. 汤因比、池田大作著,荀春生等译:《展望二十一世纪:汤因比与池田大作对话录》,国际文化出版公司 1985 年版,第 60—63 页。

处理、评价或认识各种矛盾、冲突、关系时所持的基本价值立场、价值态度以及所表现出来的基本价值偏好。毋庸置疑，价值取向具有实践品性，其最重要的作用是决定或支配主体的价值选择标准，因而对主体自身、主体间关系以及关系中的其他主体均有重要的影响。显然，教育目的也是一种价值选择，所以，本质上，教育目的是选择主体一定价值偏好的映射，这种价值偏好对整个教育活动的运行与发展过程和目标方向起着定向、控制和调节的作用。教育目的的价值取向就是指教育目的的供给者或教育活动过程中的主体，依据自身的立场对教育价值做出选择时所持有的一种偏好。所以，教育目的的取舍，即教育目的的价值取向，决定并制约、引导整个教育过程的发展及未来的教育的发展走向。

在此基础上，我们再来探讨教育目的中个体需要和社会需要的关系问题将会更加明晰。

关于个人与社会的价值冲突和选择问题自古有之，它既是制定教育目的不能回避的价值冲突，也是关乎教育主体最本质的价值选择。自古以来，这个问题一直向教育界提出追问与挑战，其中大部分学者仍然希望能够通过一个基点来协调这两种价值取向，以使二者可以在某种程度上融合于教育目的之中。有的人倾向于以个人需要为基点，有的人则倾向于依据社会需要为基点，实现它们的融合。历史发展表明，无论以哪一点为依据都摆脱不了特定历史条件的制约，并随社会历史条件的变化而变化。由此可见，真正一劳永逸、不偏不倚的价值选择只能存在于理论和理想之中，而在现实教育活动中并不存在。

杜威就是典型的在理论上支持个人价值与社会价值同等重要的观点，但在实际教育活动中他却更加倾向于认为个人价值是服务于社会价值，因此，他认为应该以社会价值为基点来达到两种教育价值取向的融合，这种教育价值倾向应该说是与当时社会历史条件相符合的，是一种历史的、现实的、具体的价值选择。[①] 总体来说，个人价值与社会价值具有同等的合理性和局限性，不能笼统地概括出孰重孰轻。从历史发展概况来看，只有在一定的历史条件下，个人需要与社会需要孰轻孰重才有比较的可能性，因此，教育目的中个人需要与社会需要的选择与调和，受到具体的社会历史条件的制约，随社会历史条件的变化而有所侧重。

国家与社会发展的现实及占主导地位的价值观决定了教育目的的价值选择。考察历史，个人需要与社会需要并不是绝对的矛盾，两种价值都在教育目的中有所体现，只是在不同发展时期、不同的历史选择下，二者之间的比例与权重有所不同。真正的教育目的不可能非此即彼，必须寻找二者之间的平衡点。

无论是满足社会发展需要还是实现个人发展需要，都是对教育发展的一种方向性指引。教育可以实现个人需要，个人又是社会的细胞，只有细胞完整健康，社会才可能得以长盛不衰。因此，个人需要的满足是制定教育目的时首先要考虑的因素，教育要重视受教育者价值的实现，尊重受教育者精神世界的发展，让受教育者在快乐中和谐发展，最终成为社会进步发展所需的优秀人才。人的需要得到满足，才能更好地服务于社会，社会才能发展得好；另一方面，当国家危难、民族危亡等环境突变之时，教育的价值选择必然倾向于社会本位。

从根本和普遍的意义上讲，其实并没有必要把人的个性化与

---

① 引自吴俊升：《教育哲学大纲》，商务印书馆 1943 年版，第 147—148 页。

人的社会化割裂开来，对立起来，而应使二者尽可能达到某种统一，但这种统一必须是历史的、具体的统一，而不是超历史的、抽象的和一劳永逸的统一。统一，并不是事物双方的折衷或半斤八两的拼合。历史上，教育中就经常存在个人价值与社会价值的冲突和选择的问题，它是教育，尤其是教育目的，所面对的最根本的价值冲突，也是教育主体所面对的最根本的价值选择。尽管个人价值与社会价值的选择困扰了无数教育家，但大多数教育家还是力图通过某种选择，把两种价值在不同程度上统一于教育目的和教育活动之中。一些教育家是以个人价值为基点来实现二者的统一，一些教育家则是以社会价值为基点来实现二者的统一。然而，无论以何种价值为基点来实现两种价值的统一，实际上都是历史的、具体的统一，都是各个教育家在特定历史条件下所做出的选择，这种选择是随社会历史条件的变化而变化的，这便形成了教育价值选择上的所谓"钟摆"现象。

其次，所谓的社会价值必须是真正意义的"社会"之价值，即确系国家民族意志的集中反应，而非少数人或利益集团假国家之名，行独裁洗脑之实，比如"二战"期间纳粹德国与日本的教育目标设定和价值选择。

从理论上讲，个人价值与社会价值并没有一个孰重孰轻的问题，个人本位论与社会本位论也没有一个谁对谁错的问题，二者具有同等的合理性与局限性，因此，在分析、判断其合理性与局限性时，就应该在特定的历史条件下去考察。因为，在具体的历史条件下，个人价值与社会价值就有一个孰重孰轻的问题，就有一个价值选择的问题，就有一个以谁为基点达成二者统一的问题。

综上所述，教育目的应兼顾个体的需要和社会的需要，这二者之间的基本关系是：当所有的个体都可以和谐、有序、均衡、全面、自由发展，那么社会全面和谐发展自然就是水到渠成了；同理，社会的有序和谐发展，自然离不开每一个个体的自由和谐发展。生命教育学派认为，生命是教育的根本，是教育的载体、样态与基础，教育离开了生命就不成为教育。而人是具有生命的个体，是有独特个性的、具有主观能动性的发展的人，他们有探索生命价值的欲望及实现自我发展的需要。要达到此目标离不开教育的作用，所以，教育最大的价值在于促进个体自身不断的发展，提高学习者的创新精神和实践能力，使每个生命个体都能发挥其个性，提升个体的综合素质，引导其树立正确的人生观、世界观和价值观等。在此基础上，个体作为社会的细胞，最终将为社会发挥其各自的生命价值，真正为社会发展服务，持续推动社会前进。

四、精英教育还是大众教育？

教育为谁，或谁的教育，一直以来就是教育公平、教育伦理和教育权利等相关理论关注的话题。这是教育的价值取向之一，自然是教育自身前行不可回避的问题之一。历史上出现过各种不同价值倾向的教育流派，有的强调精英教育，有的推崇大众教育，与对教育享有者的框定（或曰对教育权的把持）相对的，就是教育权的争取。从逻辑上讲，双方在抛开政治因素之后（比如，中国的古代太学只限于五品以上官员之子弟，欧洲的骑士学校也只招收骑士阶层的后代），可以谈判的唯一平台就是受教育的标准，即以何种标准框定受教育者的范围：智力是唯一因素，或者身分是唯一因素（义务教育就是这一标准，当然，不平等的教育也是这一标准，不过义务教育的身分标准是公民，而太学也罢，骑士学校也罢，其标准是父兄的官阶与地位而已）。

“二战”以后，全球化民主化浪潮似乎在稀释和消解着精英教育，但是今天的态势是人们在享受大众教育的同时，也在怀念和留恋着精英教育。

（一）精英教育

随着义务教育、教育民主化和大众化理念的全球化传播，人们对人才的培养又有了新认识，但许多人在谈起精英教育时，还是会想到“贵族教育”一词，同时，许多教育工作者和学者在重谈精英教育思想和付诸研究实践时，还会遇到不同程度的阻碍。这让我们不得不反思教育民主化时代的精英教育，而在高等教育系统，培养精英人才更是成为衡量一国高等教育核心竞争力的重要指标。无论如何，精英教育在任何时代都是一种稀缺资源和高品质教育。

教育自从与直接的生产劳动分离后，便以培养英才为显著特点，这是由经济、政治和教育规律决定的。精英因而可以相应地粗略划分为文化精英、政治精英和经济精英。

西方国家历来崇尚精英，推崇精英教育。精英在拉丁文中意为“选择”。“Electi”就是指经过选择的优秀者，后被引申用来指称那些在社会上具有卓越才能或身居上层社会并有影响作用的杰出人物。18 世纪初，精英专指那些“血缘贵族或精神贵族”。19 世纪，随着新兴的资本主义发展，精英更具社会性，精英是一种生活方式的体现，包括精通上流社会的礼仪规则，参加何种层级的体育和娱乐活动，是否属于某个俱乐部，信仰并实践何种宗教，甚至为子女起何种名字。如在英国，语言和口音就是身分的一种象征，可以分成伦敦土语、牛津英语和王室英语等不同等级。

在中国，精英一词很少被明确提及，但却一直有所体现，如西周时的官学、春秋时期开始的私学及隋唐兴起的科举，都以“得天下英才而教育之”为核心。我国古代存在着官学和私学这两大教育体系，传统的英才教育主要受到正统官学的引导。从西周开始，一直到清末科举制度被废除，历代统治者都对精英人才的培养“情有独钟”，格外重视。虽然传统的英才教育存在许多弊端，但是它在完成教育培养人才的使命中，确实为社会稳定繁荣发展发挥了重要作用，更对现代与当代教育起到了借鉴与启示价值。

麻生诚通将精英定义为：“在一定的社会中有比普通人更优秀的内在属性或者有较好的外在属性；在一定的领域内和一定的水平基础上，通过他们的领导职能可使全社会的各种价值得到增值或得以保持下去；在决定全社会的结构方面，他们起主导作用和骨干作用，他们蕴藏着一定的集团意识和特殊的文化财产，并具有高度构造化方向发展的倾向。”[①]帕累托明确指出，“精英是由社会中能力最强的人组成”，他们具有“高度”与“素质”两个缺一不可的成分。所谓“高度”是指诸如职位、得分、盈利等某种可以客观判断的成功标志；而“素质”则指个人的才智或涵养。[②] 拉斯韦尔只用“高度”来衡量精英，他认为，“精英是用于分类的、描述的概念，他指的

---

① 麻生诚通著、王桂等译：《英才的形成与教育》，吉林人民出版社 1987 年版，第 11—12 页。

② 帕累托著、田时纲等译：《普通社会学纲要》，生活·读书·新知三联书店 2001 年版，第 298 页。

是某一社会中占据高级职位的人，有多少种价值就有多少种精英，除了权力（政治精英）外，还有财富、名望和知识等方面的精英。”[①]由此可见，精英的社会地位、身分或职业及其在社会中的作用显得尤为重要。那么，我们不禁要思考：只要拥有不俗的社会身分、较高的社会地位、体面的职业就可谓之精英了吗？很显然，这种观点是片面的，那些具有精英品质、精神、理念的人同样也可称之为精英。严格来说，精英是这两方面的融合。

精英教育在中国传统社会中是受儒家文化和皇权统治限制的，中国传统文化中，政治精英、文化精英，甚至包括经济精英的边界是模糊的，而“学而优则仕”明显昭示文化精英与政治精英之间的等价关系或转换路径。这种传统思想使更多平民精英能够有机会通过科举考试的方式进入上层社会，由文化精英转换成为政治精英。事实上，就教育的过程来说，中国传统文化中的所谓精英除了知识以外，更多的是形式上地学习上层社会的生活，附庸风雅，以免日后跻身上流社会被耻笑。

而真正的精英教育应该是怎样的呢？

美国社会学家特纳总结出两种精英培养模式：一种是以美国为代表的模式，即将选择过程尽可能地推迟，所有人都可参加公平竞争，最后产生少数精英，彰显过程公平，被称为“竞争流动模式”；第二种是以英国为代表的模式，即在文法学校（中等教育期）实施早期淘汰机制，胜出者接受专门的精英教育，凸显智力优先规则，谓之“庇护流动模式”。而法国的精英教育介于美国和英国模式之间，只有那些高中毕业会考的佼佼者，经过大学预备班的洗礼之后，才能登上大学这一通往精英的道路。

① 帕累托著、刘北成译：《精英的兴衰》，上海人民出版社2003年版，第149页。

在本质意义上，精英不是生而有之，他的产生之路必然伴随着激烈的竞争和艰难的磨练。成为精英的道路既是崎岖的，又是全程淘汰的，最终能够成为社会认可的精英需要付出比常人多出很多倍的辛苦和努力。假如教育者仅仅将精英教育看作是炫耀他们的光鲜亮丽的身分和生活，很显然这是一种浮于表面的认识。更为严重的后果是，这会传递一种有偏差的理念给受教育者，将精英等同于特权，或者将精英视为高人一等，或者仅仅是某种形式的优越。如此，受教育者的眼中可能只看到精英的优越生活，而完全忽略了他们是在付出了何种代价才换来了他们所拥有的一切。

真正的精英，无论是文化精英还是经济精英抑或政治精英，他们都应该有三种最重要的品格：一是文化的教养，拥有高贵的道德情操与人文素养，抵御物欲主义的诱惑，不以物欲享乐为人生目的；二是社会的担当，他们严于自律，珍惜荣誉，扶助弱势群体，担当起社区与国家的责任；三是自由的灵魂，有独立的意志，自由的精神，充满正义与诚实，具有知性与道德的自主性，在权力与金钱面前敢于说不，能够超越时代的局限。

培养精英人才，首先教育者要从整体上把握精英对社会的价值与意义，而不是为了多创造经济价值，打着精英教育的旗号误人子弟。渴望成为精英的人也要明白，精英首先需要“精神”，在担当社会责任方面，精英要有“英雄”的风范，在创新与社会思想进步上有所作为，引导社会向和谐方向发展，而不是附庸风雅，远离甚至鄙视布满泥泞的底层生活。

在讨论精英教育的是非曲直和来龙去脉的时候，我们以高等教育为例讨论，可能更有解释力。

大学作为探究高深知识的场所，长期以来一直推崇单一和精英化的学术培养模式。然而，随着近代科学技术的兴起和普及，高等教育在民主化和入学机会均等社会思潮的驱使下，规模得到了急剧扩张，也引起了质量的变化，在质量互变、交互影响的双向互动过程中，高等教育步入了大众化甚至普及化阶段。而在大众化或普及化阶段，精英教育在整个高等教育系统中处于什么样的地位？是风采依旧的“精神贵族”，还是堕入了庸俗的世界，成为“失去的乐园”？甚至是，我们还有精英教育吗？这始终是一个值得关注和令人深思的问题。

长期以来，作为人类精神的家园，大学一直把学术自治、大学自由等古老而崇高的理念奉为至上原则，用“闲逸的好奇”对高深知识进行独立自由的探索。精英高等教育长期以来一直是高等教育的全部。当高等教育由精英阶段进入大众化阶段之后，精英教育在整个高等教育系统中的比重越来越小。大众化时代，那些古老而优异的大学依然是只面向智力优越者开放，芸芸众生、普罗大众的的高等教育在一般性院校或者说社区学院（相当于中国的高职高专）完成。而之前的历史时代，高等教育只向家庭地位开放，或者，充其量是在家庭地位基础上，再加上智力门槛。

值得注意的是，此时的精英教育的概念已经发生了微妙的变化。与前一阶段相比，在大众化高等教育时代，“精英”、“精英教育”已不再仅是一个纯粹的数量概念，而是获得了一些质的规定性。正像克拉克·克尔所说：“我曾经采用精英高等教育、大众化高等教育和普及高等教育的标准术语。这些术语反映历史发展的阶段，有一个限制是精英高等教育并不全是精英——有时只是人数较少。”[①]所以，克尔在论述这一问题时采用了更具体性的术语——高度选择型、选择型和非选择型的高等教育。传统的精英教育体现为一种“量”，它培养的并非都是真正意义上的精英。大众化时代的精英教育，其衡量尺度不仅有量的成分，同时更应该有质的标准，那就是是否拥有极高深的学问，是否处于知识学习和研究的最尖端。可以说，精英教育是一种教育理念或教育思想，是对受教育者的一种高尚精神世界与精深的专业知识的建构过程。它既不能简单地等同于某种专门的教育模式，就像中国有一段时间的所谓“淑女班”，甚至即便是“通识教育”，也未必可以等同于精英教育，也不能简单地指向某种特定的教育层次，如不能简单地将研究生教育层次与精英教育画等号。

精英教育，在中国任重道远。

（二）大众教育

何谓大众教育？简单来说，为大多数人服务的教育就是大众教育。回顾教育发展的历史可以看出，学校教育的确经历了从为少数人服务的精英教育到为更多人服务的大众教育的过程。这个发展历程不是凭空想象的，而是随着人类自身解放、社会政治进步与经济、文化的发展进步慢慢形成的，是符合历史发展规律的。随着民主、平等思潮越来越深入人心，更多的人呼吁所有公民都应该充分享有受教育机会，教育应当满足大多数人的需求，同时还要惠及全民的公平教育，坚持教育的公益性和普惠性，保障公民享有接

---

① 克拉克·克尔著、王承绪译：《高等教育不能回避历史——21世纪的问题》，浙江教育出版社2001年版，第84页。

受良好教育的机会。而且，大众教育理念不仅存在基础教育的发展历程中，同时存在于包括高等教育在内的其他所有教育阶段之中。

高等教育的性质决定了争取受教育权和把持受教育权的重要性，所以，与精英教育一样，以高等教育为例讨论大众教育更具有典型意义。

高等教育大众化理论今天正慢慢为人们所认可和接受，这与高等教育规模的扩大有着密切关系，且与民主教育思潮有内在的联系。美国学者马丁·特罗教授被公认为高等教育大众化理论的创始人，而这正是特罗教授的理论核心。实质上，高等教育大众化既是一个历史的概念，又是一个发展的概念，有一个不断发展和演变的过程，在不同发展阶段有不同的概念表述和内涵，代表着不同的教育价值观。其实，大众化概念早已在教育领域之中存在着。大众教育的基础是大众，高等教育大众化概念是发源于大众教育。它们之间彰显着三者演进的过程和关系，这个过程历经了近三百年。“高等教育大众化”这一概念产生于从17世纪欧洲的“大众教育”，更确切地说是由“大众初等教育”这一概念演变而来。1962年，马丁·特罗教授首次正式提出了“大众高等教育”概念。

教育大众化在某种程度上是受到教育机会均等观念的影响。美国学者内格尔提出两种教育机会均等的概念，即消极教育机会均等和积极教育机会均等概念。消极教育机会观主张，要消除那些人为干预人们受教育机会的因素，主要指种族和性别歧视；在教育过程中，自由与平等相比，要更加关注自由；反对国家干预教育结果。消极教育机会均等观在一定程度上有助于消除教育中存在的某些不平等现象，但是它对影响受教育机会的其他非制度化的因素却很少提及。积极教育机会均等观主张，在教育过程中，自由与平等相比，要更加关注平等；国家应对教育结果进行一定干预。这种观点在一定程度上对社会稳定具有积极意义。在西方传统哲学中存在三种社会公平理论：自由意志论、功利主义和自由平等主义。自由意志论主张"最小权利主义"原则，这在教育机会均等的主要诉求是将教育的责任完全推给家长，孩子能否享受教育机会和受到怎样的教育都将是父母的任务；功利主义主张通过社会资源的再分配来解决公平问题，在符合集体利益最大化的原则下，国家是可以对教育进行干预的；自由平等主义认为，国家对教育可以有适当的干预，但不应当采取福利保障性质的手段，而要鼓励经由自由选择达成的。布迪厄从文化再生产理论出发，研究了社会阶层与教育机会均等的关系，通过研究发现，社会地位越低的群体享受教育的机会越少，越是处在"塔尖"的群体受教育几率越大。这种影响不仅仅体现在受教育机会，也体现在受教育者对所学内容的偏好和难易程度上：出生条件好的人学习精英知识游刃有余，只是一种知识继承，不需要花很大的代价；而出生地位较低的人却要花费大量时间和代价才能获得成功，直至被认同。

如上所述，大众教育的产生是历史发展规律使然，是历史的进步，也是教育发展的进步。除了政治理论与政治实践的要求，从经济角度看，随着经济技术飞速发展，社会需要大量人才，各种岗位都需要经过一定教育的公民担任，因此，仅仅只是发展精英教育是不能满足社会发展的需要的。由此可以看出，一个国家教育大众化水平的高低也在一定程度上反映着国家总体发展水平，当然也包括教育的发展水平。除此之外，大众教育的成效是具有群体性的。大众教育理念在教育各阶段都产生了不同程度的影响，国家要求普及学前教育、高中教育，提高高等教育大众化水平，这是顺应时代发展的，教育机会不可能永远只是少数人专享，社会的发展也不可能只靠少数精英来实现，提高大众化水平，可以使这种效应持续扩大。但是，我们也应该清醒地认识到，大众化教育不是万能的，必然有其短板，最明显的一个缺点就是可能导致教育质量的下降。在教育大众化过程中出现的问题使我们不得不去思考这样一些问题：教育大众化该以什么样的规模和速度发展？在发展中又该如何处理与精英教育的关系？能否找到一条适合各国特色的大众教育的发展之路？

（三）超越精英教育与大众教育

一直以来，持英才治国观的强调精英教育，持权利均等观的呼吁大众教育。那么，在大众化阶段或普及高等教育阶段，精英高等教育是“失去的乐园”吗？精英高等教育与大众和普及高等教育是否必然构成矛盾呢？答案并非如此。精英教育和大众、普及教育都有其存在的合法性基础。从逻辑角度来看，精英教育与大众教育之间并不是对立关系而是包含关系，精英教育是大众化阶段的高等教育。

从辩证唯物法的观点及整体和局部的关系来看，二者是辩证统一的关系。教育大众化既是公民教育权的体现，也是教育民主化的关切，而精英教育同样是个体权利的体现——必须让那些智力结构或能力结构超群的人得到与他们的禀赋资质相当的教育，使他们能够成为社会的精英。从教育伦理方面看，这都是公平的，都是应当的,也都是合法的。

在现实层面,应该有几所顶尖大学从事小型精英教育,让禀赋优异的群体可以享有匹配他们资质的教育,而绝大部分教育资源则保证面向大众开放。甚至,选拔的制度中,要在开放精英选拔的全过程端口,让在大众教育中表现出来的优异者可以适时进入精英教育序列,而不是一考定终身。基于此,这方面的教育改革必须立足大众教育,坚持精英教育。精英是普及之上的精英,大众是公平之上的大众,而由大众至精英的路径既是开放的,又是通畅的,当然,资质与禀赋是唯一标准。

从整个教育体系来说,大众化教育和精英教育是高等教育发展的两个轮子,并行不悖。没有广泛的大众化教育,无法提高民族的整体素质;没有高质量的精英教育,国家的管理和科学技术发展便后继无人。这是与二者的功能目的相联系的。大众化教育与精英教育同时并存,是大众普及与精英提高的关系,是高等教育发展中面与点的关系。形象地说,高等教育体系本身是塔型结构,精英教育在整个教育体系中是塔之尖顶。它们之间并不排斥,也不矛盾,各有不同的目标和功能,他们各有不同的社会服务对象和教育模式,二者的共生构成了高等教育的多样化生态。

如何才能处理好它们之间的关系呢?如何在这个过程中强调个人价值的实现,尊重人的发展,照顾个体的权利,又兼顾不同受教育者的禀赋与资质?首先,大众教育的产生与发展是顺应社会发展的,是社会民主化的必然结果,教育是一种权利,也是一种义务,但是,同时也要清醒地认识到在大众教育发展过程中仍存在的一些问题,粗放的质量关必须得到纠正,大众化并不意味着降低标准。其次，精英教育不应仅仅是社会的“塔尖”，更应该成为大众教育的重要内容和任务，以智力资质作为唯一标准，让更多的人享受精英教育，使精英教育成为大众教育的延伸，唯有如此，才有可能真正实现教育平等。大众教育是对精英教育的补充和调整，精英教育是在大众教育的发展，精英是在大众中发掘和培养出来的。再次，从教育公平的视角看，大众教育过程中要注重受教育者基本素养的培养，注重质的提高。最后，赋予精英教育新的内涵。大众化教育阶段之前的“精英教育”是高等教育发展过程中阶段划分的数量概念，兼具“发展阶段”和“培养模式”的两层内涵，处在高等教育发展过程的第一阶段，是建立在适龄青年总量基础之上的数量概念；大众化教育阶段的“精英教育”处在高等教育发展过程的第二阶段，是建立在高等教育总量基础之上的数量概念，前者侧重强调量的划分，而后者侧重强调质的本质。[①] 因此，精英教育应是基于一定受教育者总量基础之上、面向具有高水平的禀赋与资质、由特定的教育机构承担且具有质的规定性的一种人才培养模式。

马丁·特罗在《从精英向大众高等教育转变中的问题》中特别强调，“从精英教育向大众化教育、普及教育阶段转变，并不意味着前一阶段的形式和模式必然消失或得到转变，相反事实证明……前一阶段的模式仍然保存于一些高等教育或其他高等教育机构中”。“在大众化阶段，精英教育机构不仅存在而且很繁荣。”[②]克

---

① 徐肇俊、李正元：《对精英教育应赋予新的内涵》，《大学教育科学》2009 年第 2 期，第 29 页。

② 罗尔斯著、何怀宏等译：《正义论》，中国社会科学出版社 1988 年版。

拉克·克尔也进一步明确了这一观点。他认为,精英教育的黄金时代已经丧失,但在很多国家,“精英高等教育仍旧比以往历史上任何时候都处于比较好的条件。”[①]从精英型向大众型高等教育转变的过程中,不同阶段的教育形态和制度同时存在。但不管在精英、大众还是普及高等教育阶段,精英教育都有其长期存在的合法性基础,是民族、国家赖以发展的重要文化机构。在知识经济时代的今天,社会经济的发展越来越有赖于高深学问,所以我们必须致力于精英高等教育机构的保存,使高深学问得到长久保存和有效发展。在罗尔斯所构建的比较完善的公正世界中,精英教育也是必需的,他认为,“‘差别原则’具有普遍的合法性,在差别原则下,凭优秀挑选的某些个人将给以比其他人更高水平的训练和使用这种训练的机会。”[②]而大众高等教育是为更好地满足教育民主化的需求,为适应社会上日益兴起的越来越多的行业的职业需求,培养各种应用型、职业型和实用人才。所以,精英高等教育和大众高等教育都担负着不同的角色,两者不能相互取代。

总之,精英教育在大众化时代面临着崭新的情况,时代要求我们必须更好地保持和呵护精英教育,使其超然的价值追求得以彰显,以更好地发挥精英教育对高深知识生产与探究的必要人力资源培养的不可替代的功能。在高等教育系统分化的前提下,在与大众教育的积极互动中,在永恒的适应与超越中不断提升精英教育的品质。

---

① 克拉克·克尔、王承绪译:《高等教育不能回避历史——21世纪的问题》,第68页。

② 同上书,第83页。

五、一元独存还是多元共生？

今天，教育的全球化观念已经深入人心，在这样的教育大环境下，世界各国教育都将受到前所未有的挑战与机遇。越来越多的学者和教育实践者开始思考如何在多元化的教育情境中坚持教育的民族性，由此引发更多的人参与探讨教育的民族性与世界性的各自内涵及其关系。

（一）教育的民族性

在现代全球化发展的大环境下，世界各国、各民族都在积极探索一种和而不同、共赢共存的生存状态。伴随着世界各民族的发展、现有生存环境的巨变，这种和而不同、共赢共存的状况也在产生变化：现代社会成员多成长于多元文化共存的社会背景下，当外来文化逐渐影响社会成员的思维、理念、生活方式时，我们不得不正视这样一个问题：民族性。

首先的问题是，民族性是值得保护的吗？如果是，那么，怎样才能在全球化背景下推动民族自觉性，保持民族意识、发扬民族精神，把民族性融于教育发展进程之中，是值得我们自觉深入思考、探讨的话题。

那么，什么是民族性？什么是教育的民族性？

从教育对民族发展作用的视角来看，民族性的“民族”是指一国的所有民族。一个国家的教育制度取决于民族性，教育寄生于民族又指向民族，教育的目的除了纯粹的科学技术的传授之外，还要使人们意识自己区别于他者的文化性存在，而这就是民族性。

每个民族都有自己的独特的语言系统、生活环境、经济优势、文化传统、共同心理等。民族性是一个民族得以存在和延续的重要基础，一旦丢失了民族性，那么整个民族将不复存在。

民族的生成是一个复杂而漫长的历史过程，这其中，自然环境、种族差异、语言系统、生活习惯、宗教禁忌……所有的这些都是民族的生成与存续基础，也是文化的土壤和教育的背景，舍此，在这个民族内，教育不会产生，也不会延续。

从某种意义上说，教育的存在价值是民族的延续需要。所以，民族性是教育的灵魂，脱离民族性的教育是没有灵魂的教育，教育是与民族性一起产生、一起成长的。因此，教育不仅要根据其固有之民族特性（否则违反自然发展之义），竭力培养本民族成员之自觉与独特的民族意识，而且，教育的最大责任不仅在于民族之自觉，更在于进而为积极地培养民族自信与自立，真正的教育必致力于使本民族独一无二之特征得以保存延续，并自信自立于世界民族之林。民族性最重要的衡量标准就是文化，一个民族的发展进程就是民族文化传承的过程，这种文化反映的是本民族成员的思维方式、价值观、伦理道德观、人生观等，民族文化传统和精神是民族性的精神内核。“一个没有民族性的民族，就等于一个没有灵魂的肉体，它必然被消亡在另一些保存着自己独特性的肉体之中”。[①]民族性是一个民族成员之间沟通、共鸣的纽带，在多元文化共存的时代，只有民族成员间天然的民族性才能保有民族成员间的共识和认同感。当然，保持民族性不代表要闭关锁国，相反，民族性需要交流、借鉴，在交流发展过程

① 李太平、黄岚：《论教育的民族性》，《高等教育研究》2012 年第 11 期。

更能凸显民族性。一个民族要想在在残酷的世界竞争中争取民族利益，就必须坚持和弘扬民族性，理性地对待全球化带来的各种挑战。教育始终是文化的存在，每个个体的教育活动又无不受与其相应的文化环境的影响。

因此，要成功应对全球化带来的挑战就必须发挥教育的作用，民族性与教育有着内在的联系，教育对民族性的形成和发展有着独特的价值。教育能够吸收、更新、继承本民族的优秀文化传统，并以直接或间接的方式传递给下一代，促进其民族性的形成。自然状态下，依靠个体需要寻找自己文化的根源和立足点是一件困难的事，这就需要教育，"教育制造着身分认同"，教育对民族价值观、象征符号、集体记忆以及诸如此类的东西进行证实、培育、选择、确定、保存和灌输，是形成民族国家认同的关键。[①] 历史上，在中华民族危亡时刻，传统文化教育总是起到了关键性的作用，激起了中华民族的民族精神、唤醒了人们的爱国热情，最终将中华民族从水深火热中解救出来。

教育的民族性产生背景很复杂，归根到底还是与政治、经济、文化等分不开，它是在应对教育全球化、文化多元化挑战的一条重要路径。因此，教育民族性是指在制定教育目的、选择教育内容、设置学科课程、组织教育教学活动等教育实践活动中，对民族特征的坚守，对民族精神的弘扬，以使受教育者在教育实践中不断提高民族意识、培养民族品性，最终达到民族自觉意识。

如前所述，教育的民族性离不开民族文化传统和精神，也就是离不开民族意识和认同感的构建。今天，国家之间的竞争之激烈

① 李太平、黄岚:《论教育的民族性》,《高等教育研究》2012 年第 11 期。

前所未有、文化交流之广度与深度前所未有，如何保存、弘扬民族文化，这是每一个主权国家和民族国家的教育都不得不思考和面对的事情——从某种意义上说，这或许决定一个民族要么自立自信于世界，要么沦为强势文化之附庸与点缀，并有可能失去民族存在的根基。

教育的民族性是教育的应然选择，其宗旨是将民族的发展寄希望于新生一代对自己民族的忠诚和爱护，因此，启迪民族意识，塑造民族品性，推动民族自觉是教育的民族性的主要任务。民族意识，是民族成员对本民族属性的觉悟与认识、本民族历史和现实行为的理解，以及由此而产生的民族自尊心与自豪感。民族品性则是基于全面的民族意识基础上，民族成员按照民族文化熏陶与教化而表现出来的稳定的价值偏好与行为习惯。日耳曼民族的理性与严谨、日本民族性格中的服从与集体意识、法兰西民族的浪漫与外向、美国人的契约精神与实用主义……如此等等，莫不是各自国家或民族教育的内容，又是其教育的结果。

在微观的教育过程中，民族文化认同感不能从学校教育中"出走"。在全球化背景下，民族文化认同感是本民族成员应具备的基本素质，是生活在共同文化背景下的人们对本民族优秀文化的认同和遵守。文化生存是民族生存的前提，也是民族存在的样态，民族的文化生存状态不仅呈现和保有着一个国家过往的全部文化创造和文明成果，还蕴含着它走向未来的一切可持续发展的文化基因，是民族存在和发展的全部价值与合理性之所在。民族文化是维系一个国家存在的情感纽带。如果现有的文化遭到外来文化的挑战和侵蚀，以至失却了民族文化的自我认同，必然会给民族和国家带来深刻的危机和挑战。

那么，教育就不得不思考这样一个问题：在全球化背景下，应该如何坚持民族文化的独特性，最终达到提高民族文化认同感的目的？如何处理教育中文化的共性与个性之关系？既要使教育对象完成民族文化的认知与理解，又要保证教育对象不固步自封、唯我独尊（或者，自卑自轻）。

这是教育的使命。

诚然，学生的民族意识和文化认同感的构建是一个比较复杂、漫长的过程，这个目标应在学生的学习内容、交往活动和实践活动中实现。较为通行且有效的方法是民族文化的弘扬往往渗透在基础文化课程中，尤其是民族历史、文学、艺术等课程，这是学生接受民族文化传统和精神熏陶最重要的途径。此外，能够体现民族性的教育活动和师生交往、社会教育等都是民族教育的重要组成，都可以使受教育者在学习过程中领略民族文化的魅力和民族精神的巨大凝聚力。也就是说，教育的民族性不能仅仅体现在理论课程中，还要通过丰富多彩的社会实践活动，使学生在社会实践活动中体验、感悟、认同、接受民族精神；注重知行统一，鼓励和引导学生在社会生活实际中身体力行，弘扬民族精神。在学校，教育者应努力创设适宜的教育情境，以更多的活动方式为载体开拓学生的知识视野，激发学生内在的民族情感，最终使学生在各种各样的活动中构建民族文化认同感。

（二）教育的世界性

现代各国发展都是置身于全球化背景下的，任何国家的教育都要面对全球化带来的挑战和机遇。全球化使各国间在政治、经济、文化、教育及科技等方面的交流越来越频繁，在这种多元化的国际环境中，教育的世界性成为各国不可回避的话题。

何谓教育的世界性？首先世界性主要指在某种程度上超越本国范围的、在世界范围内产生的一种关系，由此，教育的世界性就是在世界范围内，国与国之间的教育的交流与合作，包括教育资源的重置与共享、教育模式与制度的相互影响与借鉴、教育要素的互换等，从而实现本国教育改革事业的推进与发展，培养具有广阔的视野、广博的知识、国际意识和国际交流能力的人才。从某种意义上来说，一个国家教育对外开放的程度、国际交流与合作的深度、人才交流的规模与速度等决定了其教育的世界性的水平。当然，我们也要清醒地认识到教育的世界性不仅仅指在一定程度上的对外开放，在此过程中还要积极维护本国的民族性及国家利益，最终的目的也不是要建立一个世界统一的教育制度和模式，而是在以国际交流合作中促进本国教育事业的进步。

当前教育的世界性发展呈现出一些新特点，比如，留学生规模越来越大，教育要素的流动越来越频繁，诸如教育模式、课程、教育投资等流动与共享的全球化普及与低技术壁垒，同时教育过程、业务流程出现了跨境重构，诞生了跨境合作教学、网络授课、连锁经营、授权经营、学分互换与转移、课程衔接、全球校园等新兴教育模式与流程。教育的世界性是现代世界关系的一种表现形式。面对纷繁复杂的世界局势，各国都在寻找立足世界之林的出路及前进的方向，而教育的世界性将是各国都无法回避的挑战。

教育的世界性表现为机遇与危机并存。教育的世界性进程涉及各种各样的人群，无论是天才还是普通人，都将在这个过程中重构自己的知识体系、价值观、人生观。这对受教育者来说是一个曲折、艰辛的历程——有的人成功地利用教育的世界性提升自己，实现自我升华；也有的人价值观被瓦解，而被其他国家的文化所吞噬，从而丧失了民族性，这对于国家的未来发展是危险的。

毋庸置疑，处于教育世界性网络之中的每个主体都面临着文化选择和重塑，这其中，本民族文化的心理结构与其他民族优秀文化的辐射影响是一对无法避开的矛盾，而给受教育者足够、正确的引导，是教育、教育者的历史责任。

（三）和而不同

教育的世界性与教育的民族性是相互独立的两个概念，又是互相联系，互为补充的。教育的世界性的本质，是一个在世界范围内以不同形式不断提高教育资源共享的水平，并吸收与借鉴不同教育形态和教育模式的先进内容，通过融合与理解形成一个联系更加紧密的全球性教育体系的过程。任何国家和民族在面对全球化的挑战、教育的世界性浪潮时，都应该保持清醒，教育的世界性对教育的民族性提出了前所未有的严峻挑战，我们既要吸纳外来先进文化，同时又应始终坚持自己的民族传统和精神。如何才能做到二者之间的和而不同，是社会现代化和教育现代化过程中我们不得不需要认真面对的一个命题。

"君子和而不同，小人同而不和。"（《论语·子路》）话虽简短，却蕴含着博大的哲学、伦理学、社会学等方面的内涵，对个人的社会性发展具有重要的启发意义。"夫和实生物，同则不继。以他平他谓之和，故能丰长而物归之。若以同稗同，尽乃弃矣。"（《国语·郑语》)这句话透露着自然发展的规律的内涵,世界万物万千姿态,只有相互补充、相互调和才能达到延续发展的结果,否则,万物都将最终走向灭亡。《礼记》中记载:“万物相生而不相害,道并行而不悖。”“中”与“和”又是相辅相成,彼此相关的。事物要达到和谐,它的各个部分、各个要素之间就应保持一种确定关系,该关系规定了每一部分、每一要素所应有的“度”,所以“中”就是“和”的要求,也就是说事物的各个部分都能适度,达到“中”的状态,事物总体才能和谐。宋代哲学家张载认为,“和”是一个重要的哲学范畴:一个社会的正常状态是“和”,宇宙的正常状态也是“和”,张载称之为“太和”(《正蒙·太和》)。古代哲学家、思想家大部分都认为,“和”并不是无条件的认同,而是在各自的优势的基础上相互影响,相互调和,以发挥“和”的巨大作用。由此可以看出,“同”或者“和”中必然存异,才有“和”的真正存在。中国传统思想中“和而不同”的观念对教育应对全球化挑战是具有积极的参考价值的。

那么教育的世界性与教育的民族性到底该如何在世界竞争中找到发展方向呢?

要实现教育的民族性与教育的世界性的真正融合,首先在于寻找二者之间的“同”的成分。毋庸置疑,教育的世界性必然为教育的民族性注入了新鲜血液,教育的民族性也在一定程度上推动了教育的世界性的发展。教育的世界性中包含着不同民族传统和民族精神,教育的民族性发展离不开教育的世界性这一大前提。由此可知,教育的世界性与教育的民族性是一种普遍性与特殊性的关系,教育的世界性对各民族国家的教育来说,是一种普遍性;各民族国家的民族文化对教育的世界性来说,是一种特殊性。普遍性来自特殊性，没有多元的民族文化与教育，就没有所谓普遍意义的文化（教育）世界性，教育世界性的普遍意义与教育民族性的特殊性是相互统一的。现代世界各国的发展都是紧密相关的，教育亦然。各国在坚守教育的民族性的同时，要不断探索与教育的世界性的连接点，也就是“同”，最终创造出适应世界发展的灿烂文明。

我们要坚守二者之间“异”的成分，以民族文化为基点，推动教育的世界性。每一个民族有其优秀的文化要素，世界各国的教育观念都独具特色，随着全球化的发展不断流传到其他国家，促进了各国传统民族文化的不断融合与发展。比如，中国千百年来的民族文化传统的传承和更新铸就了现代中国的民族性，而这种特有的民族文化理念又直接制约着本民族成员对教育的认同感，从而形成了独具中华民族特色的教育的民族性。然而在全球化背景中，教育的民族性绝不能仅限于自我欣赏和自鸣得意，甚至是坐井观天，日趋一体化的世界在推动文化的互动，如果不能以博大的胸怀和勇气吸收借鉴其他民族的先进文化，有目的地实现文化的濡化与涵化，最终使本民族文化能够通过扬弃而至于大成，则这种文化甚至文明比如会走向衰落。当然，吸收与借鉴并不代表对外来文化全盘照收和对自己全部否定，教育要做的就是传承、弘扬本民族独特的文化成果。所以，教育的责任之一就是要在全球化的背景下将教育的民族性与教育的世界性科学融合，从而推进教育、文化、社会和国家的发展与进步。

回望人类文明发生与发展的历史进程，我们会发现不同民族与国家文化在不断地碰撞和冲突的过程中相互交流、吸收、融合、发展，这一历程虽有濡化与涵化，甚至文化侵略和文化压制，然而，至今依然流传于世的那些民族文化中本民族固有的那些核心的文化内涵从来就没有丢失。

这是文化发展的基本路径，更是一种普遍的文化升值规律。

第四章　教育的内核厘定

教育向来是一项复杂、繁难的工作，并且面对的每个生命个体都是独特的，而要求却几乎是一致的，就是全面发展。所以，培养一个人是一项艰巨而宏大的工程。教育是复杂的艺术，其现状却并不容乐观，为了回应社会的要求，就有了不间断的教育改革——包括课程的改革、教学模式的探索、教学方法的改变，等等，人们希望教育改革能够解决问题，结果却是教育问题越来越多。这些问题使得人们不断思考究竟“教育为何”？

反思教育，我们更应该对教育的最初动机和目的作溯源式探究。教育目的的确立不仅是一个国家人才价值观的意志体现，更为重要的是它可以规范教育活动的全过程，使之更加合乎教育的规律性和个体与社会的需要。所以，当我们众说纷纭地在指责教育、要求教育、修正教育、假设教育、构思教育、规划教育、评价教育……的时候，我们要搞清楚——教育究竟是什么，教育应该是什么？教育最应当给学生什么？

“教育”这个概念除包括正规学校教育之外，还包括家庭、同伴、集体、传播媒介等非正式教育。教育伴随着人类社会的产生而产生，随着社会的发展而发展，与人类社会共始终。对教育的定义，各国学者认识不同。如英国的斯宾塞说：“教育为未来生活之准备。”美国的杜威说：“教育即生活。”这样看来，“教育”确乎是一个模糊的概念，适用于多种活动和过程。从这些活动和过程中如果能够找出一些共同的特征，我们能否称之为教育的真正内核？能否以此规定真正的教育应该具有的标准？如果教育者不能真正掌握教育的内核，在教育活动中就可能出现偏差和误解，甚至走向反面也并非不可能。

对教育内核的揭示，历来有不同的角度。柏拉图就从教育过程和结果来谈论教育，《理想国》从教育所产生的知识和气质来谈论教育的本质，分析教育哲学家彼得斯从教育过程方面指出，“（教育）并不是指一个特定的过程，而是包含了一些标准”——使受教育者的心灵状态产生的某种变化必须是有意识的、受教育者所发生的变化必须是有目的的和精心计划的、学习者必须拥有知识和理解力、传授知识和技能的方式必须是在道德等方面可以接受的，这些标准缺一不可。随着时间的推移，人们逐渐接受教育是一个有诸多用法的概念，现代心理学研究充分证明，人类的心理活动能力是经过长期的发展形成和产生的，人类心理活动的发生、发展、变化和结束都是有一定客观原因的。

回到教育的原点来考察这些追问，我们需要思考的是：人最需要什么？什么才能给人幸福？前者是教育的起点，后者是教育的目标。

我们无法回避人的生物性，但是更不该避谈人的社会性：作为生物性的人类，需要生存、延续；作为社会性的人类，需要利他、协作、同情以及自我悦纳、情感体验，等等。而所有这些，需要教育才能实现。

简而言之，教育必须教给人那些使人类可以生存、延续的知识和能力，并培养人类利他、协作、同情等方面的情感与习惯。

前者是追求真理，后者是教化人性。所以，关于自然的知识、关于人类自身的知识、关于互助、合作、利他等方面的知识当然就是教育的内容，比如数学、天文、生物、化学以及法律、伦理、音乐、美术、文学……而无论是自然的还是自身的知识，都是“真”的知识，是科学而客观的存在；所有关于人类之间的协作、利他都是“善”的内涵；那些增进和改善自我悦纳的音乐、美术、文学等，以及符合规律的“真”、体现人性同情与利他的“善”，都是“美”的。

真是真感、情感形成和产生的原因，善是善感、好感形成和产生的原因，美是美感、快感形成和产生的原因。教育学意义上的“真善美”依托心理学的研究结论，并汲取为教育内核的分类标准。

自然界的每种生物都会在受到外部作用时作出反应，这种能力会随着生物体的进化而进化，越是高等的生物其反应性能越是超出生物性的本能。在人类的生活世界，教育的在场使真善美成为人类回应外界反应的终极目标。

无论是追求真理，还是教化人性，教育都指向——真善美。

一、真的教育

“真”是认识活动的对象，也是认识活动的目的。无数的事实和现象说明，真是客观存在于具体事物之中的认识对象和抽象事物，是具体事物具有的特殊规定和本质，是具体事物具有的相互影响、相互作用的性质和能力，是人的情绪感觉为之所动的客观原因和依据。

真的教育包括形成一个圆融、无碍的理性的人所需的一切因素，其核心和精髓是完全的和谐。真的教育是帮助人了解其自身和所处的自然的整体过程，是在所有的关系与行为中对人类心灵的真正培育，人生而拥有亲自然、亲生命的特性，真的教育帮助人完全理解生命的美与完整生活的真正意义。真的教育的根本诉求是“人之为人”，在哲学上，人之为人，就是对人的本质属性和人的价值的总的看法和根本观点；教育学意义上的“人之为人”既赞同哲学上的观点，又提出和而不同的看法。真的教育的实施来源于在客观规律的指导下对人自身的改造，创造一种新的文化和价值观，实现对完整人格的培育，进而使科学的、完善的社会结构的诞生成为可能。

“真”是指向科学的，是认识的对象，在哲学上反映的是思维与存在的关系，在于解答“世界的可知性”问题。

真的教育既包括内容的真，也包括形式的真，并最终指向培养教育对象的“真人”目标。

（一）培训、训练与教育

1. 培训是对权威的模仿

培训不同于真的教育，培训是基于某种现实的要求，通过练习、记忆和考试而达到使人同化之目的的一种手段。而真的教育既帮助人明白生存的所有问题，也培养一个人主动创造的能力，这种能力带给心灵彻底的自由，从而促成一个内部外部没有冲突的人，这也是社会发生改变的第一步。在某些特定时期或特定条件下，人类往往把培训当成“教育”或教育的一个方面而重点发展，这是完成某种利益或效率的有效手段，但却不是真的教育，比如高考培训班等。

培训和教育是从完全不同的基础出发的。培训基于对某种权威或制度的模仿，从而形成一项或多项技能，对于技能的过度重视很可能导致对完整的人的忽略。就某个层面而言，技能或技艺的进步，的确能为某些人解决某些问题，但它却给人的完整和社会和谐带来更多更深的问题。依靠培训获得某种技能，依靠技能从事某种职业，技能变成了生活的手段，然后把职业当作生活的全部。于是，培训与生活的联系就这么建立起来了，教育与职业的关系自然也就被模糊了。

职业和技能确实能够解决我们生活中的一些问题，但是仅仅有技术还是不够用的。如果仅仅是以职业技能为生，人显然就成了机器，于是也自然就隔断了人对生活整体过程的探索与了解。

培训强调技术，依赖于对权威的顺从。“一方面是一定的权威，不管它是怎样形成的，另一方面是一定的服从，这两者都是我们所必需的，而不管社会组织以及生产和产品流通赖以进行的物质条件是怎样的。”[①]接受权威，某种形式上表现为甘受控制，接受某种技术或某种理念的反复强化，然后机械掌握，形成条件反射，然后被控制。从人所面对的强大的自然与社会来说，掌握了一定技术或理念是自我保护的一种反应，是面对难以掌控的不安全因素的一种应急心理。

因为权威是人为制造的一种表现形式，无论是技术标准还是理念要旨，归根结底，权威源于恐惧，服从权威就是服从恐惧，是规避不安全感的一种形式。任何源自恐惧的事物，自然会阻止人去探索自身以及外部一切事物之间的关系。

---

① 《马克思恩格斯选集》（第三卷），人民出版社 1995 年版，第 226 页。

显然，这与“真”的教育之内涵是格格不入的。

培训是从外部世界学习片面的知识，真的教育意在唤醒智慧，从而培育完整的人和完整的生活。培训的内容一般是知识和技能，与技能相比，某种具体的知识在培训中的权重应该更大，但知识不能代表智慧，它是非常有限的。只有知识的探究过程才关涉智慧，同时，转识为智是一项更为复杂的心理过程，培训不能完成。

知识不能代表事实的全部意义，它只是关于事实的，但它的片面性实质上限制了人对事实的真正了解。比如说，地球围绕太阳旋转，为什么转？太阳呢？太阳系呢？银河系呢？第一动力怎么解释？或者，再进一步，你怎么证明你的知识是正确的？所以，知识是关于过去的、外部的、零散而不完整的存在，知识把心智局限在特定的范围内。基于知识的培训，要求积累各种各类的知识，借助记忆通过考试，从而宣告获得某种技能（甚至包括学位、工作），这个过程把人变得机械、刻板，学习变成了模仿权威的过程，而对权威的模仿无法产生主动的创造力。真的教育里对有限知识的学习是必要的，但是就培训的概念来看，包括两种方式的学习，一种是通过学习获得（习得）知识或能力，然后再利用所得知识或能力去行动；一种是在行动中学习，行动的经验积累成为知识或能力。归根结底，这两种对过去知识的学习、从书中和行动里得出的知识和经验都是有限的，是从外部世界学习的，缺乏对人的内心世界的关照，这一过程，漠视人的真正需要和学习规律，表现为强制与压迫。

2. 训练是对纪律的强化

培训的内容是知识和技能，训练正是对此二者的强化，这种强化肯定会带来比较和反抗的意识，从而在人内部世界和外部世界产生冲突和混乱。真的教育是全面唤醒个人创造性的智慧，是自由而自然的。训练强调的是技术和效率，而不是唤醒智慧。智慧与智力是两个不同的概念，克里希那穆提说："智慧是最高形式的敏感，包括内在的和外在的、对人的和对己的。"[①]要实现"智慧的觉醒"，不能依靠一种方法或体系的练习达到，因为训练使人变得机械、刻板，不能培养敏感的心。

训练必须借助外部的纪律实现，某种形式上来讲是对个人的强迫行为。真的教育是要给心灵彻底的自由，任何形式的强迫都无法让人达到自由的状态。这种自由始于自我了解，遵循的是内部秩序。内部秩序是一种自发性的秩序，是一种平衡而和谐的美，就像自然界里的每棵树、每朵花，都有自己的韵律，它们在自己的季节里死亡和重生，是宇宙中有序的设计。河流即使受到了人类的污染，还是会坚持自己自身内部秩序的流动，这是它自己的生命形态。内部秩序作用于人的身上即"自律"。"所谓'自律'，就是指即使在没有习惯和法律的条件下也能做出独立的判断的行动，是将行为准则当做自身的法则以内化而获得的自由，是对自我行为的制约，是自身制定的准则。"[②]训练是让人去顺从和跟随，把人的内在和外在都限制在一个狭小的空间里，塑造出符合某种纪律的"秩序"。这种训练不只发生在学校，在军队、车间、教堂和办公室也随处可见，训练让人从一个模式投向另一个模式，让秩序的概念

---

① 克里希那穆提著、张春城译：《教育就是解放心灵》，九州出版社 2010 年版，第 211 页。

② 许桂清：《美国道德教育理念研究》，黑龙江人民出版社 2001 年版，第 11 页。

变得狭隘了。自由是可以掌控自己的生活，而牢笼是因为自身力量的不足或者因为心境的不到位而导致自己无法掌控自己的生活，于是那些你无法掌控的东西成为了你的行为和思想上的牢笼。在牢笼和自由的转化之间，真的教育起到了催化剂的作用。真的教育使人发现自己内部的秩序，进而从内心上认可自己的状态，学习一切美的东西并应用于自己身上。训练是从混乱中寻求外部的纪律，试图通过统一的形式遏制人的思想去追寻目标。

纪律暗含着练习、规训、服从于权威、限制、坚硬的冲突，冲突产生混乱和无序，这与真的教育宗旨是背道而驰的。外部纪律是为了实现某种形式的控制而存在的，任何形式的控制都会阻碍人与自我之间、教育与学生之间建立直接的关系，进而造成社会上的对立和冲突。训练实际上是对纪律的强化，把人（或者学生）带入一种影响之内，从而无法培养他理性的完全，这使得他无法面对复杂的完整生活。真的教育基于对客观规律的学习、了解和“合规律性”的行动，训练是基于纪律、权威和模仿。训练中不容易产生真正的交流，因为训练控制个人对自身或生活热忱的探索行为，只服从标准，它通常以纪律为由把人限定在某种可控范围内。“看看我们今天的教育，划一的教学，统一的教材，统一的进度，统一的要求，按年龄统一地组成一个班级，而不管这个班级中的个性差异。我们的教师在用一个标准，塑造和修剪个性差异的学生……园丁修剪花木靠的是剪刀，教师‘修剪’学生，靠的是纪律。”[①]纪律和制度高于“人之为人”的意义，这种纪律是没有任何

---

① 冯建军：《规训与纪律》，《教育科学研究》2003年第12期。

实质意义的，对它的服从和符合使得生命的尊严和美更无从实现。“纪律为的是维护共同的利益，也即每个人的利益，它是每个人利益的保护神，应该蕴涵个人的需要，因此，纪律是人性化的。但我们时常外在于‘人’理解纪律，认为它的出发点是维护学校正常的教育教学秩序，对损害学校其他成员或学校利益、秩序的行为予以强制性的约束、控制，是保证学校工作有序、课堂生活整齐划一的有效手段。”①

我们对教育活动中纪律的错误认识，使我们的学校如同斯巴达的军队一般，冷酷、铁血。这与道德教育的内涵相悖。“千百年来，人们把道德教育作为社会的一种客体并不断强化其工具性价值，道德教育因而成为政治的传声筒、经济的扬声器、文化的维护者。”②人们功利化地看待教育，是导致纪律成为教育手段的罪魁祸首之一，也是真正的道德教育无法取得成功的根源。

毫无疑问，训练是外在的，是对生命自由本性的一种压抑和强制。这种压抑与强制使课堂中的教育对象毫无自由，并失去了创造和想象，湮灭了激情与个性。但学生一旦离开了这个来自外部强制和压抑的环境，没有了强制的规训，就可能会表现出一定程度的放肆，甚至可能变成洪水猛兽，吞噬一切。以提高智力为目的的训练，则过于强调知识的重要性，知识和智力在整体中的某部分有着不可忽视的价值，智力体现人的辨别、推理和思考能力，但知识是关于过去和已知事实的，智力活动便成为一种从已知到已知的过程，是整体中的一个局部，因而是有限的。智力

---

① 冯建军：《规训与纪律》，《教育科学研究》2003年第12期。

② 许桂清：《美国道德教育理念研究》，黑龙江人民出版社2001年版，第30页。

代替不了智慧,"智慧就是……按照自然而行事,理解自然。"[①]在历代哲人眼中,真正的智慧不是被命令去学习某事某物,而是顺其自然地了解、体会到知识的乐趣。教育的过程应是发现快乐的过程。当学校、父母给孩子带来超过学习本身的压力的时候,学习就不再是享受的过程。孩子失去了对学习的兴趣,教师失去了育人的责任。

3. 教育发现完整生活的真相

真的教育是帮助人获得敏感、明智的觉察力,使人能明辨瞬息万变的事物及其真相,从而能够没有私心地面对生活。真的教育的关注点在于发现个人和完整生活的真相。事实上,真相容易被恐惧、情绪等掩盖,没有实现自我了解的人往往无法看清事物的本质。因为受制于自己的看法或某种坚持,看到的只能是自己对于事物产生的情感与想象——自己隐藏了事物的真相。然而拘泥于自我的人不仅无视自己的能力是有限的,而且也不能意识到自己的判断可能是有误的,从而习惯性地对事物擅自判断。[②] 真的教育就是要帮助人突破自己的限制,发现完整生活的真相。

"实际生活"比完整生活的意义更为狭窄。人们一般错误地认为它们是相等的,但生活是多方面相互和谐的整体,"实际生活"只是完整生活中的一个片段,传统教育有选择地强调其中一个方面,造成完整生活中各方面的相互冲突。培训、训练都是在强化这种

---

① 亨利·西季威克著、熊敏译:《伦理学史纲》,江苏人民出版社 2008 年版,第 22 页。

② 尼采著、杨明绮译:《从尊敬一事无成的自己开始》,长江文艺出版社 2016 年版,第 62 页。

冲突。完整生活的真相是和谐完整，“风行水上，自然成纹”。“实际生活”是人们通过模仿或者比较，选择一种常规的生活模式，并且顺从这种已知的模式。“实际生活”变成了选择一份职业，人通过掌握某种特定的技术来适应职业、寻求心理上的安全感，这种模式下的人追求能力和效率。能力和效率只是次要价值，只反映完整生活的某一层面，是在狭窄的已知里的选择和抛弃，不能反映完整生活的真相。

真的教育通过解答“世界的可知性”问题，实现自我了解，从而化解人内心的冲突和混乱，培育机敏的心灵，完成对完整生活真相的探索。传统教育优先发展人的某个部分，而对其他部分限制打压或任其自生自灭，产生的结果是带来自我内心世界的挣扎，反应在外部世界就是混乱、冲突和战争。真的教育是要发展人的整个心理结构，培育完整的心灵。机敏的心灵不以生活的某一层面局部为基础分析问题，它通过辨别主次，分析事物的属性，通过辨别自然的与偶然的推求事物的成因，通过辨别表象与实际归纳事例的原则。“它不在生活以外另求生活方法，不在生活以外另求生活的目的。”①

（二）教育模式

克里希那穆提认为“真理是无路之国”，探索真理、追求真知的方法、路径都是有限的，在真的教育上遵循任何一种教育模式都会产生某种限制。② 因此，就“求真”而言，重点是学生、老师及其关系，

① 朱光潜：《厚积落叶听雨声》，江苏凤凰文艺出版社2016年版。

② 杨立新：《克里希那穆提教育思想研究》，山东师范大学2014年硕士学位论文。

而不能死守固有模式。本节我们就真的教育模式引申来谈，从核心概念、教育内容和教育方法三方面来探讨教育模式的现实意义。

1. 核心概念

真是关于科学的艺术，求真理、知真知的主体是人，教育中特指教育者和受教育者。“求真”，依赖于在人与人之间建立尊重与体谅的关系，并在正确的关系中，依赖爱、智慧和自我了解来实现对完整生活的真相的探索。因此，我们把学生观、教师观和师生关系作为研究真的教育模式的核心概念来分别阐述。

学生首先是人，他所处的自然环境和文化社会是既定的，所以学生是局限的人。他要从这种局限中去学习，致知、求真的背景就是局限性的思想和行动，代表的是部分的责任，而不是学习、研究和行动所包含的整体责任。学生有两种学习方式，其一，攻读某个科目，努力通过考试，求取满意的职位之后，基本对学习就停止探究了；其二，通过书本或经验获得知识，经由积累和记忆，获取某种理想或追随的满足感。真正的学生把学习的状态当成自己整个生命的活动，他对学习有一种完全的责任感，既从外部世界学习，也关照自己的内心活动，懂得学习的艺术。首先，真正的学生的学习内容是广泛而深刻的，其对象包括探究生命中的一切，涵盖外在科学的客观规律和内在自我的情感和心智活动过程，他在探究、学习和研究中追求真知、领悟真知。其次，真正的学生时刻在探究，其学习行为是持续的观察，不局限于某特定对象或某特定阶段，不需要特别的诱因和动机，而是出于好奇心的纯然的观察，在观察中实现与内心自我和外部万事万物的交流，在交流中完成格物致知的学习活动。

真正的教师是对学生负有完全责任的人。其一，教师不应仅仅是某种专家,他还应该是富有创造精神的个体,他的职责就是在教授学科知识的过程中与学生交流。但只完成这部分职责的教师,并不能成为完全对学生负责的人。真正的教师应该是实现了自我了解且内心完善自由的人,他用他富有的创造性以及深刻的洞察力,为学生创造适合求真求知的学习氛围,不仅帮助学生了解知识,更重要的是帮助学生观察自己的内心并实现自我了解。其二,对真正的教师来说,教育不应只是一项专业或技术。真正的教师应当把教育当成自己的生活方式,不管在学校里还是社会中,他都应以友爱与关怀传达这种责任,向学生解释真实生活的模样,帮助学生面对过去和现在、内心的恐惧以及生活的真相。其三,“教师应该在经济上和心理上都有安全感”[①],爱与尊重都是从教育者开始的,只有教育者内心没有混乱或冲突,他传达给学生的对生活和世界的理解才可能是客观的、平和的;他才能时刻关照自己的内心,使自己避免成为权威,对学生、社会以及全人类保持完全的责任感。

在求真求知的学习过程中,教育者和被教育者都对自己和对方负有完全的责任,而不能成为信息传递和接受的工具,师生之间必须建立健康的关系。真的教育中师生之间的关系必须是简单的、直接的。一方面,师生之间是简单的合作关系,这种关系建立在友爱的基础上,没有“领导者”与“被领导者”,师生在自我了解和彼此了解中行动、学习,以共同的价值意识指导,师生双方进行自由探索。另一方面,师生之间的关系应该是直接的,教师不应因某种制度先成为权威或榜样,再与学生建立关系,此种关系中,

① 杨立新:《克里希那穆提教育思想研究》,山东师范大学硕士学位论文。

学生与老师的相处模式是服从与模仿，无法达到真正意义上的合作与交流。教学过程中师生双方都是独立思考的独立个体，只有这样，才能达到学习中最自由的状态，才能碰撞中产生思想的火花。

2.教育内容

"真"是关于科学的，所以一切关于实用的知识，任何有关现在、过去和未来的逻辑，一切真相以及关于如何面对它们的哲学，都应成为真的教育内容。

关于知识　第一，知识有其价值和实用性，它能为我们的现实生活提供便利。人们应该了解有关过去、现在和未来的系统知识，掌握各领域的丰富知识。知识是关于人类物质世界和精神世界的，某种程度上，研究学问，求知识，是寻求真知真理的基础。第二，知识也有其局限性，知识是一种传统和限制，如果人习惯不加思考地接受知识既有的表达方式，学习就成为一种从已知到已知的安全的过程，无益于"求真"。知识作为教育内容，不仅包括知识所承载的信息，也包括以敏感和创造性关照知识本身。

关于技能　当今世界建立在技术的基础之上，教育人掌握某种技能，对其生活在外部世界和关照其内心世界都是必要的。技能是经验的产物，所以训练和培训能够使人迅速与过去的经验建立联系，并通过练习掌握。在真的教育内容中，对技能的掌握既包括熟悉经验，也包括依赖熟练的技能把人从经验中解脱出来，带来富有创造力的智慧。

关于德行与美　真、善、美是无法分开来讲的，善是自由的德行，真与德行自然带来美，美包含着人类整个生命，代表着秩序。

科学的秩序、真理的秩序和有德行，都是美的一种状态。所以，在真的教育内容中，德行与美是不可或缺的部分。德行不同于德行的培养，德行的培养是用自我逃避的方式塑造一种虚假的理想，有德行是自由的趋善避恶，源于自我了解的实现。“美有形式之美，设计之美和生命之美。”[①]其中形式之美和设计之美属于外在美，是美的外在表现，能够在殊相中得见共相；生命之美属于内在美，是所有美的共相。

关于真相　真的教育是探寻完整生活的真相，求真理、致真知。一切知识、事实、逻辑，情绪、情感、恐惧，都应作为真的教育内容。学习一切真相，探寻一切真相有助于培养敏感、独立的内心，任何有所依赖的内心都是局限的，它只能在习惯性的思考中作出判断，从而在学习中陷入模仿，在生活中陷入适应。真的教育内容应该包括一切真相，避免让内心陷入冲突和混乱之中。

3. 教育方法

任何教育方法或制度都有其局限性，既有方法是对某个方面经验的总结，强调一个部分而可能忽视其他部分，无法培养探求真知所需的完整的人和完整的内心。对教育方法的局限性做浅显探索必然先于真的教育的实施。

第一，真的教育方法缘于对学生的爱，而非程式。在教育之前应先观察学生，这种观察是完全自然的、不以比较和选择为前提的。因为比较产生强制，某种形式上说是对暴力的鼓励；而选择是基于某种意志或观念的对整体的分离行为。它们都依赖于纪律、

---

① 克里希那穆提著、桑靖宇译:《生活的难题》，九州出版社 2009 年版，第 269 页。

权威和规范，在这个过程中，学生的内心被割裂了。真的教育的实施通过充分的自然观察与学生进行沟通，沟通是基于对学生的无私的爱与真正的尊重，以体谅之情实现对学生的了解，然后帮助学生自我了解，进而了解整个生活的真相。

第二，教育方法的局限性。适用于一个人的教育方法未必适用于另一个人，所以，教育的方法是人间最复杂的工程之一。任何对于教育方法的论述都是有限的，真的教育之大患就在于整齐划一的教育措施的实施。康德认为，教育是一种艺术，教育的完全有赖于一代一代的实施。教育的对象是正在成长期、各有其生命特点的儿童，“人有许多种子不曾发展。（教育的）责任便是设法使这些种子平均地发展他的各种自然禀赋，无过无不及，使其实现其究竟。”在教育中占重要地位的不是方法和制度，而是人，正因为我们有此意识才给教育的艺术的创造性发展提供了可能性。

科学的教育方法首先是培养学生积极主动的思维方法，其次是引导学生运用智慧去解决问题。在教育的实现过程中，无论使用哪一种特定的或某几种综合的方法，其实施基础都须是对学生全然的爱与尊重。

（三）教育的绝对律令

“人的活动或行为总是依据或体现两种尺度——内在尺度和外在尺度。”[①]真反映在实用层面是真理、真实、真知、真相，在心灵

① 马克思：《1844年经济学哲学手稿》，人民出版社2000年版，第57页。

层面就是知——获得对外部世界的客观存在及变动规律的认识，使人的认识“合规律性”，其状态有真假之分。真的教育之绝对律令是求真知，而有好奇心是“人能知”的前提和基础。

1. 求真知

求知就要辨别真伪，寻求真知、真理。求知欲的指向与目的是真，而知识是关于事实的，它并不是事实本身，这就要求我们在学习知识、研究学问的时候，用敏感的观察注意知识，以期把知识从过去和经验中解放出来，追求真知，领悟真理。人的思维具有局限性，一次性得到关于事物的全部的、准确的知识是不现实的，求真知的过程必须是渐进的、连续的，是经过不断地积累、沉淀、选择、批判的过程，对已知知识进行去伪存真的合理性论证，从而获得“普遍必然性”的真理。

“真”是人类所追求的第一理想价值境界，特指“获得真理，并在思想上、感情上和行动上享有真理所带来的价值”。① 谢灵运在《辨宗论》中阐明：“真知者照寂，故理常为用，用常在理，故永为真知。”真与理的关系，还要通过实践来证明。我们学习的知识是否就是真理？真理是否一定能够被我们所习得？

真的教育，旨在教导我们学习真理，步入真的殿堂，探寻真的哲理。它的思想境界表现为两种形式：“真知”和“信仰”，其中，“真知”是认识价值境界，指充分满足人对世界的认识需要。求真知是真的教育之绝对律令，也是规范人的行为和思想的基本标准。

---

① 杨明：《真知追求与价值追求在教育学中的统一》，山西大学 2014 年硕士学位论文。

2. 培养好奇心

亚里士多德《形而上学》开篇中曾说:“求知是人类的本性。”马斯洛也在其著名的“需要层次理论”中明确将真、善、美的需求列入人的精神需要,认为精神需要是一个人完善人格的重要体现。广为接受的一种观点认为,好奇心是个体学习的内在动机之一、个体寻求知识的动力,是创造性人才的重要特征。培养好奇心,是求真知的前提和基础。只有心灵处于敏感和好奇的状态,才能焕发出自觉的智慧。而在西方人眼中,curiosity killed the cat,也就是俗话说的“好奇害死猫”,意指在蒙昧时代,“好奇心是种神秘的、会招来祸端的邪恶之物。”

培养好奇心应该有科学的方法,引导人们时刻保持好奇心,学会控制自己的好奇心。真的教育之绝对律令就是唤醒一个人自觉的能力,帮助人发现他自己心理上的桎梏并超越这种桎梏,使他成为一个有生命力而又敏感的人,这样他的心会在任何时刻保持好奇和探究,更有可能发现生命的真相。

培养好奇心是帮助学生发现真理。在孩子想要了解某事物的时候,他们是怀有热忱的探究之心的,教育若不鼓励这种好奇心,而以权威或纪律加以限制,他们的好奇心就会变得麻木、迟钝,无法对事物的本质提出问题,主动的探寻就此停止了。教育应该唤醒孩子批判性的机敏和敏锐的洞察力,鼓励他们去探究真伪,从“既有模式”中解放出来,发现真知真理。

二、善的教育

著名美学家朱光潜先生指出:“物有真善美三面,心有知情意三面，教育求在这三方面同时发展，于是有智育、德育、美育三节目。”[1]按照朱先生的说法，善是对应德育的，善的教育指导的是道德领域，本文认同道德的价值，但认为善的教育是更加丰富多样、更加和谐的一种教育，不仅包括道德领域，也有其伦理学基础，是一种全面好的教育，教育的终极目的是达到“至善”——一种拥有完全的道德、自由的德行的状态。

柏拉图和亚里士多德这一对著名的哲学师生就善的问题持有不同的观点，他们各自的理论也为教育对善的研究提供了详实的资料。“柏拉图创造了一个与任何世间幸福无关的善。正是这个善的概念，亚里士多德现在着手进行非难，对于柏拉图来说，‘善’这个词最完满的意义产生于把善视为善的形式的名称。”[2]“‘善’完全在于社会职责的履行，与它相联系的其他概念也显出这个特点。”[3]一个初生的婴儿对他的世界来说是没有职责的，他的社会职责随着教育程度的加深而加深。他学到的知识越多越能感受到对社会所承担的义务与责任。

接受教育的每一个人，都有他所可能达到的最高的成就。在中国哲学文化和哲学精神里，成为“圣人”是人所可能达到的最高成就。孟子说：“圣人，人伦之至也。”圣人指的是“至善之人”，在社会中代表的是道德完全之人。在中国哲学中有关于善的教育的说法，儒家也称之为“精神修养”，其方法有三纲领、八条目；达到“至善”是其最终目的，关于“止于至善”，王守仁有其解读：“至善者，明

① 朱光潜：《朱光潜美学文集》（第二卷），上海文艺出版社 1982 年版，第 504 页。

② 阿拉斯代尔·麦金太尔著、龚群译：《伦理学简史》，商务印书馆 2007 年版，第 96 页。

③ 同上书，第 32 页。

德、亲民之极则也。”（《王文成公全书》卷二十六《大学问》）

关于善的教育，包括善的教育目的、道德的价值、惩罚的意义，以及善的教育应遵循的绝对律令四个方面。

（一）善的教育目的

瑞士教育学家裴斯泰洛奇认为，教育的目的就是发展人的善的一面。他认为人性发展需要经过三个阶段：生物的原始阶段、社会阶段和道德自由阶段。在他的学说里，善的教育目的可以理解为使人达到“道德的自由阶段”，即靠教育最终实现人的“自律”、“道德我”，它的基本特征是爱与合作、彼此相亲、尊重、关怀和体恤。印度教育学家、哲学家克里希那穆提主张，教育的根本目的就是帮助学生和教师在善中绽放，通过培养一个自由的人，解放人的心灵，进而培养出美好的人类。康德认为，除非某种行为是出于善的动机而做出的，否则它就不是善的，而且这种动机必须根本不同于任何一种自然的倾向；义务要成为义务，必须是出于义务而被履行。道德的善和教育的善都有相同的动机，即履行善的义务。这种善的义务向内，就是发扬人自信、自尊、自爱的一面。善的教育能使人更加了解自己，抛弃阴暗的一面，活得更积极。

善的教育是一种全好的教育，其教育目的可从外在的道德目的、内在的秩序目的、和终极的善的目的三个维度来讲。

1. 外在目的

善的教育的外在目的是指向道德的，意在形成一种个体规范性和群体约束性的道德。德育意在教人做人处世的方法和道理，培养人的良善品格。德育是善的教育的一个重要方面，对个人来说是形成道德规范，对社会而言就是律法。如果个人和社会都能依照这种道德规范来行事，个人与个人之间、个人与社会之间就会达到和谐的境界。

从道德教育的历史发展看，道德规范可以说是其最普遍的目的，进步主义教育学家认为好的教育目的应该具备三个特征：第一，它必须考虑到受教育者特定的个人固有的活动和需要（包括原始的本能和获得的习惯）；第二，它必须能转化为受教育者进行合作的方法；第三，它必须不是一种抽象的和终极的目的。[①] 就此来看，将道德规范作为善的教育的外在目的是合理的。

从道德本身看，将道德目的作为善的教育的外在目的原因有二。其一，从道德的形成途径来看，道德规范是经由管理或陶冶而习得的一种行为指导体系，不管是基于"人性本善"还是"人性本恶"而进行的德育活动，都是通过某种教育手段对人的自然性做规范性的训练，使人的发展与道德价值相对应，最终形成道德规范，这是一种外铄型的立德。其二，从道德的作用方式来看，道德规范通过人的理性选择指导其行为，它强调规范的自律性，即一个人在道德规范下行事，只是由于这样做在道德上是对的，而不把道德强制以外的任何目的作为行动的依据。

2. 内在目的

善的教育的内在目的是实现自由的德行，即心灵的秩序。"智者观点：一个人的德性就在于他完满地履行了作为一个人的职责。"[②]哲学家对德行历来有不同的见解。苏格拉底认为"知识即

① 陆有铨：《躁动的百年——20世纪的教育历程》，山东教育出版社1997年版，第19页。

② 阿拉斯代尔·麦金太尔著、龚群译：《伦理学简史》，商务印书馆2007年版，第40页。

美德”，所以德行是可教的；克里希那穆提认为自由即是美德，自由只能从自我认知中获得，所以任何培养美德的活动都是一种虚假的理想化的过程，德性是不可教的，“变得有德行”与“有德行”不同，爱与美自然带来德。德行作为善的内在指向，其内涵是心灵的秩序的完全觉悟。

关于人性善恶之争，中国古代有两位哲学家各有其理论。孟子坚持“人性本善”，认为人本性有“四端”——恻隐之心、羞恶之心、辞让之心和是非之心，此“四端”自由发展就变成仁、义、礼、智“四常德”。他认为德行的实现就赖于人这“四端”的自然发展。但他同时承认人本身除此“四端”，还有其他成分，这些成分无所谓善恶，所以必须受到适当控制，否则会通向恶。表面看来，与荀子的“性恶论”似乎有相通之处，但从本质上看他们的立论基础是不同的，孟子的基础是人本来是善的——人皆可以为尧舜；荀子的基础是人本来是智的，智所以能遵礼，遵礼即为有道德——涂之人可以为禹。虽然他们对于善的实现，从立论基础到实现途径都有不同，但结果都指向教育要发现人的德行，以帮助人实现不受外在规范约束的自由的德行，使心灵的秩序觉悟，最终使人达到行事圆融无碍的状态。

《中庸》对此阐述为，“天命之谓性，率性之谓道，修道之谓教。”善的教育之内在目的即“自由的德性”，其实现方法即是“修道”。老子认为，道生万物，“生”是每个个别事物从普遍的道获得一些东西的过程，在这个过程中获得的东西即为“德”。这是生命个体的一种自然能力，任何人为的、故意而为的活动，都是与自然相反的。那么既然道不可离，德是人的自然能力，“顺德而行”就已经达到自由的德行状态了，为什么还需要“修道”呢？因为人只是在某种程度上遵循“道”，并且不是所有人都能觉悟到他们是部分的“顺德而行”。所以，实现心灵秩序的完全自觉需要靠“修道”，使人有意识地去遵循“道”，把事实上已经不同程度在做的事做完全，人的本性得到充分而自由的发展，心灵秩序实现完全的觉悟，完全的德行由此到来了。

3. 终极目的

善的教育的终极目的是实现完全的道德，即“至善”。把“至善”作为善的教育之终极目标，是因为善的教育不仅仅是为个人的，也是为全人类的，这样人的道德在哲学上就与宇宙的道德达成同一。善的道德之教育目的的三个维度是一个整体，它们互为前提和目的。道德规范的实现是“知道”的过程——提高自己的精神境界，规范自己的行为能力；心灵秩序的觉悟是“知天”的过程——通过个人的“尽其性”，理解宇宙的道德。“尽其性”是“成己”，即行仁；“至善”还包括“成人”，即助人。

心灵秩序的觉悟，使格物成为可能，要达到至善，从知道、知天达到成己、助人，其实现方法就是修身。在社会中尽职尽伦，达到“自明诚”——使自己觉悟而完全，丝毫不勉强地行事，是修身的过程，通过修身要达到集义，即在宇宙中做普通的、应当做的事。至此，道德个人就与道德宇宙实现了同一——止于至善，这就是教育的终极目的。

（二）道德的价值

教育学之父赫尔巴特认为，教育学是一门高度价值负载的学科，因为教育的结果不仅在于知识的“专”与“博”，更重要的还在于道德的提升。也可以说，“知”与“德”是教育学构成的两大领域，并且在价值上,“德”是高于“知”的。研究道德的价值有两个核心问题:一是道德本身的价值,二是道德对于生命主体的价值。道德本身的价值前文已充分论述,这里主要讨论道德作为客体对生命主体的价值,从道德对个体主体的价值和对群体主体(本文使用“群体主体”这个概念时,取其广义,不仅包括群体也包括群体关系,即社会主体含义)的价值两个维度进行。

道德对个体主体的价值体现在个体作为人格主体的自身价值,使人通过自我肯定、自我发展和自我完善,实现互相尊重与合作。道德对群体主体的价值表现在它作为一种意识形态或上层建筑,对社会整体发挥作用:道德的目的在于引导人、塑造人,使其能够按照善的标准去行动和实践,进而超越人的实然和有限性,成就理想性的生命的价值,最终实现心灵秩序的完全觉悟,使人从个体的混乱和冲突中解放出来,个人的圆融无碍带来整个社会的秩序,人们从其中更有可能获得整体的、绝对的幸福。

个体的有意识行为是一种目的性的活动,而幸福是人生的最大目标。道德作为一种规范体系,具体的个体主体和社会的群体主体在自处和交往中,用以约束自己的行为,达到自我认可和群体认同的目的,从而使个人在社会关系中处于有利地位,社会关系能保持良好的运行秩序。

一言以蔽之,道德对个体主体和群体主体有调节价值、教育价值和激励价值,它帮助人实现绝对的幸福,帮助社会实现整体的秩序。

1. 道德的调节价值

道德的调节价值体现在通过调节个体与自身的关系、个体之间的关系,来实现自律与他律的统一。道德对于个人有巨大的精神价值,康德曾这样表达:“有两种伟大的事物,我们越是经常、越是执着地思考它们，我们心中就越是充满永远新鲜、有增无减的赞叹和敬畏，这就是我们头上的灿烂星空和心中的道德法则。”[①]伦理关系是任何关系存在的基础，而道德本质上是伦理的核心和基础，个体通过道德评价对自己的行为进行价值判断，其标准是自己的行为是否“合道德性”，道德在这个价值尺度上发挥的是具有规范性的“调节器”作用。

道德通过自律和他律调节个体主体和群体主体的行为与实践。道德本身是他律和自律的统一，作为一种社会人际关系的哲学，它体现着社会关系中的相互利益关系，并且以某种具有代表性的社会价值形态去规范和约束个体主体，这是道德“他律调节”的内容。著名道德哲学家弗兰克纳曾指出，从道德上来讲，任何道德原则都要求社会本身尊重个人的自律和自由。一般地说，美国人认为道德要求社会公正地对待个人，而且道德有助于个人的美好生活，而不是对个人进行不必要的干预。人的行为是有目的的行为，道德他律调节就是调节人活动的目的性，使其符合社会客观利益诉求。从“他律道德”到“自律道德”，是道德发展的必经阶段，道德的“自律调节”体现在道德具有属人性，归根到底是人主动选择的、依靠个体主体的自觉遵守才能实现的。在道德的“他律调节”阶段之中或之后，个体主体会主动地选择和遵守道德，此时人的“有目的性的行为”变成了“自有的内化活动”，实现自我“无目的的合目的性”或者说“从心所欲而不逾矩”，道德自律使人达到“成己”——这是真正意义上不断提升自己的人。

道德的调节价值实际上实现的是道德的工具价值，他律是通

① 康德著、关文运译：《实践理性批判》，广西师范大学出版社 2002 年版，第 56 页。

过社会的主体要求，外在地规范个体主体的行为，使其符合社会主体的客观要求；自律是通过个体主体内化道德规范，主动选择用内化的道德意志为自我行为发出指令，其结果是形成社会的秩序。

2.道德的教育价值

道德的教育价值体现在两个方面，一是促使个体主体的自我完善，二是促进群体主体的秩序建设。在实现其教育价值的手段和过程中，体现道德强制性与非强制性的统一：其强制性主要体现在教育中道德评价的惩罚作用，非强制性则体现在教育中道德认知、道德认同的赞扬导向作用。

道德对个体主体的教育价值体现在既培养个体主体“善”的内生情感——爱和同情，又对个体主体的外在行为起到约束行为，使其外显行为表现为“善行”、“仁道”。这就在内外两个层面对自我进行规范和约束，从而实现自我完善。

我们已经详细探讨了道德的自律和他律统一问题，其实也就是个体作为主体通过道德情感的培养和道德意志的作用的自我完善的过程，此处不再重复叙述。关于个体主体的自我完善，这里主要从以上两个维度来论证其教育价值。

道德对群体主体的教育价值体现在，既要求群体主体建立一种和谐、稳定的有秩序的社会关系，又在群体主体关系的动态发展中要求公平和进步。道德产生于人们调节个体主体行为和社会群体主体内部多种关系的需要，因此，道德的价值总是趋向于增加社会整体利益的。

道德的教育价值实现是其内在价值和目的价值，通过道德约束来实现个体主体的自我肯定、自我完善和自我发展，实现社会整体的秩序。康德认为，幸福是人生的最大目标，通过道德的教育价值，可以实现由“治天下”到“宥天下”的理想，这也是对绝对幸福的追求。

3.道德的激励价值

道德的激励价值严格来说属于教育价值的范畴，如果说教育价值实现的是内在价值，激励价值代表的则是实现的手段。法律明确规定了公民的行为准则，刚性地约束着人们的行为；道德则是社会柔的一面，没有道德的作用，社会将是死板的、危险的、残酷的。道德是人性的体现，也是人性的尺度。一切超出道德领域的行为都会为人诟病，不利于社会的健康发展。道德激励价值的实现基础是个体主体在道德自律的调节下，能够主动选择“合道德性”，实现自我约束和自我克制，从而达到自我完善与社会秩序的共存共生，体现了道德价值实现的理想性和现实性的统一，因此把其激励价值单独表述，强调其在形成个体主体的内在心理机制和群体主体的外在社会机制过程中发挥的作用。正如尼采在他的著作中所说：“知识和道德，只有在保全和促进生命与生命意志时，才有价值。”①

（三）惩罚的意义

对惩罚在教育中的作用，各家不同观点不胜枚举，列举各方的有关历史或名著依据也是挂一漏万。颜之推认为，惩罚就像是“汤药针艾”（《颜氏家训·教子》），是必要之时非行不可的必要手段；王阳明认为，惩罚是一种恶性，与“求善”背道而驰——“是盖驱之于恶而求其为善也，何可得乎？”（《传习录·训蒙大意示教读》）马卡连柯

---

① 引自姚安译主编：《哲学实用手册》，鹭江出版社1988年版，第210页。

认为惩罚不仅是合理合法的，而且是必要的[①]；赫尔巴特曾明确提出惩罚是教师可以用作管理措施的手段，它对于儿童人格的形成有必要的约束作用；[②]涂尔干更是认为，惩罚本身就是一种道德过程，是惩恶扬善的合理解释。也有学者对惩罚持激烈的反对态度，苏霍姆林斯基认为，惩罚会使人的心灵变得粗野和残暴。当代有学者研究发现，受教育者对于惩罚及其效果（包括自己受到惩罚和他人受到惩罚）的心理感受是消极的。[③]

就“惩罚”的语义而言，它具有一定的价值取向，包含报应和震慑趋向，其外延既可向前看，也可向后看。我们讨论的“惩罚”有其特定的教育语义，即制度层面合法、观念层面合情合理、操作层面合德的一种教育方式，“惩罚失当”不在我们讨论的范围。所谓惩罚失当，是指以“杀一儆百”或树立个人权威为目的、不尊重受教育者人格的简单化、绝对化、不公正、不合理的惩罚行为，如体罚和变相体罚等。

从其语义分析来看，惩罚之于善的教育，意义有两个向度：第一，惩罚本身就是一种道德过程，回报性的惩罚是受教育者的道德判断由他律道德阶段向自律道德阶段发展的过程；第二，惩罚是一种深刻的“善”，惩罚的威慑力可以制止犯错行为，它不但对犯错者有震慑力，而且还对其他人犯此类错误有制止作用。因此，惩罚对于善的教育的意义可从两个方面分析：惩罚促进善作为外在价值对于受教育者的灌输；惩罚作为一种“善”，加速受教育者自身的道德内化。

---

① 吴式颖等编译：《马卡连柯教育文集》（下卷），人民教育出版社1985年版，第57页。

② 赫尔巴特著、李其龙译：《普通教育学》，浙江教育出版社2002年版，第300页。

③ 刘紫瑛：《学生的惩罚认知及其发展》，华东师范大学2009年硕士学位论文。

1. 惩罚是一种道德过程

涂尔干说:“惩罚的本质功能,不是使违规者通过痛苦来赎罪,或者通过威胁去恐吓可能出现的仿效者,而是维护良知;因为违规行为能够而且必然会扰乱信念中的良知,即使他们本身没有意识到这一点。惩罚的这一功能需要向他们表明这种信仰是正当的。”[①]他认为,惩罚是一种道德现象,是为了维护人的“良知”,唤醒人对其道德本性的感受。通过惩罚“良知丧失者”,道德命令的力量和现实性得到实现,道德情感和道德信息得以传递,其目的是扶植人的道德感。在这一向度上,惩罚之于善的教育的意义体现在对受教育者的道德建构上。

与基督教徒的“苦行”不同,道德教育的惩罚侧重感化;教育的过程,不是单纯意义上肉体承受的痛苦。“严格的自察,持续的不完善感,以及对非自身力量的绝对信任,它们构成了基督徒内在道德生活的特征。”[②]宗教信徒口中的惩罚是对意识罪恶的反噬,希望通过高强度的自我修改达到圣洁的程度。教育的实际操作中,很多教师以为树立个人崇拜辅之宗教式的惩罚,能使学生在心理上畏惧犯错,从而成长为永不出错的好学生。这种思想直到现在都可以在偏远的山乡村社的教育中找到实证,这种思想和做法没有得到更正,反而成为教育的金规玉令。

惩罚本身作为一种道德过程,在受教育者道德认知、道德情感、道德意志成长过程中贯穿始终。首先,惩罚促进受教育者的道德认知。惩罚能培养受教育者的责任意识,促进其独立性和自我

① 涂尔干著、陈光金等译:《道德教育》,上海人民出版社 2006 年版,第 123 页。
② 亨利·西季威克著、熊敏译:《伦理学史纲》,第 114 页。

责任感,形成从逃避到回避的行为习得机制,认识现实道德关系和道德规范。惩罚通过强化受教育者的道德认知,形成矫正受教育者行为的心理机制,促进其道德思维能力的发展。第二,惩罚有助于形成人的道德情感。道德情感是个人道德意识的构成部分,情感上的共鸣体验是道德认知内化为道德意志的关键,对善的唤醒有强化作用。道德情感对道德选择有积极的影响作用,惩罚会让受教育者感受到一种消极或积极的情感体验,这种情绪体验会促使道德认知内化为道德意志,唤醒人的"善",产生良好的外在行为。第三,惩罚能够磨炼人的道德意志。惩罚具有强制性,是道德生长的外部动力,能够促进受教育者社会化,使其回归真实的道德生活。惩罚会让受教育者反思自己,节制自我欲望,规范自己的言行,用"善"指导自己的社会行为。

2. 惩罚是一种深刻的"善"

惩罚针对的实际上是道德上的恶,使人摆脱恶,正如柏拉图所言:"惩罚就是通过训练使灵魂的各个部分安定其序,使之处于和谐有序的状态。"[①]实施惩罚的时刻是人的思想状态和心理状态改变之际,不是在其心理上改善之前,也不是在改善之后。惩罚本身作为一种深刻的"善",是深入人的思想活动中与"恶"的状态做斗争的过程,善是在与惩罚对立统一过程中得到发展的。在这一向度上讨论惩罚对于善的教育的意义,我们需要思考以下两个问题。

第一,惩罚是道德理性的开始,而非"以恶制恶"。惩罚与人的"良知"之间有着难以割舍的关系,"惩罚并不是为了使他人的身体或灵魂吃苦头,而是在人遇到过失时,助其确认过失所否认的规

① 引自吴新民:《柏拉图的惩罚理论》,中国社会科学出版社 2010 年版,第 131 页。

范。惩罚只是一个可以感受到的符号，某种内在的状态通过这个符号被表现出来，(在这里)惩罚是作为一种标记、一种语言存在的，而一般的社会良知，则可以将受到责难的行为所唤起的感受表达出来。”[①]一定意义上，惩罚承担着一部分社会功能，帮助人们理解社会的道德生活，它以一种公共的社会伦理规范为基础，是道德理性的开始，旨在重申道德命令，任务是维护社会良知和正义。它不是“以恶制恶”，而是唤醒人心中作为正义的“善”的存在。

第二，惩罚本身作为一种深刻的“善”，其实施过程是人自身“善的内化”过程。惩罚是为了防止恶的扩张。康德认为，人具有趋恶的自然倾向，其行为选择经常趋于恶，善行是偶然的。他把人趋恶的自然倾向分为三个层次：其一是“道德上的软弱无力”，由于心灵的脆弱，人在接受善恶标准的前提下，不按照此标准行动，表现为道德上的麻木不仁；其二是“心灵上的不纯正”，由于理性与欲望的混乱，在善意的行动过程中，还夹杂着其他功利性的动机；其三是“本性的恶劣”，行为完全处于恶的动机，即使做了善的行为，也是基于败坏的思维。这三个层次都是恶。惩罚作为一种深刻的“善”，在人的这三种倾向中发挥着强制和改造的作用，通过稳定人的道德情感，净化其道德认知，激励人倾向选择纯真的善的行为，这一过程是人自身的“善的内化”过程。

(四)教育的绝对律令

善是道德行为的对象，道德的目的是善，善的教育之绝对律令体现在道德意志的磨炼。

---

① 涂尔干著、陈光金等译：《道德教育》，上海人民出版社2006年版，第122页。

人的行为具有目的性，“意”指向任何行动都要“合目的性”，这个目的有善恶之分，善的教育中的意志是趋善避恶，求取绝对幸福。善本质上是人类精神的自律，我们把遵守道德规范称为“义务的善”，把完全自由的德行称为“愿望的善”，善的教育之绝对律令即完成“义务的善”，指向“愿望的善”。

实现善的教育是教育伦理自我发展和自我完善的内在要求，其实现路径包括两个向度，一是在规则层面建设完整的教育规范，二是在实践层面建设完善的教育德性。在善的教育实践中，教育德性的完善起着更为关键的作用。所谓教育德性，是指教育活动过程中对教育伦理规范的认可、接受与服从，以导向教育活动中师生双方善的人生价值和美的人生境界。

1. 趋善避恶

把趋善避恶当做善的教育之绝对律令是其本然的教育道德义务。“趋善”是道德理性选择的结果，经由道德意志的磨炼，形成自然而然的道德情感。趋善避恶是教育德性完善的评判指标，教育德性的最终实现表现为个体道德完善与社会伦理进步的统一。

趋善避恶体现了人在德性领域的自我规约，正如孔子的“见贤而思齐焉，见不贤而内自省”(《论语·里仁》)，强调的是“思齐”与“自省”的德性自觉，表现在行为上就是“仁”——“择其善者而从之，其不善者而改之”(《论语·述而》)，是通过“自律”完成“义务的善”的阶段。善的教育旨在发现完全的德行，趋善避恶是手段和目的，知“善”与“恶”是个体培养自我德性品质的基础。把趋善避恶作为善的教育之绝对律令，对善的教育从“应然”走向“实然”起到了实践上的支持作用。

2. 止于至善

学界有人把教育德性的具体内涵概括为依次上升的七个境界，第一个境界是“教育良知”，“止于至善”是最高境界，扬善抑恶是教育的根本目的，个体至善和社会至善达到统一，教育德性境界也就达到了完满状态。[①] 这个过程不仅是一个静态的逻辑结构，更是教育德性的动态发展规律。

康德在《道德形而上学原理》中论证“唯有善良意志才是无条件的善”，[②]善良意志是人类德行的最高准则，是自由的善、绝对的善，完全德行的外显行为表现出的善是个人对他人和社会的责任，善是他行为的目的，而不以其他任何事物和目的为条件。这种稳定的善的行为的内在动机是意志自律，以善良意志为绝对命令，理性地自己立法、自己遵守，体现人的自我价值和尊严。完全德行的发现使人达到道德自由阶段，“道德我”最终实现。

三、美的教育

自然界的生命个体各有其不同特征，但生命个体之间有其共相，这就是美。克里希那穆提在他的著述中说：“美是最高的敏感性，包含着整个人类的生命。”[③]他认为，美有形式之美、设计之美和生命之美，他还说，美是彻底的舍弃，只有彻底舍弃了自我、忘却了自我，同时怀有对生命整体的爱，才会带来一种富有创造力的美

① 吴海燕：《论教育德性的境界》，《江苏社会科学》2001年第2期，第177—180页。

② 康德著、苗力田译：《道德形而上学原理》，上海人民出版社2005年版，第42页。

③ 克里希那穆提著、张春城等译：《教育就是解放心灵》，九州出版社2010年版，第44页。

的状态，这种美的状态自然会带来秩序。康德认为："美使人愉快，并提出人人同意的要求。"[①]美的内容和意义关乎完整的生命、平等的交流、感性能力与理性能力的统一，是人们追求的和谐与自由，正如尼采所言："即使人们闲置所有美学教席，我也不认为人类会停止对美学的思索。"[②]但仅仅保持对美的思索远远不够，我们要懂得何为美、美之形态和范畴、美之特点及本质，并积极主动地去感知美、发现美、创造美，进而进入审美自由状态。

美的教育正是立足于此，引导受教育者感知美的存在，培养其鉴赏美的能力和创造美的主观能动性，使人整体的感性能力和理性能力尽可能达到和谐，使人性完整，最终进入一种审美自由的状态。席勒认为："人必须通过审美状态才能由单纯的感性状态达至理性和道德的状态。审美是人达到精神解放和完善人性的先决条件。"[③]美的教育就是唤醒美、陶养美和完善生命的过程，让人性由异化到反省，在对美的追求和创造中使生命回归完整。

从这种认识角度看，美的教育应该是所有教育的综合形式和教育发展的最高阶段，教育的一切活动都应该以美的规律为指导进行。美的教育目的是启发全面自由发展的人的本质力量和各种能力，培养人的品格和心灵，席勒就在《审美教育书简》中把美和审美及其艺术看做是人类的"第二创造者"。席勒的美育思想显然具有划时代的意义，他把人性的全面和谐发展定作他的审美理想，并试图通过美育来变革社会，最终达到人的解放。"从审美的状态到

① 康德著、宗白华译：《判断力与批判》(上卷)，商务印书馆 1964 年版，第 201 页。
② 尼采著、田立年译：《哲学与真理》，上海社会科学出版社 1993 年版，第 146 页。
③ 席勒著、张玉能译：《审美教育书简》，译林出版社 2009 年版，第 84 页。

逻辑的和道德的状态(从美到真理和义务)的步骤,比起从肉体状态到审美状态(从单纯盲目的生命到形式)的步骤要容易不知道多少。”席勒认为,纯粹道德的生活用理性压制感性,使生活拘谨枯燥,而在美的艺术中,感性和理性能在不知不觉中达到融洽,他把理性与感性的这种自由结合状态称为“美的心灵”。按他的看法,审美活动能为人的智力生活提供高尚情操,使人不知不觉地接受道德观念。①

人们通常把“美的教育”狭义地理解为“审美教育”,它通过对情感的陶冶,以培养认识美、辨别美、感知美、批判美、欣赏美和创造美的能力为目的,以丰富人的情感世界、升华人的精神境界、追求人格完满为任务。而广义的“美的教育”涵盖面更广,它以美的规律为指导,在审美关系中运用美学理论和美的现象实施教育,以培养人爱美、审美、创造美的能力为目的,旨在培养能发现自身美、自然美和艺术美的完全的人。② 美的现象不仅指具体生动的形象,也包括抽象的美的概念,是一个综合概念。我们这里所讨论的“美的教育”是广义上的,以美的现象为内容对象,以美的规律为指导,以实现人性完善和自由为宗旨,把受教育过程与对生命意义的体验过程统一起来,把教育的工具性价值和目的性价值统一起来,真正揭示教育的真谛。

对美及美育的探究,我们将从民主与平等、公平与效率、感性与理性、秩序与自由及美的教育之绝对律令几个方面展开。

---

① 袁振国主编:《教育管理大辞典》(第1卷),中国科技文化出版社2004年版,第62页。

② 曾耀农:《论美育及其内容层次》,《五邑大学学报(社会科学版)》1998年第12期。

(一)民主与平等

民主与平等本身就是美,客观环境的民主是一种和谐的关系,主观关系的平等是自由的表现形式。民主与平等是自由与和谐的追求,也是美的教育之实施基础。美的教育是建立在人与人之间、人与审美对象之间的平等互动之中的。在教育过程中,必须充分尊重其主体性,主要指尊重教育者和受教育者在美的教育实践中的主体性;反映在操作层面,就是建立和谐的人际关系,师生之间、美的教育主体和对象之间要实现平等的沟通。从美的教育内容来看,它具有广博性,美的教育价值得到充分体现的表现,就在于整个社会生活及生活在其中的人都能在其人性文化、人文思想方面达到自由和健全的高度。

美的教育与人类的精神需求有着密切的联系,人类在精神上要求人自身的解放,其根本上是人性得到正常、自然、丰满的发展和人性健全的实现。所以,“美的教育必须为人生的发展与人的解放承担起神圣的责任。”[①]在精神上对完整、健全的人性的追求体现在现实中就是民主,民主社会的实现意味着每个人的人权都得到充分的肯定。

1. 客观环境的民主

政治概念中的“民主”有自主、自由、自愿的涵义,某种程度上是理性与合法的表达形式。在美的教育范畴中谈民主,更多的是取其伦理准则概念,即民主是一种心灵的秩序,体现在客观环境上就是民主的社会环境。“每个人的自由发展是一切人的自由发展

---

① 李建夫:《现代美学原理》,中国社会科学出版社 2002 年版,第 285 页。

的条件”，[①]这需要民主的社会环境，同时这也是美的教育充分实施的前提和基础。美的教育是情感教育，它以促进人性完善为最终目的，在美的教育实践过程中，不仅存在量的问题，更存在质的问题。量指的是美的感受力，以“强弱厚薄”为体验标准；质指的是美的辨别力，也称鉴赏力，以“善恶真伪”为评价标准。在这两个标准中，自由意志同时起作用，它追求的是个人本身的价值和意义。

美的教育根本目的是人，个人的完善中包含着整个人类的完整，正如康德所言：“人是这个地球上创造的最终目的。”[②]审美概念产生于人类社会文明的更替，另一方面美本身分化为理性与感性两极，是带动人类社会发展的两个端点。理性一极体现为科学实验的高度发展，科学的精度与优雅是美的语言，数学体现的是逻辑之美，物理体现的是物质世界的秩序之美，生物学表现出自然选择与生命进化的精巧之美……感性一极则体现在理念的感性显现，音乐之美在旋律，美术之美在线条与色彩，体育竞技之美在力量、速度与耐力以及人体美和体育精神等。

美的教育实质上反映的是现实事物的审美性质及其对人的审美关系，其效果最终体现在全面自由发展的本质力量和各种能力的发展上。在民主的客观环境中，人才能最大程度的关注人类的生命活动本体，以美的教育实施作为自我拯救和超越之径，在美的教育中充分发挥教育者和受教育者的主体地位和主体性，以人类的理性及其自身的价值和善良意志去抵抗对自由意志的侵犯，这

① 《共产党宣言》，《马克思恩格斯全集》第39卷，人民出版社1974年版，第189页。

② 康德著、邓晓芒译：《判断力批判》，人民出版社2002年版，第284页。

样美的教育通过人自身对于美的追求和欲求能力来实现美的生活化、大众化和社会化。

客观环境的民主概念范围包括人与自然的和谐、社会系统内部的和谐、社会成员之间关系的和谐三个向度，以生态自然意向的崇高的平衡之美、社会伦理关系的民主的本真之美，追求完善人性的自由的和谐之美，这是美的教育最终达到培育完整德性和健全人格的实现过程，通过其实现最终达到一种真正自觉、自由的美的思想和生活境界。

2. 主观关系的平等

无论在哲学层面，还是在伦理领域，民主的意识与平等的观念都是密切相关的，一定程度上，客观环境的民主是发展平等的主观关系的沃土。美的教育实施需要真正符合人性的师生关系，师生双方的民主性平等关系就是美的教育所追求的和谐关系。亚里士多德认为，平等是正义的尺度，哲学范畴的“正义”有两个方面的含义，即机会的平等（分配的正义）和结果的平等（矫正的正义）。在美的教育范畴内谈平等，意义在于在美的教育实践中通过仁爱之心的感通，实现正义在社会生活中的平等分配。其中，良好的师生关系是美的教育效果最大化的重要影响因素，因为美的教育就是在师生间持续的对话交流中展开的，正如弗莱雷所说：“没有了对话就没有了交流，没有了交流也就没有了真正的教育。”[①]这里，我们讨论的主观关系的平等主要指师生之间建立民主性平等的对话和沟通关系。

---

① 保罗·弗莱雷著、顾建新等译：《被压迫者教育学》，华东师范大学出版社 2011 年版，第 41 页。

师生关系作为一种动态的人际关系，其特殊性表现在关系双方具有不对等性：其一，这种关系是成熟群体与发展中的未成熟群体之间的关系；其二，这种关系存续的前提是在教育活动过程中双方互相影响，且受影响的程度不对等；其三，关系双方对资源的掌握有先与后、多与寡的矛盾。教育者与受教育者是教学过程的两大基本要素，而且都是具有主体性的生命个体，美的教育因其相对于一般教育的特殊性，对培养良好的师生关系的要求尤为迫切。美的教育主要凭借形象思维的方法，通过引导受教育者的情感共鸣，进入美的判断和鉴赏，使受教育者在愉悦的感受中达到审美自由状态，发现自己创造美的能力和欲求。美的教育过程要求必须充分发挥教育者和受教育者的主体性：一方面，尊重教育者的主体地位；另一方面，其核心目标和任务就是培养和开发受教育者的主体地位及主体性。

所谓师生间建立民主性平等关系，是指教育者与受教育者在美的教育实施中，两个生命体的交流与碰撞是多向互动的参与格局，师生交往活动中具有浓厚的民主气氛，双方处于同等的人格地位，具有强烈的民主和平等意识，以主体性人格自居，平等地进行对话与交流，真正地理解与信任、尊重与接纳，并在态度和情感方面互相影响。这样的关系中，教育者和受教育者在心理上都有安全感，是更接近自由的生命个体，在此基础上建立的关系是直接的、简单的，教育者不是榜样或权威，不拥有绝对的话语霸权。教育者与受教育者在美的教育实践中的合作基于自我了解和互相尊重的友爱的相互教育，不存在“知之”和“不知”的障碍，师生双方都能够自由地探索和思考。

美包含着人类的整个生命，只有实现了完全的自由和理解，才能产生真正深刻的感受力，实现人自身富有创造力的美的状态。美的教育将教育的工具性和目的性价值相统一，使教育过程变成受教育者对生命价值和意义的体验过程，实现真正的主体性创造，这就要求师生之间必须是民主平等、自由互动的关系。

（二）公平与效率

公平与效率是衡量社会发展的两个重要尺度，公平是一个"规范性概念"，用以调节人们之间的社会关系的规范价值。公平作为价值尺度，反映在两个方面：其一，衡量社会满足人的基本权利和需求的水平。其二，衡量社会实现人的共同发展方面所达到的水平。效率是一个"评价性概念"，其评价尺度反映在哲学层面是人的实践活动与所达到的目的之间的比例，反映在社会层面是经济社会在发展社会生产力方面所达到的速度和水平。很长时间以来，教育公平和教育效率的概念就被广泛使用，成为教育活动所追求的两大价值目标。

所谓教育公平，体现的是教育效用价值，主要表现在受教育者的教育权利平等和机会均等方面，作为教育的主体性价值尺度而存在；所谓教育效率，体现的是比较效用价值，主要表现为教育资源的有效利用和有效配置，作为教育的对象性价值尺度而存在。二者有其内在的统一性和差异性，当然二者的矛盾冲突也是客观存在的，并且它们具有互不替代性。公平与效率这一对概念在教育范畴中使用，经历了并且仍在经历着激烈的讨论，在美的教育范畴讨论这一对概念，有其特定意义。

1. 公平是最基本的原则

美的教育是基于生命、立足生活的，其目的在于实现人自身的价值和意义，公平是其最基本的原则。它必须包含以下内容：第一，每个人都必须拥有接受美的教育的权利。美的教育是情感教育，人人都有感情，每一个具有主体性的生命体都应该有权利受到美的陶养，以促进人性完善。第二，必须保证美的教育机会的均等。美的教育是动态的、终身的教育过程，有无闲暇、物质的丰厚程度、精神的成长程度都不应该成为美的教育的阻碍因素，美的教育具有最高的教育价值，每个具有主体性的人在他人生的任何活动中都应该有索问生存意义、追求人格完满的机会。第三，教育具有整体性和生动性的特点，美的教育必须充分尊重这种特性，对教育发展过程中形成的"不利群体"或个体应该给予必要的补偿和调整，确保教育公平，缩小差距，以"补偿利益"来完成完整的、生动的美的教育活动。

在美育中，公平本身就是一种美，是美育的内容。因为是一种个体平等的体现，是对人格与人权的尊重，它指向的是秩序之美。所以，康德认为，正义（公平）是指一个人的意志依自由的普遍法则同他人的意志相统一的总合状态以及在此状态下行为的和谐共处。[①]

公平作为美，根本的原因在于，公平自身所彰显和体现的就是个人价值与尊严的真正根源与动力。公平之美作为人格完善的标志和社会文明的程度，体现了人之为人的文明特征与本质，社会之为社会的文明品性与性质。它是人的完满德性，是个人道德的崇高境界，是人自由而自然的实现个人权利，是社会的品性与伦理，是社会得以圆润运行、和谐延续的基础，也是人类结社的最高目

① Kant, *The Metaphysical Elements of Justice*. Indianapolis. 1965:34.

标。亚里士多德在谈到公正时说:“各种德性中,人们认为公正(平)是最主要的,它比星辰更加光辉,正如谚语所说:公正集一切德性之大成”,“公正之所以是完满的德,是因为有了这种德性,就能以德性对待他人,而不只是对待自身。”[①]

2.效率不能成为其价值尺度

美的教育中,效率有其存在价值,但不能成为其价值尺度。教育的永恒主题是让每个学生得到应有的发展,但是,在现实的教育实践中,教育资源的有限性使得教育效率与教育公平经常会有冲突。美的教育是一个动态发展的教育过程,其情感性限制了效果的量化。因此,在美的教育中,教育“产品”的投入与产出关系尤其难以衡量,片面强调美的教育的工具价值,会丧失教育的整体性和动态性。美的教育效果最终体现在人的全面发展上,其效果达到最优化的标志就是人的身心和谐和德性完整,这是一个不断生长、持续完成的过程。对美的教育目的的追求需要经过无数次潜移默化的“陶养”,需要具有主体性的生命体自然养成的或达到的一种美的状态,这是教育效率概念所不能涵盖的意义。

(三)感性与理性

感性与理性是人们探讨哲学的关键概念。感性基于经验,是事物纯粹所表现出来的东西,内容包括具体可感的事物和世界的现象;理性基于意识,是人经验以外的认识能力,是人类能够运用

---

① 苗力田编:《亚里士多德选集·伦理学卷》,中国人民大学出版社1999年版,第103页。

理智的能力。因此,在人类的实践活动中,具有理性特征的精神活动与人的感性生命要求常常处于矛盾之中。

在美的教育领域讨论理性与感性问题,往往将二者理解为某种形式的对立。传统形而上学的理性主义美学将实存归于超越感性的理性存在和实在,提倡理性的至尊地位,贬抑感性的价值。柏拉图就断言,“美本身”是不能通过感觉器官去感受的,外观美的在场必须以真理的在场为前提。以康德为代表的先验感性论则认为,只有纯然的感性方式、现象方式才能成为美不美的依据;感性形式是超越美学纯理性建构的。理性主义者认为,理性使人具有更高的创造和掌控能力,人类的精神活动以理性为主宰,比如人类对科学的探索活动就是人类对世界的理性掌握;社会理性制约着人类的伦理道德活动,是人类理性自律的广义体现。感性主义者认为自然感性是美的起点和内容,正如著名生态学家卡尔逊所说:“如果说,真实的资料是种子,日后能长成知识及智慧,那么,感性的情绪和印象便是这些种子生长所必须的沃土。”[①]

感性与理性的对立或分化是人性分裂与异化的表现形式,历史上许多理论家也承认这种矛盾,并主张感性与理性相统一的和谐的人才是完善的人。人类对科学的追求不断深入,对世界的理性探索也随之高度发展,另一方面,感性则丰富了人的内心世界,提高了人感情的层次性和人对生活的热情。情感的活动一定意义上又有助于回归自身的内在自然本性,使感性与理性趋向和谐,从

① 威尔逊著、杨玉龄译:《大自然的猎人》,上海科学技术出版社 2006 年版,第 9 页。

而使人与外部世界之间的主客体关系由对立转向和谐。正如卢梭所主张的,感性与理性是辩证统一于人的内在自然的,人的内在自然本性在与外部世界的交往中渐趋完整。[①] 在现实人性中达到感性与理性和谐统一的途径就是通过美的教育,使人进入自由的审美状态,将道德的善与自然现象联结起来,感官世界与理想世界的协调使感性和理性相协调的世界得以重建,达到自然秩序与道德秩序的和谐统一,最终实现感性与理性的统一。

1. 感性是美的教育的起点

马克思曾说:"人不仅通过思维,而且以全部感觉在对象世界中肯定自己。"[②]在他的逻辑中,具有全面而深刻的感觉的人是社会的永恒现实,他肯定了现实世界中感性的基础地位。在美的领域,任何美的事物都具有以自然属性为基础的感性形态,美有其外部表现特征,人通过感性形式去感知对象,通过对其表象的感知,发挥心灵知觉和想象力,才能重构和引申出对象本身的意义。[③] "(美作为)对象是完全可感的,是完全奉献给感性的。"[④]

感性是美的教育的起点。胡塞尔认为,"任何为我而存在的东西所具有且能够具有的每一种意义,不论是按照它的'所是内容',还是按照'它存在着且存在于现实中'的意义,它都是在我或者从我的意向生活中、从意向生活的构造性的综合中,在一致性证实的

---

① 卢梭著、李平沤译:《爱弥尔》,商务印书馆 1978 年版,第 360 页。

② 《马克思恩格斯全集》(第 42 卷),人民出版社 1979 年版,第 125 页。

③ 谭容培、颜翔林:《差异与关联:重释审美感性与审美理性》,《湖南师范大学社会科学学报》2014 年第 1 期。

④ 米盖尔·杜夫海纳著、孙非译:《美学与哲学》,中国社会科学出版社 1985 年版,第 61 页。

系统中被我澄清并揭示出来的。”[①]在现象学视阈，感性活动的意向性建构使得存在形式的意义得以显现，美的教育才成为可能。美的对象是诉诸感性的，是经由心灵组织重建后的完整的感性图式或感性形象，美的教育基础建立在自然感性的空间之上，感性是美的教育的起点。

美作为对象的感性特征是美的教育的本质特征之一。因为感性首先是基于自然生命力的，生命本能的作用要求人不断探索人的价值和本质意义，这使得人对于具有“使人愉快的属性”的对象有强烈的追求欲望，这种追求美的欲望正是人类活动最深层次的动力性根源，人由此才证明了其本质力量的存在。而且，感性特征与人的欲望、情感、兴趣是紧密联系的，美的需要是从人的本能需要之上萌生出来的享受性需求，由此而生的内在心理动力就是人的感性生命要求，表现在美的教育具有浓厚的情感特征。对美的欲望和需求过程中出现的情感活动，推动着生命主体由日常的心理状态向审美的心理状态转化。在这种转化过程中，对美的对象的肯定性情感是推动美的教育活动开展的动力。

2.理性体现美的教育的创造性价值

美始终以感性的方式存在，同时又带有理性的成分。美并不是生命主体对客观对象的消极反映，它通常满含着生命主体的情感和想象，是具有创造性的、积极能动的主观意识，这种主观能动性的抽象构成美的理性成分。从美的本质来看，美是人在主观世界对客观对象的一种有意识的活动。席勒在《审美教育书简》中说

① 胡塞尔著、倪梁康等译:《生活世界的现象学》，上海译文出版社2002年版，第153页。

道："在人的身上可以区分出一种持久的东西和一种经常变动的东西，持久的东西称为人格，变动的东西称为状态"，"这就在人的身上产生了两种相反的要求，它们是感性本性和理性本性两种基本法则。感性要求绝对的实在性，它应该把一切凡只是形式的东西转化成实际，使人的一切素质表现出来；理性要求有绝对的形式性，它要把凡只是世界的存在消除在人的自身之内，使人的一切变化处于和谐中。"[①]这样，席勒就为把美从主观世界带到客观世界铺平了道路。他将美视为自由的生命的最高状态，美一方面是感性的，但也无法脱离理性而存在。"美对我们是一种对象，因为思索是我们感受到美的条件。但是，美同时又是我们生命主体的一种状态，情感是我们获得美的观念的条件。美是形式，我们可以关照它；美又是生命，因为我们可以感知它。"[②]在席勒的逻辑里，感性和理性在"生命的自由"里实现了美的统一，理性是人自身的本质力量的体现，它在与外界事物的相互作用中使人自身的本质力量得以实现，进而理性在感性显现中实现美的创造。

创造性是理性体现在美的教育中的本质特征。美的教育过程是教会生命主体自由运用心灵的意向性功能，通过情感选择，对客观对象进行意义重构，对其自然形态进行主动的改造和扬弃，使美的感性形态最终与理性形态相统一的过程。在这个过程中，生命个体通过主观能动的意识活动，发挥了理性的创造性和超越性，是审美活动向创美活动推进的过程。美的感性形式是通过其所蕴含的内容及意义的象征意义表现出来的，而象征就标志着理性的介

① 席勒著、徐恒醇译：《审美教育书简》，中国文联出版社 1984 年版，第 74 页。

② 同上书，第 130 页。

人。它带有美的法则和道德律令，负有自我超越和自我完善的责任，蕴含着创造的价值，引导人对于美的状态进行深层沉思和追问，这也正是美的教育中所需要思考的问题。美的状态是感觉内容和理性本性形式统一融合的结果，康德认为感性是理性的条件，但理性需要对感性作出判断，因为感性最终是源于人对内心自我理性的尊重。他在对艺术本质的思考中提出了“纯粹美”和“依存美”的概念，在对这两个概念的表述中，康德承认产生和创造美必须通过感性，但他还宣扬人以理性为特征的先天能力，认为想象力和知性所体现的主观能动性是人创造美的天生的内心素质。

3. 美的教育是实现感性与理性统一的桥梁

完善的人是感性与理性融为一体的、和谐的人，历史上许多理论家都认为，既然“美追求的既不是理智，也不是心灵，而是人的各种能力和谐统一的整个心态”①，那么美的教育应该可以消除人性的异化与分裂，人性的完善应该可以通过美得以实现。“美应该是现象中的自由”，美的客观性决定了理性可以在美中自由展现，并与自然达到统一、与感性和谐的共处一体。② 美是感性与理性的统一，也是人与物和谐统一的体验，那么通过美的教育实现的“完善的人”或“自由和谐的人性”自然就是完整而自由的存在。人的感性冲动与人的理性冲动都具有强迫性，无法直接协调统一。美的教育是情感教育，它使人的情感得到解放和升华，通过美的教育，人的感性生命具有了文明的内容，人的理性形式也有了其自由

---

① 蒋孔阳主编：《十九世纪西方美学名著选（德国卷）》，复旦大学出版社 1990 年版，第 173 页。

② 席勒著、徐恒醇译：《审美教育书简》，第 85 页。

价值，这是感性与理性和谐统一的基础。

美的教育通过培养美的心灵和健全的人性来完成感性和理性在人的内在自然的辩证统一。黑格尔在《哲学史讲演录》中说："我们现在世界所具有的自觉的理性，并不是一下子得来的，也不只是从现在的基础上生长起来的，而是在本质上原来就具有的一种遗产，确切地说，乃是一种工作的结果，人类所有过去各时代工作的成果。"[①]在黑格尔看来，感性是情感的形式，理性是情感的内容，而"美是理念的感性显现"，[②]通过美，形式与内容统一起来，感性与理性也实现了融合。人的感性与理性从本源上看并不是根本对立的，"即使在最粗野的人身上，我们也可以找到理性自由的确凿无误的痕迹，正如在最有教养的人身上，也不乏唤起昏暗的自然状态的瞬间。"[③]

美具有令人解放的性质，美的教育从两个方面协调感性与理性的统一问题：其一，美的教育通过情感的活动，使理性关照其自身本质的自然属性，并与人自身的内在自然的感性生命发生共通联结，使生命主体与美的客体关系实现统一和谐；其二，美的教育通过广义的美的发现，重建人的感性世界，建构理性与感性相统一的基础，在美的教育过程中，美的形式与人的现实生活相融合，人的感性与理性也由此可达和谐之境。

（四）秩序与自由

传统教育更强调客观知识的传授和教育科学性的价值，它关

---

① 黑格尔著、贺麟等译：《哲学史讲演录》（第一卷），商务印书馆 1959 年版，第 9 页。

② 黑格尔著、朱光潜译：《美学》（第一卷），商务印书馆 1995 年版，第 142 页。

③ 席勒著、徐恒醇译：《审美教育书简》，第 123 页。

注的秩序是依靠某种制度或规范带来的个人发展或社会发展的效率，注重秩序的功利性或经济性价值。在传统教育的逻辑中，秩序是关乎纪律、权威、规范、制度的，其基本属性是确定性和稳定性；除了政治意义，教育活动所指涉的自由更多被赋予个体解放的意义，从人的发展来看，自由也是教育希冀的一种理想境界，其基本属性是不确定性和创造性。[①] 从这个角度看，秩序与自由是一对互相对立的概念。

美的教育关注人的完善和德性完满，终极目的就是建立自由秩序。克里希那穆提认为，美自然带来秩序，而拥有内心秩序的人是圆融无碍的自由的人。在他的学说里，秩序与自由是一对相辅相生的概念。人有追求秩序和自由的双重需求，美的教育就是通过美的规律使秩序与自由不断追求平衡的过程。秩序是人类得以生存的前提，"如果不存在秩序、一贯性和恒长性的话，则任何人都不可能从事其事业，甚或不可能满足其最基本的需求。"[②]自由是人的本性，是人类社会和个人发展的必要条件，也是人类追求的最高价值，"凡在不以本人性格而以他人的传统或习俗为行为的准则的地方，那里就有着缺少人类幸福的主要因素之一，而所缺少的这个因素同时也是阻碍个人进步和社会进步的一个颇为主要的因素。"[③]正是自由意识给了人独立性、主观能动性和创造性，这是人实现自我创造、自我完善的前提。所以，秩序和自由必须在人的和谐、完善中达到一种平衡，而美的教育因其教育内容和教育追求，

① 麻美英：《规范、秩序与自由》，《浙江大学学报（人文社会科学版）》2000年第6期。

② F.A.哈耶克著、邓正来译：《自由秩序原理》，生活·读书·新知三联书店1999年版，第200页。

③ J.S.密尔著、许宝骙：《论自由》，商务印书馆1986年版，第60页。

有建立自由秩序的现实可操作性。

1. 美自然带来秩序

真正的秩序不是纪律、规范、制度这些具有限制性的形式，它们或者代表权威，或者代表控制，用依赖或压抑手段使人或社会达到某种秩序，但任何带有模仿和恐惧的形式都不能称为秩序。真正的秩序源于自由，是完整的心灵的满足，是人的心灵摆脱了对立冲突的自由的状态，是智慧的行动，它带有永恒的美的特点。真正的生命之美形之于外就是秩序，个人心灵的秩序是实现外部世界秩序的起点。

秩序反映在内心是摆脱了冲突和混乱的心灵，反映在形式上就是有条理和分寸。条理是联系线索，是横面上的秩序；分寸是本末轻重，是纵面上的等差，能够“别条理、审分寸”的心灵就达到了有秩序的自由状态。美是艺术的对象，美的活动通常分为欣赏和创造。欣赏是辨别，创造讲分寸。美的教育以其规律和秩序，顺应人类爱美、审美、创美的天性，使之尽量伸展，其目的可以说就是使人尽“性”，最大限度的调动和发展人对于美的追求。

美本身就是秩序，美的教育是给人自由和秩序的教育，体现在两个方面。首先，美是人的本能冲动和情感需要，美的教育把人从自然限制中解放出来。人有各种本能冲动和附带的情感、欲望，在实际生活中，各种冲动之间经常是冲突的，美使得本能冲动和欲望有了自由发挥的途径，经过美的升华，各种冲动和情感得以解放。由于自身和历史发展的规律，人在自然中是极其不自由的，除了生物本能受到物质条件限制外，人自身还有欲望和情感，这使得人变成了“两重奴隶”。美的教育使人从这种种限制中解放出来，可以在自由的状态下欣赏美和创造美，把人的身体和心灵从“双重限制”中解放出来。其次，美能开拓人的眼界，美的教育解放人眼界的限制。美是人在现实生活中随时需要的支撑生命活力的本能需要，美的教育通过解除眼界的限制，使人向外关照形式之美和设计之美，也能向内关照本身的生命之美，人内心的真正的美会产生正直的行动，正直的内心行动自然带来真正的秩序。

2.美的教育推进人的自由的实现

自由一方面为人的个性发展提供可能性，另一方面有助于教育公平，是教育的根本性价值追求。美的教育的本质是发展人的自由精神，实现人的自由。真正自由的人拥有和谐的内心秩序，其内心世界摆脱了冲突和混乱。内心的秩序是外部世界和平与秩序的基点，而这一切的秩序都只能始于自由。美的教育核心应是自由人的养成，美是联系自然人和自由人的桥梁。

从美的教育对个人的全面发展维度看：第一，美的教育有助于培养人的自由能力，主要包括自由学习的能力和自由思想及表达的能力。美是个体生命的主动行为，通过美的教育，人能够积极发挥自由选择学习内容、表达自己思想的主观能动性。第二，美的教育有助于塑造人的自由精神。美是人的本能冲动和情感需要，美的教育服务个人精神的发展，鼓励生命个体按照自己内在本性的要求，追求不同的生活方式，创造独特的精神气质，使自身的存在与发展趋向自由。第三，美的教育有助于养成人的自由人格。经由美的教育，生命个体自由选择善和道德的观念，并按照美的需求进行多元选择，养成自由人格。

3.美的教育的终极目的是建立自由秩序

真正的秩序源于自由，而不是相反，自由指向人生命中的“美”，这种“美”自然会催生正直的行为，而正直的行为自然指向秩序。自由是人的本性和绝对权力，秩序是心灵智慧的行动，是社会最根本的需要。秩序是实现人的自由的目的和手段，而自由则是秩序的目的所在；换言之，秩序总是在自由中的秩序，自由也是秩序下的自由。

美的教育的终极目的就是建立自由之秩序。自由秩序包括形式上的法律自由秩序和个体心态自由秩序。美的教育构建的是心态自由秩序，包括个人的自由心态秩序和生命自由秩序。

美的教育的目的就是消除人类的认识困境和生命烦恼，通过美的道德和哲学，建构自我的自由心态秩序，心态自由秩序建立的标志是个人自由完善的达成。美的道德自由指向的是心灵智慧，美的自由体验和自由想象关乎心智的启发，以主体生命的能动思考和情感体验为主导。生命自由秩序是个体生命的主体性要求，既包括个体生命的价值要求，也包括构建自由秩序社会的要求。美的教育必须最大限度的关照生命，生命主体才能实现创造美，这是美的道德和美的哲学的共同要求，它既是理性的又是感性的，既是自我反思的又是自我想象的，既是自由的又是自律的，这就是心态自由秩序的实现。

(五)教育的绝对律令

真善美体现在心的层面就是知意情，情指目的的实现程度所导致的情感体验，是知与意结合的结果，其状态有美丑之分。美的教育是情感教育，其教育过程是引导人动情感，进而创造美的过程。如果人的行为既合规律性又合目的性，在必然的基础上实现了应然的状态，达到了“从心所欲不逾矩”的自由境界，他就获得了一种美的体验。中国古代儒家的六经教育中“诗”“礼”

“乐”三项都属于美的教育内容，诗与乐相声相和，目的在于养性怡情，以养成内心的和谐；礼在于规范行为，目的在于养成行为上的秩序。诗与乐的陶冶蕴于内，培育的是性情；礼的规范发于外，形成的是秩序。这种教育的结果就是养成内“善”外“美”的完善的人。

美的教育目的就在于此，要实现其目的，在美的教育过程中必须依照教育规律确定必须遵循的原则。美是生命主体与客体之间的主动关系，创造美的活动更是不可避免地体现生命主体的主观性；美是人天性中固有的东西，与真和善一样，是其一部分的本性，所以美的教育不可能单独完成，其实施必须要在一定的客观环境和主观关系中，故美的教育之绝对律令有二：其一，尊重生命个体的主体性；其二，与“真”和“善”的教育相辅相成。

1. 尊重生命个体的主体性

马克思曾说：“人也是按美的规律来构造。”[①]美是世界的存在尺度，是人的天性的一部分，美的教育关键就在于首先把这部分天性由无意识的情感倾向提升到有意识的心理需求，然后再将这种有意识的情感倾向导向人的下意识，使之成为稳定的、习惯性的高级心理状态。美的教育是为了实现人自身的美化，以达成内心的完善和自由，所以美的教育应该是人的终身教育之内容，关注的是人的生命活动本体，以美的追求作为超越生命主体的途径之一，以重构人的感性的生命价值和意义，解放人作为自然界和精神世界“双重奴隶”，最终达到自律、自由的生活境界。美的教育实施必须尊重生命个体的主体性，体现在三个方面。

---

① 《马克思恩格斯全集》(第一卷)，人民出版社 1974 年版，第 47 页。

其一，是由美的教育特点决定的。美的教育具有自然性、情感性和民主性的特点。自然性是指在美的教育中强调人与自然的天然亲和性，从生态系统层面考虑，关注的是整个生态系统中人的自然生存环境和精神世界的价值。情感性是指美是生命个体与对象之间的主观关系，自然感性美和情感本真美通过人的主观能动达到和谐，关注的是人性和人类本真的情感。民主性是从人的自由要求层面考虑，在本体论意义上强调“自由是一种天赋人权”，“在一切动物之中，区别于人的主要特点的，与其说是人的悟性，不如说是人的自由主动的资格。自然支配着一切动物，禽兽总是服从；人虽然也受到同样的支配，却认为自己有服从和反抗的自由。而人，特别是因为他能意识到这种自由，因而才显示出他的精神的灵性。”[①]可见，美的教育之实施有赖于生命个体的主动性。

其二，是由美的教育过程决定的。美的教育过程是生命个体与对象之间不断作用而产生的一种交互融合、物我合一的积极活动，美在这个过程中对生命个体进行“陶养”。但“陶养”的过程必须是由生命个体做出的主体性行为，通过对象自身的美的形象或美的感染力量，生命个体通过主体情感活动产生美或不美的体验，作出相应的判断，只有生命个体作出了肯定性的判断，美的教育效果才能体现出来。

其三，是由美的教育效果决定的。美的教育效果是难以量化的，其最终体现在人的全面发展和心灵的完善、和谐之上，生命个体达到身心和谐、人性完善是美的教育效果最优化的体现。这是

---

① 卢梭著、李常山译：《论人类不平等的起源和基础》，商务印书馆 1996 年版，第 51 页。

一个不断生长、持续完成的过程，其中，起关键作用的还是生命个体的主体性，人以其自觉地追求和生命意志不断完善自己的心理结构、改善自己的人生态度，追求一种美的生命状态。

2. 美的教育的辩证性：与“真”和“善”的教育相辅相成

美的教育是一种整体性的教育，是人的终身教育。美的教育不是单纯地指向艺术或情感，而是关注人性对美的需求，以及人爱美、审美、创美的心理需要；教育过程也不是单一的审美活动，它所包含的科学意志和道德层面的美的概念；教育目的不仅仅是人的审美能力或创美能力，它指向的是培养“完整的人”和完善的德性。所以美的教育与“真”和“善”的教育必须协调互补、共同推进，因为“真”“善”“美”本身就是统一的、完全的教育形式，三者谁都无法脱离其中而独自完成。在美的教育过程中必须重视美的教育的辩证性。

美的教育在一定意义上是“真”“善”“美”三种教育理念的有机结合。科学规律的“真”是美，道德本性的“善”是美，自然质朴的“情”也是美，这三个方面相互配合，不可分割，辩证地统一在教育整体之中，共同促进人的身心和谐和人性完善。美的教育重在情感陶冶，善的教育重在意志和伦理修养，真的教育重在实用和客观方面的追求。美可养善，善以扬美；美以启智，智以创美。美一方面使人情感发达，以追求完美的境界，一方面又可作为善和真的教育手段，启真、养善。

四、真善美的关系

马斯洛在他著名的“需要层次理论”中明确将真、善、美的需要列入人精神层面的需要，他认为精神需要的满足是一个人完善人格的重要体现。马斯洛还特别强调，在他的需要层次理论中，一般是从低到高呈阶梯状逐级递升的，但是由低到高的层次秩序不是完全固定的。在厘定真、善、美三者的关系问题之前，我们基于前文论述先明确何为真、何为善、何为美。

“真”是认识的对象，反映客观事物的内在本质和内在规律，指导人的客观实践活动，要求人的实践要“合规律性”。“善”是意志的对象，反映的是人在社会实践中对良好意愿、善良意志的追求，在伦理层面是一种追求人与自然、人与社会、人与人的和谐关系的功利价值，要求人的实践活动在“合规律性”的基础上“合目的性”。“美”是情感的对象，反映的是人在实践活动中所追求的和谐统一，包括真与善的统一、合规律性与合目的性的统一、外在社会发展与人的自我提升的统一，是客观世界和人的精神世界要达到的理想境界。由此看来，真善美是事物的本性，也是人类的基本精神，此三者必然是不可分割的一个整体，求真向善是人类社会发展的基本促进因素，美的需要是人类发展过程中的发展性需要，是一种极为重要的精神需要，是促成人不断完善人格的内驱力。正如马斯洛在他的《动机与人格》中所表达的：“美的需要与意动、认识需要的重叠之大，使我们不可能将它们截然分离。”①

（一）真善美的关系问题

我们在这里讨论真善美的关系问题，是基于真善美是相互依存、不可分割的一个整体，但又各有其价值的基本观点。“真”是认

① 马斯洛著、许金声等译：《动机与人格》，华夏出版社1987年版，第26页。

识的对象，在哲学上反映的是思维与存在的关系，在于解答“世界的可知性”问题；“善”是伦理意志的对象，在哲学上研究的是个人与社会的关系，是人的实践活动的前提和目的；“美”是情感的对象，在哲学上反映的是主体与客体的关系，它解决的是主体与客体达到真正和谐统一的问题。真善美三者从客观、内在和有机三个层面都有其关系，并且按其历史发展，经历了从“真”到“善”、从“善”到“美”的二个阶段，下面就此展开详细论述。

1. 真与善的关系：实践是沟通二者的中介

实践是沟通真与善的中介，这是从“真”与“善”的概念内涵层面发散来讲的。“求真”是人“合规律性”的客观实践活动，“求善”是人在此基础上“合目的性”的实践活动，这正是人类所有实践活动的两个指向：其一对外指向探索客观规律，即“求真”；其二对内指向满足人的内心需求，即“求善”。实践的基本指向和根本需求，把人类“求真”与“求善”的基本需求联系在一起。但是在康德的哲学体系里，真与善统一于一种特殊的精神——美。康德认为，“真”是揭示科学和知识的，只服从“必然”，代表自然界的秩序；而“善”是伦理意志，是一种“应然”，解释的是道德秩序，这二者是分裂的。在此之后，“真”与“善”的割裂论持续了很长时间，随着哲学和历史的发展，片面“求真”越来越遭到人性的反抗。

马克思主义认为真与善的关系即思维与存在、个人与社会的关系，思维与存在的关系不是一种抽象的存在，它是通过人与社会的客观实践活动体现出来的，而人的这种客观实践活动又必须建立在思维与存在的基础之上，故人在求真的过程中，必然伴随着求善的活动。实践使人的求真的活动变成可能，并且随着历史的发展不断上升到更高的水平，求真一定意义上是向善的实践过程。求真向善是人类拥有的基本精神，通过实践，真和善联系起来，求真向善成为社会发展的基本促进因素。

2.善与美的关系：关系是联结二者的桥梁

中外哲学历史中，都有善是美的前提这一观点的体现。在中国古代，人们普遍“以美为善”，《论语》里有 14 处提到“美”，其中十处其实意指的是“善”。荀子说，“天下皆宁，美善相乐”（《荀子·乐论》），认为表现善的艺术就是美的艺术。伍举在谈到美的本质说：“夫美也者，上下、内外、大小、远近皆无害也，故曰美。”（《国语·楚语上》）这与孔子的“里仁为美”（《论语·里仁》），其实是不谋而合的，都认为善就是美。

亚里士多德在他的《修辞学》里也谈到：“美是一种善，其所以引起快感，正是因为它善。”他认为善是美的前提，判断事物是否美的基本标准即善，只有符合了善的原则，它才有可能是美的。因此，美的教育同时是向善的教育，美的教育过程就是强化人们对善的追求过程，通过美的教育，人们认识到善的意义，从而激起了对善的追求。善是社会群体谋求合作与发展的基本心理条件。

马克思主义哲学基本认同善是美的前提这一观点，善与美通过“关系”联结起来。善反映个人与社会的关系，美反映主体与客体的关系。主体与客体的关系必须通过个人与社会的关系表现出来，人在求善、向善的同时，必然伴随着美的活动。美的活动必须在主客体的关系中才能进行，而这种关系建立在个人与社会的关系之中，其中包含着求善、向善的活动，真与美的关系正是由此联结起来。

3. 美与真的关系:真是美的基础

黑格尔认为:“美本身必须是真的。”[①]加德纳也说:“每一种智能都能导向艺术思维的结果,都能按照美学的方式排列。”[②]真是美的生命,追求美的过程,必然是求真的过程。正如杜威所言:“由于我们常常不考虑现在而考虑过去与将来,把对过去的回忆与对将来的期望加入经验之中,这样的经验就成为完整的经验,这种完整的经验所带来的美好的时期便构成了理想的美。”[③]

真是美的基础,美是逻辑关系上的真。“美虽然不同于真、不同于善,但不真不善的东西却不可能美。”[④]通过潜移默化的影响,美的教育培养对求真精神的追求,它由情而始,以乐而终。庄子认为,美与真是相通的,求真就是为了求美,在他的著述中有诸多相关表达:“法天贵真”(《庄子·渔父》),“原天地之美而达万物之理”(《知北游》),“真者,精诚之至也。不精不诚,不能动人”(《渔父》)、“功成之美,无一其迹也”(《渔父》)。追求“真”和“理”能够成就个体人格的自由。由此,在庄子哲学中,真善美于精神自由的审美境界之上达成了统一。

(二)真善美的地位及作用

人类在社会实践活动中从未停止过对真善美的追求,并把三者的统一视为最高理想。但真善美是三种不同的价值,在人类社会实践活动中有不同的地位和作用。“美”是具体的感性的,不是

---

① 黑格尔著、朱光潜译:《美学》(第一卷),商务印书馆 1979 年版,第 142 页。

② 霍德华·加德纳著、沈致隆译:《多元智能》,新华出版社 1999 年版,第 146 页。

③ 伍蠡甫主编:《现代西方文论选》,上海译文出版社 1983 年版,第 226 页。

④ 蒋孔阳:《美和美的创造》,江苏人民出版社 1982 年版,第 23 页。

抽象的概念，有其自身特有的质的规定性。“真”是客观规律和理性的抽象形式，它成为美的条件是必须以具体的感性的形态呈现出来。“善”同人类自身和人类社会的功利需要直接联系，它也必须体现在具体的感性的形态之中。“与其它价值相比，美的价值更明显地表现为它是以人自身为最高目的，以人的全面而完整的发展为最高理想，以满足人本身的自由生命创造为最高价值尺度。”[①]就真善美的地位与作用而言，真是美的基础，善是美的前提，美可以提高人对真善的认识和追求，美因其情感性，具有潜移默化的培养人求真向善的精神作用。

1. 真善美是培养“全人”的标准和尺度

德国教育家第斯多惠提出的“全人教育”思想，以真善美为标准和尺度：全人是能够自由思考、以追求真善美为崇高使命的人，是充满人道和博爱、为人类理想而忘我牺牲的人，是全面和谐发展的人。[②] 王国维在1903年就从“完全的人”的培养需要出发，论述“真善美”在教育中的地位和作用：“完全之人物，精神与身体必不可不为调和之发达。对此三者而有真善美之理想：真者，知力之理想；美者，感情之理想；善者，意志之理想。完全之人物不可不备真善美之三德，欲达此理想者，于是教育之事起。教育之事亦分为三步：智育、德育（意育）、美育（情育）……三者并行而得渐达真善美之理想，又加以身体训练，斯得为完全之人物，而教育之能事毕矣。”[③]

① 杜书瀛：《艺术的哲学思考》，辽宁人民出版社2001年版，第252页。

② 滕大春：《外国教育通史》，山东教育出版社1989年版，第324—325页。

③ 俞玉滋、张援：《中国近现代美育论文选》，上海教育出版社1999年版，第10—12页。

真善美是教育哲学对教育评价的标准和尺度，其首要标准是“真”。由于真的尺度的存在，实践活动的“合规律性”推动了既往教育活动的科学化，提高了教育实践活动的效率，但教育活动的片面“求真”，可能使教育的整体性和生动性受损。第二标准是“善”。人类的自觉性即目的性是既往的教育活动的第一特征，教育实践的“合目的性”（即“善”的标准）强调教育效果的即时性，对教育外在价值和工具价值的过度强调，导致教育活动的根本价值或内在价值相对丧失。第三标准是“美”。美是求真与求善的统一，是“全人”教育所要达到的理想之境。美是自由的形式，人类实践和整体教育活动孜孜以求的真和善的统一目标就是美的境界。在作为衡量教育标准的尺度作用层面，美的尺度显然是高于真和善的更高的尺度。求美的冲动贯注人类历史的始终。

2.真善美是时代精神的基石

当前，社会飞速发展，关注信息、速度逐渐成为时代风尚，文化交流与碰撞正以人们从未想象和从来无法预估的频次进行，它带来的副作用就是价值观念在更大范围内发酵、发散，人性分裂日益剧烈。要整顿和重建时代精神，弥合人性的分裂，真善美起着基石的作用。量子论奠基人普朗克曾说：“科学是内在的统一体，它被分解为单独的部门不是由于事物的本质，而是由于人类认识能力的局限。”[①]真善美在重构时代精神中的作用也是如此，三者要共同发生作用，真是基础，善是方向，美是升华。

本体论意义上的“真”指事物本来的面貌、本真和本质，是人类精神的基础；广义上的“善”具有伦理上的功利性，即合理的利益，

① 引自夏禹龙等：《科学学基础》，科学出版社1983年版，第5页。

它要求人们的行为具有“合目的性”，是人类精神构建的方向；“美”是生命的根本需求，是“真”和“善”的统一与升华，是人类精神追求的理想境界。真善美三者构成了时代精神的三个维度，这也是其内在依据。其中，真是质的规定性，善的目的性是存在的意义，美是内在本质和生命特征。当今时代精神的重建应该以此为基石，正如德谟克利特所言：“永远发明某种美的东西，是一个神圣的心灵的标志。”美是人类生命和精神的基本要求，梁启超曾经说过，美是人类生活一要素，或者还是各种要素之中最重要者，倘若在生活全内容中把美的成分抽出，恐怕便活得不自在，甚至活不成。①

（三）真善美的统一问题

真善美的统一问题一直是中外哲学史上各家讨论和探索的一个命题，真解决的是世界“是如此”的问题，善解决的是世界“应如此”的问题，美是二者的升华，怎样把“应如此”与“是如此”结合起来，是人们对于真善美统一的孜孜追求。中国哲学家基于对真善美的整体意识把真善美视为“天人合一”“知行合一”“情景合一”，认为求真就是为了求美，个体人格自由的实现既是一种“大美”，又是最高形式的善；真善美的统一是和谐人性的完善与和谐世界的构建的内在要求。西方哲学家把真善美作为人与外部世界、主体与客体的和谐统一，并据此寻找真善美统一的客观依据。从主体自身来看，主体自身有“知—情—意”三种心理特征，主体人格的发展赖于心理特征的相互补充，主体人格的完善就是真善美的协调和统一；从主体活动来看，主体的认识活动、实践活动和审美活动共

① 梁启超：《美术与生活》，载《饮冰室合集》文集第14册。

同构成人类能动的创造性实践，为真善美的统一奠定了现实基础。

1.真善美的统一是一个历史的过程

人类在社会实践活动中从未停止过对真善美的追求，真善美也统一于人类能动的创造性的社会实践活动之中。真善美的统一不是抽象的统一，理论的建立和完善并不能成为实现其统一的标准，真善美统一于人的生命活动之中，是形象化的统一，真和善在一切实践活动中达到内外结合的统一才能达到美的标准和境界，在此境界中的人追求与信仰真善美的品质，成为真善美合一的人，“(具有主体能力的人)对真、善、美的需要是最基本的需要。”[①]人的一切物质活动和精神活动都是具体可感的，真正意义上的美必然是真和善形象化的结合。因此，真善美的统一是主体与客体的和谐发展，是理想人格的完善，其必然统一于人类的实践活动之中。

马克思主义哲学认为真善美是三种客观的价值，其相互关系是辩证的，在实践活动中各有其地位与作用。人类的社会实践是能动的创造性活动，充分体现了真善美的统一。人类的实践活动遵循三个基本尺度：任何“物种的尺度”——真、人自身的“内在尺度”——善、“美的规律”——美，这三个尺度也客观地决定了人类的认识必然具有追求真善美的本性。真善美具有社会性、发展性和客观性，体现客观对象的社会价值，这是在人类社会实践过程中客观形成的。

2.真善美统一的现实意义

哲学上所追问的真善美问题，本质是探究人自身与世界的关系问题，解答的是“存在何以可能”的问题。真善美的统一问题是

---

① 高尔泰:《美是自由的象征》，人民文学出版社1986年版，第24页。

人类走向全面发展的自我创造的必经之途。在人类的社会实践活动中,真善美的统一是人类发展的物质和精神基础,是其最高理想,人类总是在向着这个目标努力,力求实现人的全面自由发展和社会的和谐统一。

在人类的社会实践活动中,“真”反映了人们所遵循的路线方针和原则是与社会现实相符合的,人的实践活动是“合规律性”的主观能动的创造性活动。“善”体现的是构建和谐社会的“以人为本”理念,人们改造和创造世界的活动,符合人们的利益和要求,既注重人类整体利益的提高,又现实的关注生命个体的生存状态和利益需求,因而是“合目的性”的活动。“美”是生命本身的和谐,包括人的身心和谐、人与他人的和谐、人与自然的和谐、人与社会的和谐,是人类社会发展的最高价值目标和理想之境,正如檀传宝在《德育美学观》一书中的表述:“人过真正的道德生活,就是实现人本质的过程。真正的伦理生活必然具有立美和审美的可能性。”[①]在这种理想境界中,人的潜能得到最大限度的发展,人的内心完善与完满的需要得到了全面的、丰富的满足。真善美的统一,一方面对于生命个体本身的身心和谐和内心完善具有不可估量的意义,另一方面对于当下正在痛苦分裂的社会之整合也具有重要而积极的促进意义。

---

① 檀传宝:《德育美学观》,教育科学出版社 2006 年版,第 172 页。

第五章　教育的价值探讨

作为一种针对人的活动，教育活动的价值至少包括两方面涵义：其一，价值功能，即教育活动能够在给定的时空范围内，为个体的存续发展提供支持和支撑；其二，评价教育活动的准则，即对一定时空关系中的教育活动以何种标准和尺度进行衡量与评价，这也是教育的价值需求方面的问题。教育的价值功能和价值需求二者之间存在相互依存关系。从一般意义上讲，主体对教育的价值需求产生变化，教育功能会随之而变。就如同高等教育的三大职能——人才培养、科学研究与服务社会——是伴随着社会发展进步、高等教育与社会发展结合愈发密切的过程而不断增殖的。而随着教育的不断发展，教育与社会越发交融，教育将承担起更多的使命与社会责任，教育对社会的作用或者贡献会越发突出，人们希望教育解决更多的社会问题。教育的进步伴着教育功能的拓展，教育功能的拓展势必引起人们对教育给予更多的期望。从这一角度讲，教育的价值功能进一步扩大，会使教育主体对价值需求发生改变。然而，教育毕竟有其内部规律，不能一味迎合或回应社会的所有要求；将过多的职能强加给教育，只会损害教育的品性、歪曲教育的价值。所以，在社会的欲望面前，教育必须审慎而严肃地思考其应有的本真价值。

一、追求真理的过程还是个体谋生的手段？

教育事业的根本意义在于通过不断追求真理的过程来提升对人的本质的认识，追求人的和谐发展。教育目的的确立不仅是一个国家人才利益的意志体现，更为重要的是它可以规范教育活动的全过程，使之更加合乎教育的规律和社会的需要。皮亚杰认为，教育是认知发展的陶冶过程，是创造条件促使儿童与外界相互作用，使其认知结构不断成熟和发展的过程。教育的首要目的是培养儿童能做新事，有创造能力和发明兴趣，而不在于只训练重复既有事情的人；其次是要培养儿童的批评和求证的能力，而不只是接受知识。[①] 正如怀特海所说，教育所要传授的是对思想的力量、思想的美、思想的条理的深刻认识，以及一种特殊的知识，这种知识与知识掌握者的生活有着特别的联系。[②]所以，教育的过程不是知识的灌输，而是引导，教育的终极目的是指向人的精神层面，指向个体的创造力、判断力以及感情的提升，从而促进人的全面、自由发展。

长期以来，人们习惯性地将不同教育主体的主观意志或者需要作为教育的目的，建立在这种错误导向上的观点过多地强调利益和得失、工具和技巧，从而遮蔽了教育的真正目的和价值。诚然，教育作为社会的一个子系统，决然屏蔽不了社会对其施加的种种影

① 郑健成主编：《学前教育学》，复旦大学出版社 2007 年版，第 288 页。

② 怀特海著、徐汝舟译：《教育的目的》，生活·读书·新知三联书店 2002 年版，第 26 页。

响，但是这并不意味着教育没有独立的追求目标和价值取向。教育的功能是属于全人类的，其特性也具有全局性和历史性，或许教育的本质一时为错误的主流价值观所遮蔽，但是教育本质的回归是社会发展的必然。如果我们从教育的本质和追求目标出发，再回头审视、评价和界定我们的教育目的，或许能够更好地还原教育目的的本源。在这个过程中，需要从社会进步与人性发展的角度去评估、衡量通过教育获取利益的相关人员的行为，规范和完善政府部门的教育行为，而不仅仅是有效掌控不同教育主体的教育行为。也正像现实社会所显示的那样，当教育目的和政府部门的利益一致的时候，教育的发展往往处于良好状态；两者利益不一致的时候，受损害的往往是教育的利益。理想的教育目的是同政府利益、社会理想、主流价值观保持一致，但是，这在很多情况下是不现实的。

（一）教育目的的哲学辨析

教育的宗旨是为了让个体的知识和能力得到有效提升，与此同时，还要关注受教育个体的成长过程，正如怀特海所言，“教育有用，因为（对）理解生活是有用的。”[①]从教育的追求出发，对教育目的的研究就需要自始至终以个人的成长为中心来思考。但是，就像前文所说的那样，教育作为社会的一个子系统，其目的和功能不只是限制在对人的教育上，还承担着一系列的外加职能，例如教育的经济功能、社会功能、阶级功能和文化角色，等等。也正是由于教育承担着诸多职能，我们就应看到，当教育的功能和教育对社会

---

① 怀特海著、徐汝舟译：《教育的目的》，生活·读书·新知三联书店 2002 年版，第 4 页。

利益的功能不一致的时候，就有可能屈从社会功能而被异化，教育目的也就往往被各种利益追求的价值观所替代和遮蔽。不过，我们要客观地看待问题，这种教育的异化功能，不一定是对教育精神的全盘否定，或者与教育精神背道而驰，在更多的时候，社会功能和教育功能之间还是有很多的共通之处的。所以，对教育进行分析研究的关键任务是，如何才能有效辨别两者之间的不一致，如何有效捍卫教育的本质精神。因为教育价值观往往具有特定的时代性和局限性，并带有功利性，所以教育目的尽管最终有利于公众利益的实现，但是也难免会有种种短视行为，从而可能导致教育价值观与教育目的的不吻合甚至冲突，这时捍卫教育精神就成为教育者的神圣使命。①

研究教育目的的意义在于厘清教育的价值，提出合理、科学的教育目标，引导公众树立正确的教育理念，合理构建教育机制，从而促进教育梦想的顺利实现。具体来说，就是要对各教育主体进行有效调整与整合，建构一个完整且合乎逻辑的教育体系，从而更好地融入社会母系统。

简而言之，教育宗旨和教育观念的确定，大处而论事关民族兴衰，小处而言关乎个人福祉。从这个意义上说，教育目的与国家和个人的发展利益攸关。

（二）教育目的论

教育目的可分为两种：一是本体功能，即对个体的全面发展的

---

① 王晨光、谢利民：《教育目的含义的哲学辨思》，《东北师大学报（哲学社会科学版）》2008 年第 3 期。

功能;二是派生功能,即对社会发展的间接或直接促进功能。教育功能的直接结果就是本体功能,教育功能结果的转化和衍生就是其派生功能。[①]

教育的本体功能是有效促进人的全面发展,说明了教育的首要任务是其本质功能(培养人)的体现。教育的派生功能涵盖面很广,包括教育的政治功能、文化功能、经济功能和生态功能,等等,属于社会发展的范畴,这也说明了教育社会功能实现的前提是个体培养功能首先得以实现。所以,教育的间接成果是促进社会的发展,是通过对人的教育和培养之后才得以派生和实现的。

唯物主义哲学认为,人的存在状态分为三个层面:自然层面、社会层面和历史层面,这都是构建在实践基础上的。对应人的三种存在状态,教育也可分为三个境界:生存境界、生活境界和生命境界,教育的境界和人的存在状态相对应。教育境界不同,教育功能就不同,培养的人在社会中的作用和角色也不同。

1. 生存境界

生存境界的教育也就是满足人的生存需求,培养个体谋生能力。教育在传递知识、经验的同时,受教育者获得了谋生的本领。无论是过去还是现在,人们之所以接受教育,总是有意或无意地基于现实的生存需求,而教育实际上就是满足个体基本生存的需求,成为了生存与发展的基本手段和途径。以高等教育为例,高等教育为学生提供了一个更宽广的平台,一个更精细的学术分类,为的就是让学生学有所长,在将来的工作中能运用自己的专业知

① 全国十二所重点师范大学联合编写:《教育学基础》,教育科学出版社 2002 年版,第 52 页。

识谋生。

教育的谋生功能就是个体通过教育能够获取谋生的能力，在这一境界，注重人的社会性和生产能力的培养，其理论基础是社会本位主义；就其主动性而言，受教育者是迫于生计而参与社会劳动的；就其创造性而言，参与的劳动是重复机械的，缺少创造性。就教育的这一功能而言，所培养的人只是满足社会生产而劳作的劳动者，为生产工具而存在，其创造性、主动性被忽视。

2.生活境界

生活境界的教育是培养处理社会关系的能力，培养有创新能力的社会创造者。对于人类而言，所谓成人，不仅是指让人在生理、身体、年龄上获得成长，更重要的是让人在生活圈子中“成人”：一个得体的人，一个有道德的人，一个有灵魂的人……在此基础上，成人更是一种担当，是对生活领域内所有社会关系的界定、思考和处理方式上的成长，能够自由地应对生活世界的一切繁杂事物，这便是教育的最大成功。因此，对于所有教育者和受教育者来说，这是必不可少的教育内容，与此同时，该境界于三重境界而言属于过渡阶段，既要承上，是对人满足基本生存需求的升华，是隶属于精神领域的自我追求和完善；同时，也要启下，即促使个体走向追求更高理想、更高层次的人生追求和更具有人生意义的生活状态。

生活境界对所有人来说，都是必不可少的存在，也是大部分人所处的阶段，更是教育努力的基本目标，因为那些致力于满足自己基本的生存需求的人，很少顾及更深层次的人生思索和生命意义的探询。对他们来说，教育常常是为“未来完满生活的准备”，但基本是为了升学、就业以及其他功利性目的，对人的自我意识塑造和生命意义的追求还不到位。因此,对于教育来说,要达成人对生活境界的认知和体悟,需要教育的进一步深化。

3.生命境界

生命境界的教育是培养人的崇高理想,目的是为了让个体有能力自由追求、实现自身价值。教育的生命境界的个体享用功能,也就是让受教育者不但享受教育的过程,在精神上得到满足,尤为重要的是,使受教育者树立崇高的理想,进而实现思想的自我解放,感知人生之幸福。通过生命境界的教育,受教育者充分享受到教育的过程,崇尚知识的自由,培养积极乐观向上的心态,努力追求人生的价值,从而在社会上担负起自由、向上的角色。

在这一境界,教育承担着培养有高度个体身心自由的社会公民的职责,在对个体培养中重视个性教育,促进人的全面自由发展。教育目的是培养全面发展的人,全面发展的人需要获得终身学习的能力和积极追求高尚目标的内在动力。实现人的全面发展是一个动态过程,受教育者需要通过对知识的不断探索而加深对自身、对外在未知的认识,借由认识的加深,促进自身的解放。

对于个体而言,生命境界,不仅仅是关乎生活本质的诉说和阐释,更重要的是培育个体对"生命"的认知。首先,要教育个体学会敬畏生命,热爱生命,以积极的态度面对生命的多样、无常。除此之外,还要能够丰富生命的内涵,以热爱生命又高于生存的心态拓宽自己的视界和生活领域。其次,教育的目的应包括对死亡的认知。自古以来,死亡知识便是一项具有神秘性的体验,很少有人不惧怕死亡,同时很多人又对死亡充满好奇。因此,在教育的生命境界中,应该包含着这样的内容,教授人关于死亡的真实体悟,以及如何避免死亡的各类知识。这是一种普及的通识教育,而不是指专业的学科知识。有了对死亡的知识之外，还要有对死亡的正确认知，能够冷静、理智地面对死亡，并能知道理解“死大于生”的生命意义和高于生命的价值所在。借由“生死观”的诠释和发展，人能够合理地认识自己、生命与人生的意义，能够在生命旅程中走得更坦然，人生之路越走越宽。但现实的状况是，生命境界很难达到，并且生命境界的教育程度尚有很大空间需要挖掘。

对于国家、社会、个体自身而言，生存境界、生活境界、生命境界是一种递进的教育层次，任何一个环节的缺失都会造成个体的烦忧，以至于无法充分体会和享受自己的生命时长和意义。从另一个层面来说，很多人目前都可能处于其中一个环节中，并努力向着下一层次发展，但并非每个人都能达到生命境界这一最高层次。因此，教育的使命依然任重道远。

(三)教育目的的功利化倾向

教育本身是为了引导人们追求美好生活，但是因为教育本身的随波逐流，教育逐渐成为经济发展的附庸，成为个体追求欲望、实现欲望的工具。如果教育的宗旨是一味满足社会需求和经济需求，使之成为一种逐利性、实用性教育，那么，受教育者就会把教育视为实现某种经济利益的一种手段，而忽视了个体的品行和自身内在价值的实现。人一旦被工具化，作为个体的人也就不可能是一个真正意义上的“人”了。

在学校教育过程中，如果过分追求和强调物质取向和实用主义的职业化，对受教育者偏向于进行技能的培训和实用知识的传授，而漠视人文精神的养成与提升，势必会蒙蔽学生自由的灵魂，让学生滑向功利主义与实用主义的泥沼，而无法奠定足以享受灵魂自由和精神愉悦的必要基础。教育自身的缺陷在此过程中也被放大，例如教育的媚俗性导致教育片面地、不断地去追求被世俗社会所认可的价值，这方面表现最为突出的就是学校教育对升学率的追求。因此，学校在课程设置中，依据功利主义和实用主义理念设置课程、组织教学，而忽视能够陶冶学生情操的课程与方法。这样的功利实用主义的教育，势必会使受教育者工具化，人的完整性随之变得支离破碎。

这种教育谋生化倾向集中表现在教育的运作模式上。根据佐藤学及很多研究者的观察，20 世纪学校的改革与构造，受产业主义思潮与运动的控制，把工厂企业生产与管理的原理引进学校的组织与运作，借以提升学校教育的"效率"与"效益"。学校的基本框架，包括学校的管理体制、管理制度、学年安排、班级编制、学科与课程设置、教师组织与管理、学生的组织与管理等，都是按照工厂与产业的模式来建构的。这样的运作模式，以所谓的效率为追求，以制度与纪律为手段。在所谓的效率面前，学生成了追求效率的工具。问题在于，学校是教育机构，不能把人当作工具，只能把人当作人，一旦把人当作工具，就走向了教育的反面。现代学校的管理，却强调了铁的纪律。于是，在铁的纪律面前，任何个性都被碰得头破血流，学生成了被铁的纪律所管制的一个个非生命化的存在。以这种模式运作的现代学校，在很大程度上已经变成了与现代工厂或企业"同质同构"的存在，二者配合默契，朝着一个共同的谋生目标努力。

教育谋生化的另一个表现是上学变成了一种"工作"，学生变成了一种"职业"，即"学生职业"。柏拉图认为，"学生职业"的说法只是一种隐喻，不是一种真正的定义，因为从事这一职业没有报酬可拿。学生当然不是一种真正的职业，但学生也并不是没有报酬可拿。只不过，真正的职业得到的报酬是金钱，而“学生职业”拿到的报酬则是分数。如前所论，谋生化的学校许诺给学生的是未来利益，这种利益的缺陷是不能即刻兑现，但学校发明了分数这一绝佳的替代品，在学校里，分数纠缠着学生，如同工资纠缠着工人。也就是说，分数之于学校，犹如货币之于社会。首先，货币作为标准，将社会上异质的、多样的劳动与财富均质化，打通了人与人之间、物与物之间的通道，使每一个人及其劳动都可以相互换算。同样，分数将多样的、个性的、异质的教学活动均质化，成了衡量一切教和学的通用标准。其次，分数与货币一样，是一种交换手段。拥有货币可以直接购买自己希望拥有的物品，分数虽然不能直接用于购买，但在校内却可以换来尊重、羡慕、荣耀、尊严，能够起到货币在社会上所能起的同等效用，更何况分数还可以换取将来好的职业。再次，分数与货币一样，是一种“储蓄手段”。一次分数虽然不足为凭，但一次次的分数积累犹如银行存款的累加，却可以使自己的价值直线提升。正如成年人整天上班挣钱一样，学生则是整天上学挣分数。因此，学生即使不是一种真正的职业，起码也可以算作一种“准职业”。

在功利主义教育功能下，很多学校成为一个“技能型”教育加工厂，形而下的世俗化与功利化正在侵袭我们的教育，受教育者在这里所接受的教育就是怎样适应或回应社会的需求——怎样在社会中谋生，而个体的创造力和自主精神等等都被无情地剥夺了，久而久之，学生与那些形而上的价值隔绝，而即便有机会能够与其相遇，他们也对这些了无兴趣，把学校向他们灌输的实用价值观作为自己的人生价值观。他们习惯于学习一些专业领域的技能，把教育的目的简化为劳动力的培养。由于精神层面内容的缺失，学生也习惯于这样的“教育”，因为他们已经失去了反思和自主发展的能力。这种所谓的教育把学生导向庸俗化的纯生存境界，把教育的美好偏离到几近于动物界的生存技能训练。

教育目的的功利化倾向，除了体现为“批量”生产人才和将人作为机械化产物之外，更主要的是忽视个体的主观能动性，尤其是儿童的本真。从杜威的教育观来看，教育实际上并非无目的，而是以儿童自身的发展需求为基础自然生成的目的。实际上，教育目的功利化更主要的是将成人或社会的需求先行灌输在儿童的成长过程中，很少顾忌快乐成长、自然发展的个体需求。当然，也有很多青少年为了应对生存危机，不得不扭转自己的人生追求，不可避免地将升学、就业作为自己的人生追求，并且有的是不择手段地追求。

二、教育是生活还是生活的预备？

教育过程是在教育目的导引下的实践，作为与个体密切接触的具体环节，它直接影响着个体的一举一动及其未来发展。因此，有必要厘清我们秉持的教育观，只有了解和探讨教育与生活之间的关系，才能让教育的各方——教师和家长乃至学生，明晰教育过程的真正价值和意图。

(一)过程与结果之争

教育是生活还是生活的预备？过程与结果孰轻孰重？这是教

育学经典之作《民主主义与教育》所阐述的重要问题。早在工业革命前后，斯宾塞从当时学校流行的经院主义和形式主义为出发点，提出了意义重大的“教育预备说”。他在其代表作《什么知识最有价值》中指出，教育就是为了让儿童将来的生活更美好，是为以后美好的生活做准备。“教育预备说”有力批判了当时盛行的经院主义教育的弊端，如重思辨轻科学、重理论轻实践等，大力提倡实践教育，为重视科学教育奠定了基础。然而，伴随着儿童哲学的不断发展，斯宾塞的理论局限性越发明显。人们不禁开始疑惑：儿童时期就要为未来生活做好准备，那么儿童如何快乐地生活呢？以牺牲当下的快乐为前提，来为未来的社会生活做准备是否合理？

20 世纪初，杜威对“教育预备说”理论进行了批判，他主张“教育即生活”。杜威提出，教育属于生活的一个过程，不能将教育作为为未来生活做准备的过程，相反，教育要服务于孩子们的现实生活。杜威认为，把教育建立在预备说的基础上会对教育产生较多负面影响。首先是儿童学习动力丧失。以未来为教育目的，但未来的不可预期性无法与现实建立明确的联系，而没有明确的现实指向性会使学生丧失学习的动力。其次，助长儿童拖延等不良习惯。由于教育目标指向遥远的未来，实现这一目标的过程长远，在这一过程中儿童在学习上会有所懈怠和拖延。再次，会导致教育价值观的混淆。“教育预备说”主张教育为未来社会生活做准备，会使成年人以其行为方式和要求强加于儿童身上，而忽视儿童现阶段本身的需要，以成人需要替代儿童成长的教育所需，促使教育价值观发生偏移。最后，会导致内发与外铄的本末倒置。

“教育预备说”割裂了教育手段和教育目的之间的联系，更为严重的是，它直接忽视儿童存在的价值，将教育的目的看作是为了儿童后期长大后的一种生存的手段，用将来的生存牺牲当前儿童的存在。杜威恰恰与此相反，他提出，仅将学校作为一个传授知识或者某些课业的场所，迫使儿童作出违背天性的行为，忽视学校教育本是社会生活密不可分的部分这一事实，割裂生活与学校教育，这是导致教育领域的许多失败的“罪魁祸首”。将教育的价值寄希望于虚无缥缈的未来生活，就好比“画饼充饥”，儿童现在要做的是学好“画饼”的本领，而不是现在“有饼可吃”。这种教育理念不能让教育成为孩子们生活实践的一部分，所以，教育的真正作用也很难得到有效发挥。

在很长一段时期内，教育预备说在人们的思想中根深蒂固。令人可悲的是，这种教育模式，更多的是机械的重复，而思想的自由放飞却很少涉及。这样的教育理念必将使得受教育个体的价值观更加功利和实用，教育只能作为个体谋生的手段，而并不是追求高深知识、谋求思想解放、追逐幸福真谛的途径。将这种价值观奉为人生圭臬的例子不胜枚举。从“十年寒窗无人问，一举成名天下知”、“书中自有黄金屋，书中自有颜如玉”的古训，到悬梁刺股、凿壁偷光等刻苦学习的实例，无一不告诉我们这样的道理：只有经历痛苦的学习过程，才能“学成文武艺，卖与帝王家”。

儿童的现在和将来是一个长期发展的、连续的过程。一个人的童年生活应该是丰富多彩、绚烂多姿的，经历过丰富多彩的童年生活，身心才能够得到全面发展，因此儿童的教育不应该是为将来做准备，而应该重视儿童的当下生活。所以，教育应该将关注儿童将来的生活转移到孩子们当前的生活体验上，从只注重教育的成果向注重教育的过程转变，使教育促进成长成为水到渠成的事情。当然，我们也反对矫枉过正，反对由一个极端转向另一个极端。我们强调过程更重要，并不是否定结果不重要。教育承担着为社会发展培育人、为时代进步提供智力支撑的责任和使命，教育的目的要为学生成长服务，为社会进步服务。从这点讲，重视教育结果理所应当。但是，我们反对教育者把全部的精力和时间放在为学生"规划未来"上；反对以冠冕堂皇的理由，站在道德高点，恣意漠视孩子们的需求和兴趣，把他们的学习过程变成一个机械训练的过程，一个忍受痛苦的过程：这样只会让孩子们失去学习的兴趣和动力，其结果只能是本末倒置。

（二）教育对生活的关涉

教育来源于生活，教育内容应从生活中攫取积极能量，并与生活建立密切联系，进行生活化教育。所以，教育回归生活意义重大。杜威强调教育即生活，教育即生长，在学校教育中引入生活教育。陶行知坚持"做中学"，在日常生活中渗透教育。两位教育家均致力于教育与生活的融合交汇，反对将教育与生活相割裂。教育是蕴含在生活的方方面面的，生活中任何一个案例、事件或交往都能作为教育的素材，不仅如此，生活中的各类人际交往都是隐性的教育手段，能够起到润物无声的效果，这种隐性的、潜在的教育功能，甚至有时候比显性的、正式的、组织的教育形式更为有效。在马丁·布伯看来，"我—你"的对话形式是最基本的交往形式，它更多地体现在生活中，表现为语言交流、肢体碰触、眼神交换等各种实际的，需要有现实关照和真实交往为依托的形式，在这过程中，人们可以超越血缘和地缘界限，与陌生人构建一个生活世界。因此，对于生活视域的教育而言，是具有深刻的现实价值和实用功效的。亚里士多德说，“人是政治的动物”，这是因为人的生活不仅是关乎经济基础的具体实践，也涉及上层建筑的意识形态建设。因此，精神世界的观照与物质世界的构建共同内含于生活中，而教育不仅提供实际技能的培养，更加关注人之精神、品质与灵魂的锻造，如此一来，教育与生活的关涉更加紧密了。

在教育哲学语境中，生活不仅仅是一个名词，生活其实还是一个动词。就教育来说，生活不只是课程内容和有限的教育资源，还包含动态的教育过程与成长过程，生活通过自我成长的实践即教育的实践而得以实现。教育回归生活，不是回归某种具体的现实，因为所有教育都不可能脱离现实生活。我们要做的是，把生活还给教育，改造那种封闭狭隘、呆板机械、与生活格格不入的教育活动，建构一种真正的教育生活。

以往的教育目的观提出，教育的宗旨是为了为将来的生活和工作做准备，这样的理念是有失偏颇的。教育面向未来是教育职责的题中应有之义，但须厘清当下的教育和教育的将来之间的关联性。教育的本质就是生活，教育是为了让个体的生活更美好，这种美好是通过当下的美好教育活动而指向未来。教育作为一种有效的手段的同时，其过程本身就是教育的目的。

（三）教育即过一种教育生活

在人的一生中，历史是起点，现实生活是生活依据，而未来则是生活目标。人们从历史中汲取经验，为当前的生活提供一定的借鉴意义。教育的目的之一就是引导人们认识现实的生活世界，并以此为基础建构未来。在引导的过程中,教育要按照现实生活的需求,教会人们掌握知识,学会适应,融入现实。“对教育而言,现实生活只是教育存在的基础和前提,最关键的是被人们所改造。”[①]教育即生活,脱离了生活就不能称之为教育。教育生活是人的完整的教育生活,而当前所实行的应试教育,其不足之处就在于打乱了受教育者的生活完整性,使单调的学习生活尤其是以认知为主的学习生活成为唯一或者主体,受教育者的交往生活、社会生活等要么让位,要么缺位。最终导致为了学习而生活,割裂完整的人性,使人通过教育得到提升成为一句“口号”而已。

教育是为了引导生活。在对生活的追求中,人变得更加自由解放,更加理解生活的真善美,更有尊严和智慧,生活也因此变得更加美好。应对这样的教学路径进行探索,也就是让受教育者在向未来发展的进程中充满好奇和内心渴望,通过发展主动性使身心得到全面和谐的发展。要丰富受教育者的生活世界,把他们从单调的学习生活中解放出来,使他们能够关注现实生活,成为一个具有创新能力的人,一个具有美好情感的人,一个具有良好价值观的人。

总而言之,教育与生活是无法割裂的存在,生活中蕴含着教育素材,教育中潜存着生活的真知灼见。生活能够为教育提供可供遴选的丰富的案例,运用隐性的方式达成教育的目的,还能在生活中实践教育的理论,以检验教育的成效,帮助促成教育的完善和改革;与此同时,教育来源于生活,并能指导生活实践,在为生活提供

---

① 张传燧、赵荷花:《教育到底如何面对生活》,《教育研究》2007 年第 8 期,第 49—50 页。

丰富知识基础的同时，改变生活的方式，不仅为生活提供了丰富多样的技术支持，还开拓了新的生活领域，丰富了生活的呈现样态，最重要的是，为人注入了人类智慧的结晶，缩短了人在个体生活中的摸索过程，减少了个体自身犯错的几率。另外，教育为人的生活提供了精神的指引和充实，为人的发展增加了可能，帮助个体找寻生命的价值和发展方向，并最终改变了人的生活质量，促进了人类历史的进程和世界文明的发展。由此可见，教育与生活二者是互为助益的、不可分割的。

三、教育是制度化还是非制度化？

在人的成长过程中，“恰当教育”是不可或缺的，离开了恰当的教育，人无法顺利完成人的实现，这是受教育者的需要。也就是说，人作为个体，只有通过教育才能真正成长。但也由此带来了疑问：就人的成长和发展而言，什么是“教育”？进一步讲，什么是适合人成长的“恰当的教育”？

在人类社会历史发展的过程中，出现过多种教育形式，但当学校教育出现后，就一直被社会奉为主流教育形式而被稳定地凸显，成为社会大系统中不可或缺的子系统。

学校教育是系统化、制度化的教育，为受教育者提供专业的教育，开发其潜能，并提供即时和延时的价值。学校教育作为主流教育形式已成为人们的共识，因而很少有人质疑制度化教育和人的发展之间的关系。制度化的学校教育已被理所当然地理解为是最恰当的教育。

作为制度化教育的核心，学校教育作为正统教育形式已为人们所接受。但是学校教育在教育活动过程中就是完美无缺的吗?非制度化教育就一无是处吗?二者的优缺点及其分野究竟在哪里?因此,有必要对教育模式的演进与嬗变进行考察,对制度化教育和非制度化教育作出比较性分析。

(一)教育模式的演进及嬗变

教育伴随着人类的起源而出现,其形式由非形式化到形式化、实体化(以学校的出现最为典型)。学校教育体系的出现,开启了教育制度化进程。

1.生活即教育:原始社会的教育模式

在人类的初始阶段——原始社会中,生产力低下,人类第一问题是生存问题,这个时期的教育内容,就是生存技能。此时,既没有专职的教育者,也没有固定的场所和形式,是人类在一起劳动、一起生活中的口耳相传、言传身教。教育随时随地生发于任何生活实践:在生活中,不管是劳作的时候,休息的时候,还是参加典礼和开展礼仪活动的时候,都是人们进行学习的机会。学习无处不在,从在家里被长辈照管,到和长者一起外出狩猎,从对自然的观察,到听其他人讲氏族故事,等等,都是学习的过程。即使是现在,这种将生活和教育融为一体的非制度化和生活化的学习形式,在人类的发展中依然占据着重要的位置,发挥着重要的作用。

从严格意义上说,原始社会的教育还不能称为今天意义上的教育,更多地与动物的经验教授、技能模仿并无太多本质上的差异。具体的差异随着语言与分工的出现而有所不同。原始氏族以群居为主,狩猎、找食的技能也并非以有目的的形式传授,而是久而久之"看"会的，因而这种教育更多地是一种机械的模仿。随着语言的发展、氏族群体中的男女老少开始有所分工，教育方才变为一种有意识的活动，让经验丰富但无法从事体力劳动的长者与年幼需要照看、没有经验的孩童聚在一起，传授生存技能。可以说，这是一种原始的制度教育的萌芽，是为生存和繁衍而得以发展的教育形式，同时也是独特于其他教育、特有的原始生产力的产物，不管是其教育内容、手段，还是教育目的，都不具系统性、组织性和完整性。

2.官学与私塾：古代教育的探索

随着社会生产力的进步，到了奴隶社会，产生了社会管理机构——国家。此时，中国出现了学校教育的雏形——庠、序等专门的教育场所，所谓"谨庠序之教，申之以孝悌之义"(《孟子·梁惠王上》)。教育担负了为统治者维护统治的服务职能，所以固定的教育方式和场所的出现成为历史发展的必然。教育从以往的无形发展到有形，标志着教育开始制度化了。之后，随着时间的推移，在我国的封建社会中，官府开始设置大量官学，培养治国人才。"学而优则仕"成为习的最终目标，个人受教育的目的是为走上仕途做准备。这一时期，无论是官学还是私学，教学内容和形式都已经较为固定，主要是识字和伦理教学，儒家经典已成为必教必学的主要内容。教学方法倾向于讲授法，学习方法则倾向于对辩和死记硬背。

在古希腊时期，斯巴达设置了公共教育的专门机构，对儿童开展军事与体能训练，为国家培养军事人才。雅典也设立了专门的文法学校和音乐学校，教授相应学科。

在欧洲，宗教的成熟带来了教育的发展。"麦克斯·缪勒说：现在人们已认识到，要在今天对我们共同的人性及其问题得到明智的理解，就必须了解人类的宗教，正如了解它的政治和经济事务，了解它的科学和文化成就一样。”[①]宗教信仰与人的关系就如婴儿与脐带。在中世纪，国家被教会所控制，因此在欧洲盛行宗教主义，在很长一个时期，唯一的教育场所就是教会，教授的内容主要是神学。显然，在这个时期已经出现了学校的雏形，教育的形式已经逐步形式化和实体化。然而，这时候的学校还是不系统的，还处于一种零散的状态，和今天的学校相比，在形式、本质上都有着非常大的区别。之后，欧洲出现了主要面向封建领主家庭的骑士教育，宗旨是培养政治人才和神学人才。

不管是东方的私塾教育，还是西方的骑士教育，从形式上来说，学校教育和家庭教育是并驾齐驱的，宗旨都是为统治阶级培养治理人才，主要目的是为政治统治服务，依赖政治而生存，政治开始染指教育，教育也开始服务政治。政治对教育的把持，最为突出的特征是“学在官府”，这是中国古代教育的基本特征。在西方，尤其是中世纪时期的西欧国家，由于宗教力量的强大，甚至世俗政权也不得不向其低头，这一时期的“政治”实质就是宗教神权的意志。宗教尤其是基督教、犹太教是主要的国家政权控制者。宗教对教育的控制是依托在宗教教会的支持之上的。尽管宗教不断分裂成诸多派系，并遵从各自认可的神、教义、诫命，但这并不影响他们把各自的教义贯彻到教育中去。主日学校或星期日学校是教会办学的主要形式之一。教会掌握着绝大部分教育资源，他们拥有资金、有能够读书识字的牧师队伍作为教师队伍的备选，此外，他们拥有

---

① 埃里克·J.夏普著，吕大吉、何光沪等译：《比较宗教学史》，上海人民出版社1988年版，第7页。

办学资质。因此，所谓制度化的教育，多由教会自成一体的教学体系构成，教育内容统一以宗教教义为主，譬如《圣经》、圣经故事，以及各种与宗教有关的小册子，日常学习就是读经、诵经，学习礼拜等各式宗教礼仪；教学形式以灌输为主，辅之以奖励与惩罚，配有管理人员，在教堂或下设的固定场所施以教学。由此可见，西方经历的长时间的宗教教育是一种制度化程度较高的教育形式，譬如"班级授课制"等，也都发起于教会教学，最后经由世俗教育改革而成，对近现代教育的制度化有着不可否认的重要贡献。

3.学校教育：教育的制度化发轫

近代以来，随着资本主义力量的增强，迫切需要大批具有基本知识和技能的劳动者从事大机器生产，而神学教育和家庭教育的教育目的和教育对象小众化无法满足资产阶级的需要。技术进步催生了资产阶级革命，机器大工业逐步取代了手工业，技术学校也应运而生。由于资产阶级的反对和人们思想的觉醒等因素，宗教对教育的控制和影响越来越小，教育逐渐走向世俗化，世俗学校开始出现。随着社会的不断发展，生产力的逐步提升，西方国家发生了资产阶级革命，机器大工业逐步取代了手工业，技术学校也应运而生。到了19世纪，公众的价值观发生了改变，学校教育和班级授课制、年级制等使教育的集约化效率大大优于非制度化教育，于是，人们普遍接受了到学校受教育的观念。然后，欧洲部分国家开始推行义务教育，通过立法的形式保障公民的受教育权。在这个时期，教育和社会生活逐步脱离，成为一个专门而又独立的体系存在社会中，教育体系也愈来愈完善，教育进入了一个新的发展阶段，也就是教育的制度化阶段。

西方近代教育的突出特征就是去宗教化，政府对教育的控制大大加强。或者说，近代教育中世俗化、政治化的因子占主要地位。伴随着欧洲国家的独立和政权的更迭，非教会学校大批涌现，学校成为新兴世俗化斗争的阵地。“现代科学和科学的哲学从理论上否定了超自然神灵的存在，从而从根本上否定了宗教的神秘性和神圣性，但却没有，而且永远不能否定作为文化现象和社会力量的宗教在历史上和现实生活中的作用和影响，因为这是客观存在的事实。对于事实，科学和哲学只能说明，不能否定。”[①]事实上，在很多领域，宗教和教育齐头并进，而不是像人们以为的只存其一。一个受教育程度较高的人，往往有着不可撼动的强烈的宗教信仰。内在的知识体系，使人变得更科学，思维变得更系统；而外在的神学信仰，让人意志更坚定。宗教中宣扬的原罪、轮回、因果报应等观点，对知识体系的建构是一种补充。

伴随着教育满足政治统治、教学内容符合社会发展需求、女子入学、义务教育、公立学校等一系列变化，教育获得了突飞猛进的进步。不仅如此，教师队伍也开始不断提升，师范教育出现并不断升级；高等教育走向世界，成为全球教育致力发展的目标；幼儿教育、职业教育、特殊教育等也逐渐走入世人的视野，教育的专业化、系统化形式越来越明朗。近代以后，诸多国家逐渐形成了自己的学制系统，这预示着教育正式走向制度化。制度化教育最为凸显的特征，便是学校教育的繁荣，家庭教育、教会教育开始退出主流，而制度化教育的一切技术理念、先进思想都能在学校中得到实践。总而言之，近代教育的制度化标志就是学校教育的兴盛。

---

① 埃里克·J.夏普著，吕大吉、何光沪等译：《比较宗教学史》，上海人民出版社1988年版，第1页。

4.学习化社会:终身教育的新诉求

信息技术的蓬勃发展开始影响教育。一方面,制度化的教学形式是公众接受教育的必然选择,学校教育内容是经过筛选和甄别的,是人的发展所必需的,教育内容会按照受教育者的成长阶段以符合逻辑和现实的形式系统呈现;另一方面,高度信息化的社会使人们的学习不仅仅局限于学校,在学校之外,公众还可以通过越来越多的途径,越来越方便地获取各种信息,学习各种知识。只要个体有自主学习的意识,那么就可以随时随地地学习。这个阶段的学习,更多的是受教育者自主学习的发挥。在这个时期,制度化教育和非制度化教育均有加强的趋势。一方面,随着社会分工的精细化、专门化,受教育者需要接受专业的教育来获取专业的知识技能,从而可以接受社会分工赋予的角色任务;另一方面,由于社会分工的细化和生产力的飞速进步,制度化、形式化的教育在内容的筛选和更新上往往落后于社会的发展,此时就需要非制度化的教育来弥补。

在信息时代,受教育者接受非制度化教育有更加多元的实现途径,这种教育突破了传统的学校教育制度的时空限制,也就是说,“不能将教育的职责放在一个机构内,需要社会团体、社会工商界、社会各种协会组织等等对教育职责共同进行承担”①。一旦教育的场所、机构和教育形式、内容的多元化成为普遍现象,那么这个社会也就步入学习化社会。在学习化社会,教育的终身化、民主化、形式多样化、内容多元化、技术手段科技化成为

① 联合国教科文组织国际教育发展委员会:《学会生存——教育世界的今天和明天》(华东师范大学比较教育研究所译),教育科学出版社1996年版,第202页。

潮流，人们新的诉求是非制度化教育，甚至还有人认为，一个新的教育时代即将到来，公众对教育的需求不是体系，而是无体系的教育。①

随着保罗·朗格朗提出终身教育理论，世界范围的教育理念与教育流派面临新一轮的洗牌。人们愈发认识到，学习不再囿于短暂的学生生涯，也不再限于学校之中。不仅终身学习成为热词，人们开始意识到学习的意义已经无限延伸到各个领域，仅仅学龄阶段的投入已远远不够，人终其一生都应该投入到学习中去。

（二）制度化教育

教育的演变过程，和教育的制度化的发展是相伴随的，教育体系因之愈来愈完善，制度愈来愈成熟，与此同时，教育中存在的不足之处却也更加明显，人们对教育开始进行反思和研究。随着非制度化教育的崛起，人们像是渴望返璞归真那样，开始对非形式化、非实体化和非制度化教育产生了更多的期待。

问题在于究竟什么是“制度化教育”？对“制度化教育”的反思能否带来真正意义上的大变革？对“制度化教育”与“非制度化教育”的相关性认识及评价是否恰当？要解决这些问题，必须厘清“制度化教育”的概念及其价值。

1. 制度之于教育制度化

在古代，因为教育还没有成为一种体系，因此教育的目的比较单一，教育活动常为长官意志（以吏为师）、陈规、政策和个人经验

---

① 联合国教科文组织国际教育发展委员会：《学会生存——教育世界的今天和明天》（华东师范大学比较教育研究所译），教育科学出版社1996年版，第200页。

所左右，通常情况下是个别教学，很多都依靠经验来进行，客观辨析教学活动有难度。与之相比，近代以来，集体教育成为主流，教育形式、内容、手段均有了较为制度化的规范，客观分析教育过程与教育实体的活动成为可能。在教育制度化的规范下，教育过程标准化从潜在的可能性成为现实的需要。

个别教学被班级授课所取代标志着教育制度化开始形成。伴随着教育体系的健全和教育的不断普及，教育制度化随之加速发展；对教育经验的总结和研究，又进一步推动了教育制度化更趋成熟。伴随着教育制度化的发展，各种教学活动、教学内容等等都有了一定的标准。在教育中实施规范化管理，尽量排除掉教育体系以外各种因素的干扰，保障教育活动得以有序进行。

本质上，制度之于教育而言，是一个基本的保障和依据，能够促进教育制度化的发展。首先，关于教育的法律条文和实施准则，让教育活动有了刚性约束的同时，能够有理有据、有组织地推进；其次，制度中包含着财力的分配和安排，这让教育能够获得国家层面的财力支持，以维护教育具备的需求；第二，制度对学生的层次、分类和流动有严格的要求和规定，对教学时间、教学队伍、教学环境均有统一的规划，并定期审查和考核，有利于维持教育的稳定和体系化，提高教育的效率。

2.制度化教育的产生

生产力是促使教育制度化的关键所在。在原始社会，由于生产力低下，人类的生存需要大于其他一切需要，随着社会的不断发展，社会分工也愈来愈细，慢慢地，教育作为一种社会活动被独立出来。在此过程中，人们开始意识到教育的价值，于是，固定的教学场所、安全的教学环境以及稳定的教师队伍便成为可能，这也是社会分工的必然结果，“分工不仅有利于经济发展，更为重要的是它还制造了新的团结形式，即有机团结，同时个人也不是以原子状态参与社会、国家的构建。”[①]教师成为一种独立的职业，这在以后很长的一个阶段内都保障了教育能够作为一种自发的形式而独立存在。这时期的教育目的是比较单一的，社会中各种教育机构之间没有明显的联系，教育体系尚未形成。教育的实施形式是个别教育，不管是教学内容，还是教育年限等，都是依靠经验或者约定俗成，教育的过程具有很大的随意性。随着社会生产力的大幅提升和进一步发展，科学技术的运用，以及“有闲阶层”人数越来越多，社会对具有掌握基本知识的劳动力的需求增多，对教育的需求相应增加。进入工业社会后，社会对教育的需要和人们对教育的需求空前高涨，传统社会中那种自由、松散的教育模式已经满足不了社会发展的需要。社会迫切需要使教学活动得到扩大，让更多的群体接受教育，需要对完善的教学体系进行重构，同时，通过制度化、规范化来保障教学活动。

其次，教育制度化与近现代教育观念的发展有巨大联系，教育理论思潮与各大理论流派的百花争鸣促进了教育制度化的发展。人类文明得以进步与维继，得益于人类敢于把脑海中的“幻想”落实为实践。在人类历史发展的大幅卷轴中，我们经常能看到各方学者与国家、政府在教育问题上见仁见智，甚至争论不休。不论哲学理论还是科学实践，整个人类有着数不胜数的教育理论一直在不同的历史时期推动着教育的发展。他们或是意见相左，或是意见类似，或是处于长期对立、互相反驳的对峙局面，或是互相融合、

---

① 渠敬东主编:《涂尔干:社会与国家》，商务印书馆 2014 年版，第 9 页。

共同进步的局面，这些都不足以概括教育理论的不同变化趋势。但是，现代的教育理论是站在巨人肩膀上才得以成型的，这无数个理论或者派别的共同点是，他们在相互交融、相互驳斥的过程中，促进了教育的进化，推动了教育的体系化，更促使学校教育产生，进而由智者发端的教师队伍也开始职业化、标准化、专业化。学前教育、中小学教育、高等教育成为一个以教育时间段划分的教育维度；职业教育、师范教育、综合教育等又成为以教育功能划分的教育维度，教育走向精细化、尖端化，这是教育制度化的具体体现。

（三）制度化教育的特点

尽管教育形式与教育理论开始走向了全球化、现代化，但制度化教育始终是教育的主要形式。总体上来看，制度化教育有其突出的优势，使其能够在教育的历史长河中逐渐沉淀下来，成为人类文明最仰赖的教育形式。然而，制度化教育不可避免地也有一些颇受诟病的不足，但瑕不掩瑜，制度化教育的优势尚不足以被遮蔽。

1.计划性与统一性

作为制度化教育的代表，学校教育为了回应工业化社会对大量的技能型人才的需要，学校在实施教学中，统一课程，固定教学内容和教材等，对受教育者进行批量加工。学校教育系统对人才培养和评价的这种计划性和统一性通常是国家层面、社会层面的共同意志的结果。一个国家或稳定的地域内，制度化通常具有共同的教育目标、体系和活动模式，而这一些教育活动均是提前计划的结果。“随着科学知识的进步，有计划地引导事物的进展已成为可能。科学认识日益被人们运用，并且在自由决定、多人合作、法律及自由政治的范围内得以实现。……今日所谓的机构也就是有意识的、有组织的控制的总称，都是科技时代的产物。无论在哪里，都有类似的现象，但其中却具有一些根本的不同之处。”[①]这种追求效率和结果的计划背后，是对自主性、创造力的无情剥夺。可想而知，在这样高度紧张的计划气氛中，原本活泼开朗的孩子将变得麻木不仁，毫无生气。

当然，制度化有统一的教育方针和教育目的，具体到一线学校与教师那里，通常会在课程标准的指引下提前规划、预演，学校要做总体上的规划和布局，教师要提前备课和试验，每一个教学环节都要提前考量，以应对教学的不确定性。这些是制度化教育的优势，能够保障教育的正常实施，并能保证知识的系统性和科学性。

2. 封闭性与稳定性

制度化教育遵循其自身标准，依据自身的规范开展教育活动，形成闭合的教育系统，而封闭系统的本质通常具有单一性。受教育阶段遵循启蒙教育、学前教育、义务教育、高中教育和大学教育的过程阶段性，彼此之间的晋升渠道比较单一，一旦进入制度化的教育系统，受教育者的选择余地就相对较小。这样一来，人才流动的过程就比较稳定，受教育者的人群也十分稳定。封闭性、单一性与稳定性通常是相伴而生的。开放与多样能够带来流动和变化，封闭与单一便能保持相对的稳定性。对于制度化的教育来说，这也是一把双刃剑。

---

① 雅斯贝尔斯著、邹进译：《什么是教育》，生活·读书·新知 三联书店 1991 年版，第 23 页。

3.遴选性与效率性

制度化教育强调各级各类学校职能的分工和上下的衔接，而升入高一阶段的“通行证”一般为选拔性考试。一言以蔽之，制度化教育的指导思想是培育精英人才，对精英人才进行培养，通过筛选的方式来选取人才。除了选拔出不同层次和水平的学生之外，更为重要的是，让学生对自己的优势有所了解，能够在学校中完成社会分工，养成各自的专业特长。虽然说教育的理想状态是让人获得全面发展，但人的精力和能力有限，不能在短暂的时间面面俱到，因此，制度化教育能够遴选出各个领域的合适人才，从而让受教育者集中精力做自己擅长的事情，从而实现各自领域的长足发展。

制度化教育从诞生之日起，目的就是通过系统化和规范化的管理，在短时间内为社会培养塑造一大批劳动者，满足社会需求。这一过程深受功利主义和工具主义的影响，功利性特征明显。但此种功利性有其正向功能。首先，制度化教育能够让个体快速有效地汲取人类文明的精华，获取能够帮助自身获得生存技能的知识；其次，在制度化教育中，个体有大量时间与其他人相处，这是个五脏俱全的小型社会，个体在接受制度化教育的过程中，可以学习与他人相处、最终获得能够运用于社会交往的实际技巧；第三，制度化教育能够让教育者快速有效地掌握当下青少年的现状，能够及时、有效地纠正他们的错误，帮助他们建立健康、长远的发展计划，这对社会与个体而言，无疑都是最为实用的。

制度化教育是一种自上而下的组织安排，它能够利用法律的权威，国家与民众的共同支持，在短时间内集结诸多资源，为个体发展提供必要的平台，譬如，面向大多数的教学内容、相对稳定的教学环境、专业的教师队伍等，制度化教育都比非制度化教育更高效和稳定。此外,制度化教育拥有一个体系化、有组织的教育系统,方便人才流动和交流,这能促进各类学校系统与教育机构形成优势资源共享和互补。

(四)制度化教育的价值与弊端

制度化教育具有高效集成的特点,可以批量、高效率满足社会化大生产对劳动力的需求,为生产力的发展提供人才基础和智力支撑。以班级授课制为代表的制度化教育让更多的个体可以接受教育,从而使教育得到有效普及,为社会发展作出了不可估量的贡献。制度化教育改变了教育的组织形式,使教育活动更加科学化、规范化和系统化,成为契合快速发展的社会大系统的高效率的组成部分。然而,其弊端也是不可忽视的。

首当其冲的是,制度化教育导致个性化和多样化发展很容易受到制约,培养出来的人才就像工厂流水线中生产出来的产品一样整齐划一,这些受教育者被看做产品一样,按照统一的模式和程序进行生产,而“产品”的工序、合格标准、出厂标准都有明确而统一的安排。在这样的教育体系下,受教育者被抽象成为一个整体,一个抹杀个性、强调共性的“物”的整体。这与当前社会对人才的多样化需求很难相互适应。

教育体系的机械性导致教育模式的僵化,因此对个体的自由发展和自由流动产生了一定的阻碍,对人的创新发展非常不利,具体表现为教育各阶段之间存在较大差距,各级学校之间的衔接也有着非常严格的规定,这种规定虽然从某种程度上使得教育的稳定性得到了有效保障,然而对教育体系之间的更新和流动等却产生了一定的阻碍。

从制度化教育诞生伊始，功利性教育就伴随其中，教育的功利性虽然并非一无是处，然而，制度化教育把对人才的培养效率和生产效率混为一谈，把教育变成生产的流水线，虽然对社会而言培养了大批可用之人，对受教育者个体而言，则限制了其创造力之培养和自由精神之追求。

“几乎没有一个现代社会，专制的或民主的，不是在社会进步的成规下设计其教育制度。”[①]作为人类文明最得意的作品，制度化教育有着绝无仅有的优势和贡献。就其大批量培养的人才数量而言，是任何模式的教育所不能比拟的。就其提供的稳定的教育模式、安全的教育环境、固定的教学场所以及体系化、组织化、科学化的教育内容来说，这也是家庭教育、个别化教育所不能提供的，同样，制度化教育所提供的类似于小型社会的交流环境、同伴群体以及专业的教师队伍，都是个体发展的基本条件。对于人类而言，制度化教育是必不可少的教育体系，也是未来仍会受到重用的教育形式，制度化教育的主要形式——学校教育为社会的发展提供了必需的人才基础和智力支撑。

教育制度化在人才培养等方面的积极作用，并不代表它没有缺陷。现实往往是我们为了教育发明了学校，却因为学校而戕害了教育。很早以前，人们就对学校教育这一教育形式中的封闭性、单一性、功利化等诸多弊端有所觉醒，而如何促使制度化教育结合社会需要、个体全面发展的需求以及世界文明发展的规律，已经成为各国教育改革的重要议题。

---

① 约翰·布鲁柏克著、吴元训主译：《教育问题史》，安徽教育出版社 1991 年版，第 594 页。

四、道问学还是尊德性？

无论是对制度化教育而言，还是其他各类教育形式而言，学校教育的作用不言而喻。因此，学校的教育角色及其功用不能被马虎带过。学校秉持什么样的办学理念，推行什么样的教育措施，都将对教育产生不可估量的影响。学校在受教育者的成长过程中到底居于何种地位？在具体的教育实践中，学校到底是“道问学”还是“尊德性”？这两者之间有什么样的差异和影响？

“尊德性”和“道问学”是中国传统文化中一对影响深远的概念，事关治学之本，对它们的解读历来众说纷纭，构成了中国学术史上一道独特的景观。从微观上来说，这对概念是对教学内容的阐释，孰轻孰重，是有所取舍，还是不偏不倚，先贤的思考，既给我们留下了一笔巨大的精神财富，也使得这一对概念成为一种“历史的存在”，它们对于“现实世界”至今仍然发挥着深刻的影响。因此，厘清这一对概念的实质对学校教育的角色定位意义非凡。

（一）“尊德性”与“道问学”原义辨析

最早提出这对概念的是《礼记·中庸》：

> 大哉圣人之道！洋洋乎！发育万物，峻极于天。优优大哉！礼仪三百，威仪三千，待其人然后行。故曰苟不至德，至道不凝焉。故君子尊德性而道问学，致广大而尽精微，极高明而道中庸，温故而知新，敦厚以崇礼。

自古以来，这段话有许多不同的理解和解说。郑玄关注的是："德性，谓性之至诚者；道，犹由也；问学，学诚者也。"(《礼记注》)也就是说，"德性"的本质是"至诚"，"道"是路径；"道问学"指的是通过提升自身的修养从而实现"至诚"的境界。什么是"诚"？《中庸》这样解释："诚者，天之道也。诚之者，人之道也。诚者不勉而中，不思而得，从容中道，圣人也。"孟子则说："诚者，天之道也。"(《离娄上》)诚是"天之道"，是人的天赋之"德"。所以，德性就是人生来就具有的天性和本能。郑玄是针对"学习"进行解释的，"尊德性"就是尊重人的天性和本能。

郑玄强调"德性"是人的"天性"，他意在指出治学的起点应当是尊重人的"至诚"之天性，他指出了尊重、顺应、遵从作为学习者的人的本能和天性的必要性。求知是人的本能，治学乃发自天性的选择，而且应自重出于"本能"的治学行为，也唯有基于本能与天性的治学之趣，才能终其大成。再则，治学乃为求"诚"，这里的"诚"所指既是过程的态度，亦指结果的真实，而求"诚"须秉"良知"。只有秉承着内心的良知去治学，才符合人的"德性"。此乃治学之根本，教与学均须坚守。

当然，郑玄的注解也并非尽善尽美。他将问学限定于修身范畴之内，"问学"的目的即"求诚"。在儒家看来，只有圣人具备"至诚"的素养，那么郑玄的解释也就好理解了，即通过问学而修身，进而向圣人靠拢，习得"至诚"品质。儒家讲"内圣"而"外王"，那么问学的目的即修身、齐家、治国、平天下。将"问学"作为工具，作为内修德性、外齐治平的手段。郑玄没有对于"问学"本身的独立价值加以肯定，对于"尊德性"和"道问学"相互关系的解释也稍有曲解之嫌。实际上，单论"治学"与"问道"而言，德性的发展先于治学，在《礼记》

中，先有“尊德性”，而后才有“道问学”，简单来说就是要治学，先做人。

（二）“尊德性”与“道问学”关系辨析

若要论及学校的角色，仅仅对“尊德性”与“道问学”进行语词上的溯源是远远不够的，关于“尊德性”和“道问学”两者之间的联系，《中庸》并未给予直接回答，但是，从儒家经典中，我们仍可一窥传统儒家对此的基本思想。

“尊德性”与“道问学”互相统一论。孔子等往往将“仁”与“知”、“博学”与“约礼”相提并论，《大学》则将“格物致知”与“诚意正心”并列，《中庸》又提出“知仁勇，三者天下之达德也”。由此可见，儒家主张“尊德性”与“道问学”是同样重要的，真与善是同为一体的。

另外，从《中庸》“尊德性而道问学”的命题中，可以看出“德性”为“尊”，“学问”为“道”，“问学”为达到“德性”的途径和手段。这种观点为传统儒家德性主义所认同。宋代的“鹅湖之辩”的一个重要主题就是“德性”与“问学”之争。朱熹与陆九渊二人在此问题上各执一词：朱熹认为，认识真理的方法是问学，讲求格物致知，而德对知识并不能直接认知；陆九渊的看法是，尊德性是对真理认知的基本路径，而问学只能起到辅助作用。与其说朱陆二人在“尊德性”与“道问学”上有本质区别，倒不如说朱陆之辩是在认识论上的差别。对于“德性”与“问学”，二人均囿于《中庸》的传统，都以德性为尊，学问为次。

本质上，“德性”和“问学”是相辅相成的。德性能够让个体的学问得到提升，而问学反过来也可促进个体德性的养成，两者之间相互促进，相得益彰。《论语·里仁》“仁者安仁，知者利仁”就是德与学相互促进的道理。

(三)“尊德性”与“道问学”的现代新解

直至近代,我们还一直在沿袭传统的“道问学”,当然也借鉴和学习了西方国家的治学经验,学习“器物”方面的知识。但是,近现代以来的几次思想文化运动,却又导致传统文化一定程度上的撕裂,“尊德性”与“道问学”的关系辨析不再为人所关注。

关于尊德件”与“道问学”,孔子提出:“古之学者为己,今之学者为人。”(《论语·宪问》)这里的“古”指的是孔子心目中的社会,一个理想的社会状态。“今”,指的是孔子所在的现实社会。这里的“为己”,是指为了追求内在的德性而自我涵养,自我完善,自我完美,止于至善是其目的,不会为了外界的干扰而不遵从于自己的内心;“为人”,是指从社会需要出发,迎合社会之所需。孔子用“为己”来否定“为人”,体现了孔子将学习的关键点放在提升修为,提升自我的高度,让自己的人格更加完美,让自己的人生境界更进一个层次。两千多年前的“为己”“为人”之辩至今仍有强大生命力,对教育是追求学问还是安身立命之手段、追求思想之自由解放,还是社会之功用有着深刻的借鉴意义。杜维明说:“在儒家的传统里,每个人要不断地完善自我,这是最应该关心的问题。”①

那么,怎样让“尊德性”和“道问学”做到和谐统一,从而显示出最大的张力?笔者以为,当取中庸之法来对二者之间的整合进行找寻,从而让学术研究和道德文化发展做到最完美的契合。也正是因为此,对于这个问题我们在这里重新进行研究和探讨,不管是

---

① 杜维明:《儒家思想新论——创造性转换的自我》,江苏人民出版社 1991 年版,第 49 页。

从传统的儒家思想的角度，还是当今的学术研究视角来看，融合“尊德性”和“道问学”，将为弥合近一个时期内我国文化中存在的“为人之学”和“为己之学”、素质教育和专业学习、道德与科学之间的分歧提供理论支持。

（四）“尊德性”与“道问学”的辩证统一

“尊德性”和“道问学”之间的争辩，从本质上而言，是因为历代学术大家的思想和理念的不同所导致的。儒家认为，知识就是道德，道德就是知识；而对于一个无知或迷信的人而言，道德则无从谈起。[①] 苏格拉底的“美德即知识”理论同这一观点遥相呼应。他认为，知识、智慧和道德有内在的直接联系，并据此提出了“德行可教”的命题。他认为，道德不是来自人的天性，而是以知识或智慧为基础的，因此，通过增长知识、发展智慧，可以培养完善道德的人。学校教育的真谛便在于此：一切知识或技能的传授都是为了道德的完满发展。这个命题开启了西方德知统一的思想先河。西方思想家往往依赖知识的运用于道德问题，从知识引出道德的教化，又从道德中推导出知识，道德中蕴含的知识与知识中蕴藏的德性并不相悖，从来就没有真正分离过。

古今中外许多教育大家都认可这一点，并且在强调教育重要性的同时，首先论述的便是道德教育之于社会、个人的重要性。譬如，洛克心目中的“绅士”必须既要有强健的身体，又要有德行、智慧、礼仪和学问，而“德行”是一个绅士必须具备的最重要的品质。再如，卢梭在自然教育的实施过程中并进着德育与智育；

---

① 冯建军：《教育的人学视野》，安徽教育出版社2008年版，第76页。

裴斯泰洛齐以道德说理和道德行为的练习来落实道德教育的开展。在赫尔巴特看来,教育目的可分为选择的目的和道德的目的,而最重要的是道德的目的,即培养内心自由、完善、仁慈、正义、公平五种道德观念,使之具备完美的道德品质。他说:“教育的唯一工作和全部工作可以总结在道德这一概念中,道德普遍地被认为是人类的最高目的,因此,也是教育的最高目的。”据此,赫尔巴特提出了“教育性教学原则”,很好地将道德教育与知识教学有机地结合起来了。他认为,知识与道德有直接的、内在的联系,道德教育是通过而且只有通过教学才能产生实际作用,教学是道德教育的基本途径。从这一意义上说,作为教学工作的主要承担者和主宰者的学校理应重视道德教育。杜威认为,道德教育是社会性的,因而应该在社会性的情景中进行而不是停留在口头说教。尤为值得一提的是,他清楚地指出,学校生活、教材、教法是道德教育的重要途径。

“德性”及道德教育的重要性可见一斑。道德与生命、生活之间有着千丝万缕的联系,道德基于人的生命而存在,人的生命因为道德而得以超越和趋向完善。道德是人在现实的社会生活、社会实践过程中为了满足自己的需要而主动选择和创造的,以人的日常生活为基础。而人创造出道德真正的目的也在于满足人自身的需要,是为了让人更好地生存,乃至于更好地生活。道德不仅在客观上保障个体和社会生活的有序进行,同时能够满足人所特有的精神价值需要,呈现出人的生命存在中不可或缺的意义维度。道德以自然的肉体存在为基础,又超越自然生命的有限,指向价值生命的无限性和个体人格精神的超越。人的生命依凭道德而使人成为真正的人,并追求美好的、有意义的、理想的、崇高的生活。

因为“尊德性”和“道问学”之间的分歧和对立，一代又一代的儒学大家总是想要从不同的方面来使两者之间做到有机融合，然而，因为认识的角度和理念不同，没有让两者之间做到有效统一，相反却让两者之间的裂痕进一步扩大。一直到明代的思想家王阳明，他提出了“求之于心”，基于修养论和本体论于一体的道德实践上，阐发了“知行合一”理论，“尊德性”和“道问学”才最终得以统一。事实上，无论是基于社会层面，抑或源自人的自身特征，两者之间的统一有着非常重要的意义。两者的学理统一揭示了这一理论（思想）对推动我国文化与学术发展的贡献，丰富了教育理论，形成了德才一体的教育观点，影响深远。当然也在理论层面赋予了儒家思想所稀缺的实践基础和实践品格，从而为儒家学派的发展夯实了形而上学的根基。当然，也对构建我国完整的哲学体系的完善提供了重要的理论动力。

两者之间的有机统一还将会为当前我国甚嚣尘上的工具理性与价值理性之争起到一定的调和作用。两者之间的统一，导出了治学中科研规范与道德修养的统一，这势必也将会使二者之间的分歧所导致的社会沉疴得以救治。

五、知识与自由：谁是第一性的？

教育的价值何在？这是教育哲学无法回避的问题。教育的价值功能是为教育主体的需求服务的，同时，教育的价值需求制约着教育价值功能的发挥，所以，在纷繁复杂、莫衷一是的社会欲望面前探讨教育的价值似乎尤为重要。

（一）教育过程中的“唯认知”论

教育与现代社会深度交融，教育价值的评判因而深受社会观念的影响。在科学技术日益发达的今天，科技已经成为日常生活不可或缺的重要部分。科技的提升和发展需要教育来作为保障和支撑，然而，在教育现实中，人们更多地关注教育能否带来更多的知识，能否尽快转化为科技和现实生产力，而教育的本质追求，往往被功利目的所掩盖，或者直接被替代。正是基于这种原因，教育功利主义和“唯认知”大行其道，认为教育的价值在于追求高深的知识，其价值观就是追求知识。

这里所说的“唯认知”，是指在教育教学过程中，教育者（包括社会舆论）更多地关注教育活动能否促进头脑中知识网络的构建，能否促进认知结构的发展，以知识获取为教育活动的主要目的和根本目标，却忽略了情感和意志力等方面的需要，忽视了受教育者是有思想的鲜活的人，其全面自由发展因工具理性主义束缚而受到限制。“唯认知”的典型特征便是过于注重系统知识的习得与建构，即注重个体的智力发展，在教学过程中，表现为重视理论记诵，而忽略实际践行；看重解题能力，而忽视价值传递，等等。

教育过程的唯认知论影响较大，具体表现在两个方面：一是注重系统知识的传授，学生的智力水平得到全面关注，学生的知识水平得到快速有效提升，这是唯认知论的优点；二是在教学过程中，唯认知论对教师的理论水平要求较高，但对其理论联系实践的能力要求不高，对学生态度与价值观关注不够，这样极易造就“高分低能”的“好学生”，却无法培养全面发展的学生。唯认知论带来的“头脑训练”只是增加教育对象某些方面的增长或长进，譬如记忆水平、书本知识等，但这些也只体现为应付考试，却无法促成学生获得丰富的社会生活经验和必要的生活情商，个体的道德品德、价值情操、情感体验等都不可能依靠单纯的知识建构而达成。

功利主义的价值观及相应的考试选拔制度，几乎取消了教育全过程中那些能够提升受教育者生命质量及人格的教育，以及提升学生能力结构与逻辑思维的培养过程，只留下了一些能够看得见、可测试的的教育内容。从心理层面来看，“以认知为主轴的教育”是重认知轻情感的“半面教育”（因为完整意义上的心理系统包括认知和情感两大层面）；从生理角度分析，是重认知轻践行的“颈部之上的教育”（用脑不用手，动嘴不动脚），把知识传递作为教育的唯一任务和目标，以培养会考试的学生为主要目标。这种教育最终导致学生不同程度地患上“知情意行失调综合征”。教育被异化为一个摧残个体全面发展的过程。

教育不仅仅是分数，或者至少，分数的检测不是一张试卷和记忆再现的程度。然而，今天的教育却俨然高分者的天下，这是对学生作为人的类群体的侮辱，也是对学生人格的异化，更是对他们学校生活的毁灭。对个体的全面发展的重视，促进人性和思想的解放本就是教育的题中应有之义，仅为分数或知识而存的教育活动将教育推向“唯认知”的极端，会对人的全面发展造成一种现实阻隔，这与教育的本质南辕北辙，最终会导致教育走向其理想价值的对立面。

（二）教育过程中的“人文精神”

教育的价值不仅仅在于追求高深的知识，也不单单只是效益和效率的提升，最为关键的是，让个体的精神和灵魂得到提升，使之具有明确而又坚定的价值追求。要使受教育者通过教育获得知识,并藉由知识通向自由。

教育的目的之一是以课程为载体传授知识,但不能将知识传授视为教育的唯一目的,其最终目的是促进个体精神的自由生长和思想的自由解放。要将课程知识与个体精神生命的自由生长结合,使课程知识的意义性、知识类型的完整性和课程知识的存在方式与个体精神趋向性相统一,以满足个体精神自由解放的需求。课程内容的学习理应成为对个体精神的提升的重要途径,为个人的自由成长和全面成长创造更宽容的便利。知识理应像阳光、空气和水之于生物一样,滋养受教育者,而不只是死记硬背后停留在脑海中;课程教学应该让教育者和受教育者在一个彼此愉悦的情景中,去完成知识、态度、情感与价值的传递与升华。吊诡的是,我们的知识应该是用来改变我们的生活的,却变成困我们于名利的牢笼,这是教育的悲哀,也是社会的失败。

雅斯贝尔斯曾经说过:"教育是人的灵魂的教育,而非理性知识和认识的堆集。"[①]确实是这样,教育的主体是人,人有着非常丰富的精神世界,有着多样的思维和丰富的情感,因此,作为对灵魂的"塑造",教育应对个体的精神世界给予关注,这就需要人文精神。而什么是"人文"呢?所谓人文,是对社会需求和个体需求的终极关怀的满足,是一个人的精神世界的需求,是个人对自然界、对个人、对集体、对社会、对国家的关怀。而人文教育,不仅仅和人文知识内容息息相关,同时,尤为重要的是培育个体的人文精

① 雅斯贝尔斯著、邹进译:《什么是教育》,生活·读书·新知三联书店1991年版,第3页。

神。[①] 理论和事实早已证明，只有将人文精神和科学精神做到有机融合，教育才能真正促进人的全面发展和提升。

（三）自由与知识的关系

自由是知识的前提，还是知识是自由的前提，关于这个问题的哲学之问，古代先贤也曾多有论述。在亚里士多德《形而上学》第一卷第二章和《庄子·逍遥游》中，都分析了自由与普遍知识的关系。《形而上学》中，亚里士多德指出，具备最高级普遍知识的人，通晓"原理与原因"的人，才是最具有智慧的人。哲人知道一切可知的事物，虽于每一事物的细节未必都知道；明白了原理与原因，其它一切由此可得明白。但很明显，这种"终极"的知识并不能带来物质制造的实际产出。"这类学术不是一门制造学术"，而是一种"超乎人类能力的探索"：任何讨论神圣事物的学术也必是神圣的，而哲学确实如此。

在《逍遥游》中，樗树"其大本臃肿而不中绳墨，其小枝卷曲而不中规矩，立之途，匠人不顾"。就木材的功用而言，樗树是"无用"的。庄子却想到将大树种在空虚的乡土，随意在树旁徘徊，自在逍遥，"何不树之于无何有之乡，广莫之野，彷徨乎无为其侧，逍遥乎寝卧其下"。对世俗来说，大树在实用方面是"无用"的，而对于庄子的"逍遥"和"自由"而言，大树又是有用的。这正是大智慧的"无用之用"。

亚里士多德指出，"在对智慧的寻找中，不以利益为目的，只是从自身的自由出发。"也就是说，我们寻求普遍知识是出于自身的自由；大木因为其"不材而得其终年"，正是庄子"物物而不物于物"

① 季爱民：《教育的理想及追求》，《教育探索》2005年第3期，第62页。

的哲学观点的表达。子曰："七十而从心所欲不逾矩。"（《论语·为政》）这是"自由"，但这句话同时也表明，只有达到一定的年龄，才能如此"随性"。在教育语境下，虽不强调年龄，但也要求"经验"的成熟需达到一定程度，方能实现自由之境界。在此情况下，经验应包括人生阅历的增加，更离不开知识的积累，也就是说，知识的饱满有利于自由的发展。同样，随着人的自由程度越高，其知识的选择域也就越高，对知识的掌握能力也就越强。

本质上，对知识与自由的不同理解必然导向不同的认识方向：已被探究或者被编入中小学课本的定论知识，还是未知抑或高深的知识；是政治哲学或伦理学意义的自由，还是小我的身体与物质自由，或者像以赛亚·伯林那样的分类：积极自由与消极自由。

一方面，知识是自由的条件，自由需要知识的启蒙。我们对"自由"的认识需要进行理性思考。在成长的过程中，人们会认识到自身自由的有限，从而呼唤自由，追求自由。然而这种自由仅是对某些特殊权利的追求，例如恋爱自由、言论自由等。要使人们认识到作为"人类本性"的自由，必须通过教育，培养人们健全的理性才能达到。人需要自由，但是如果只是一味追求对某些方面的满足，那么人只会沦为"自然欲望"的奴隶，并不是完全自由的。人只有具备了理性，能够控制自己的自然欲望和激情，才是自主、自由的人。"无知"会威胁人类的自由本性，人们因此而意识不到自由的本性，或者将自由仅仅理解为"为所欲为"，要克服这些自由的"天敌"，必须依靠教育的力量。教育教人理智地怀疑，引导人们追求自由和实现自由。自由需要启蒙，需要教育，反过来，教育也同样需要自由。在具体的教育活动中，都需要各种各样的自由。自由是为行动提供机遇，并非行动本身。尽管个体享有一定权利，却并不加以行使，仅仅满足于现状。那么,个体的自由并不会因此有所增加。自由的实现依赖于行动,需要个体具备一定的行动能力。质言之,自由不是外在赋予或后天获得的,而是个体所必须享有的与生俱来的权利。

受教育者的自由包括学习自由、思想表达自由、教育选择自由等,我们应当知道,教育不仅是要向受教育者提供享有这些自由的机会,关键在于培养他们正确使用这些自由的能力。自由不仅仅是一种权利,更确切地讲,是一种能力。当个体享有特定的自由权利,却因能力问题不能行使时,这种自由是没有价值的。只有当个体具备享有自由的能力,即"实质自由",这种自由才有意义。受教育者有思想表达的自由,可是,如果不知道如何表达自己的思想,如何选择和组织语言,那么言论自由对他们而言是毫无意义的。有时我们想要变得自由,不受环境的拘束,于是去学习更多的知识,掌握更多的技能。但是我们忽视了知识与自由之间并不是绝对的平等关系。饱读诗书的人,一定有着自己的思想自由境界,能够遨游在其中,获得真正的快乐。而单纯的身体自由的人未必有一个自由的思想,更不可能去学习高深知识,其在本质上反而是最不自由的。

但是,这仅仅指向已知知识的价值角度,而未指向更有效去探究未知。那么,我们就把目光投射到更远的远方,来探讨一下知识从何而来,高深知识获取和探究的条件与自由的关系。众所周知,无数科学发现的例证告诉我们,每一项伟大或并不伟大的科学发现基本上是在科学家的高度自由——精神的、内心的、意志的、物质的以及作为人类类群体所应该得到的自由(政治哲学意义以及伦理学意义的自由)之上才获得的。一部科学技术史分明告诫人们,自由是知识的必要前提,没有自由我们无法获取知识。当然,现代心理学也早已证明,无论是儿童对知识的接受还是人类对未知的探究，自由——无论是身心的愉悦、意志的自主、主体的解放……都是影响知识的习得与探究的重要前提。

六、求知与求用：谁是科学进步的动力？

基于应用的、实用的、解决当下问题的探究动机，与出于好奇的、闲情逸致的对知识的痴迷性追索，究竟谁才是科学发展的最有效动力？理想的科学观认为，科学进步的原动力来自科学家对科学无止境的求知欲，而功利的科学观则认为，科学发展的原动力来自社会的需求。不过，他们都呼唤社会能够提供长效稳定的机制来激励和保证科学进步。

（一）科学进步源动力的误解

科学是建立在文化的基础上的，很多人因此对西方近代科学产生了非常多的误解，误以为近代科学在近代西方社会的发展是为了迎合资本主义工商业大发展的需要，应归功于资本主义社会发展的推动。科学作为探索自然、社会等未知领域的认知方法和手段，其主要目的在于更好地利用和改造自然界并服务于人类生产和生活。正因为如此，有人提出实用性是科学进步的最大动力。这种论断是对科学的误解，会对科学的创新发展产生一定的阻碍作用。

若要对科学进步的原动力作出正确而明晰的判断，就必须阐明科学的宗旨。科学的目的是为了对未知的知识进行探索，是为了满足人类的求知欲和好奇心，为了摒除愚昧，其直接目的并非为了人伦日用和经世致用，而是指向人类的精神层面。科学的本质是为了对未知事物进行探索和解释，这就决定了科学发展的原动力就是人的好奇心和求知欲。解释清楚科学的本质，还需对求知和为什么求知作出说明。那么求什么“知”呢？亚里士多德对求知欲的解释是：“求知欲就是对一些隐藏在现象之后的原因进行探索和发现。”[①]因此可以说，我们要探寻事物，不应该只是对事物的表面现象进行探寻，而应该对其隐藏在现象背后的东西进行探索，只有这样，才有可能真正了解这个事物，这就是我们常说的知其然还要知其所以然。只有达到了知其所以然的境界，人们的好奇心和求知欲才得以满足，人类对未知的愚昧和恐惧才得以祛除。这个追求探索的过程，正是推动科学进步的不竭动力。

“科学能够帮助我们战胜人类世世代代一直生活于其中的、怯懦的恐惧。科学能够使我们懂得，而且我们扪心自问也能得知：再也不要到处去寻求想象中的帮助，再也不要虚构天上的支持者，而宁可依靠我们自己在尘世间的努力，把这个世界改造成适合于生活的地方，而不是多少世纪以来教会一直使之成为的那种地方。”[②]从这一点上来说，科学给了我们求知的方法和途径，是我们之所以能够求知的前提。在蒙昧黑暗的中世纪，人们甚至不能自知世界之大、宇宙之浩瀚。我们的眼界随着自身知识的扩充而扩大，而知识的扩充首先应是建立在科学之上的。天文望远镜使我们看到了地球之外的世界，而在伽利略造出望远镜并把它指向无边的天空之前，我们对宇宙的好奇心唯一可以依靠的就是神谕和教会。

---

① 亚里士多德著、吴寿彭译：《形而上学》，第 3 页。

② 罗素著、徐奕春译：《为什么我不是基督教徒》，商务印书馆 2010 年版，第 37 页。

斯宾塞 1861 年出版了他的《教育论》，副题是“智育、德育和体育”，在第一章回答“什么知识对我们最有用?”这个问题时，他宣称，在现代世界，最具有价值的知识是人能用来检验并解决自己问题的知识。这是通过科学和科学方法给予人类的知识。[①] 由这种观点可以归谬:求用，求为己所用，为人类社会所用。一切阻碍社会进步和生产力发展的都是糟粕，是社会的绊脚石。科学不能为人类创造价值，即是伪科学。果真如此，那么，黑洞之于现实生活有何效用？既然已经过去，考古之于当下又有何用？研究巫术是为了利用巫术解决问题吗？

科学史家丹皮尔曾经说过:“科学不应该只是为了追求利益，如果只是为了利益而去研究科学，那么这样的科学迟早会消失不见的。”[②]丹皮尔指出，科学虽然可以推动社会经济的发展，但这些仅仅是求知的衍生作用，是科学研究的衍生品。“科学讲求的是生产力和强大的武器，而精神要求的则是人的转变。前者只能制造装备，把人变成工具，并且导致了毁灭。后者使人悔改，变成真正的人，并且借助精神的转变，人们不但不会被生产力和制造武器的技术打败，反而掌握它们，挽救我们的生存。”[③]

同理，什么是评价教育成功的标准呢？难道是学生掌握了先进的科学技术就算是成功的教学么？殊不知，在教育目的中，只注重为知识而知识的教育，将学生培养成具备解决问题的高级技能

---

① S. E. 佛罗斯特著、吴元训等译:《西方教育的历史和哲学基础》，华夏出版社 1987 年版，第 498—499 页。

② 周昌忠:《西方科学的文化精神》，上海人民出版社 1995 年版，第 634 页。

③ 引自雅斯贝尔斯著、邹进译:《什么是教育》，生活·读书·新知三联书店 1991 年版，第 68—69 页。

的人才是不够的，真正的人才应该是具有道德自律的，通晓科学规律并对世界怀着一颗好奇之心的人。科学只能制造装备，而且有把人变成工具的倾向与可能，但教育要使人成为那个能掌握工具的主宰。我们应该明白，总有一天，就算是一个最微不足道的芯片也具有人全部的记忆。但不同的是，它缺少人的情感，没有人的再创造之可能，更没有一颗儿童般的好奇之心。

（二）科学进步呼唤自由的求知

求知与求用，可用儒家的“为已之学”和“为人之学”作辩证之比较分析。“为已”在于求知，求得自身的自由解放和臻于完美；“为人”在于满足社会的需求。就科学研究而言，“为已”与“为人”均能直接或间接促进人的进步。但是，由于受到功利主义价值观的影响，经世致用或者现实求用被视为科学研究的最主要动力，这种观点希望取得立竿见影之效，或可一时盛行，但是对科学研究的长远发展和持久创新拖累巨大。这也是制约中国科学进步的最大问题，而“李约瑟之问”或多或少指向了这种由来已久的中国传统科学中经验主义科学的弊端与功利主义理念的短视。

中国学术界当下面临的最大问题，仍未跳出这一陷阱，学者和技术官僚继续痴迷于“学以致用”的陈词滥调，学术管理充斥着规划科学的工具理性和实用主义。而理想的状态应该是，学者在研究学问的时候，能够得到最大的心智自由的保障，唯有无目的的好奇或闲情逸致的追求才是科学探索的最高境界——哥白尼的日心说、牛顿的经典力学、达尔文的进化论、爱因斯坦的相对论……这些划时代的科学成就无不是验证了这一事实。

科学史表明，“至少科学本身之外有六大类影响是起作用的，即经济生活、战争、医术、艺术、宗教以及一切之中最重要的：不牟利地追求真理。”[①]虽然科学发展会受到社会、经济、宗教、政治等因素的影响，但是，“不牟利地追求真理”是科学发现的原动力，是认识现象和过程的逻辑起点，是科学发展历史中“看不见的手”。这也验证了亚里士多德的名言：求知是人类的本性。

作为认识世界、揭示自然的精神活动，科学研究是由人们的价值观所决定的，没有什么明显的实用目的。罗素曾指出：“欧几里得几何学是鄙视实用价值的，这一点早就被柏拉图谆谆教诲过。”[②]推动科学进步的唯一动力是求知欲和好奇心，与实用目的或社会生产实践关系并不密切。作为新技术诞生的理论基础，那些用来解决问题的所谓技术仅仅是科学的“副产品”而已。

推而广之，科学史还可以继续作证，在 20 世纪前西方科学几乎任何一个重大科学理论的诞生都与实用目的无关，甚至是西方的几乎所有科学与所谓的应用都毫无干系。试问，牛顿苦思冥想地探究“苹果落地与万有引力”在当时有何用途？法拉第与麦克斯韦的电磁学在那时又是为解决什么需要？

……

社会需求，说到底是一种物质需求，而闲情逸致的好奇心则是一种精神追求，孰轻孰重，谁更有永恒性自然无须争辩。

---

① 默顿著、范岱年等译：《十七世纪英格兰的科学、技术与社会》，商务印书馆 2000 年版，第 260 页。

② 罗素著、何兆武等译：《西方哲学史》（上卷），商务印书馆 1976 年版，第 271 页。

参考文献

（按第一作者姓氏首字音序排列）

包利民:《生命与逻各斯——希腊伦理思想史论》,东方出版社1996年版。

陈桂生:《教育原理》,华东师范大学出版社1993年版。

杜书瀛:《艺术的哲学思考》,辽宁人民出版社2001年版。

杜维明:《儒家思想新论——创造性转换的自我》,江苏人民出版社1991年版。

冯建:《走向生命关怀的教育研究》,《高等教育研究》2004年第3期。

冯建军、尚致远:《走向类主体:当代社会人的转型与教育变革》,《教育研究》2005年第1期。

冯建军:《教育的人学视野》,安徽教育出版社2008年版。

冯利:《当代国外文化学研究》,中央民族学院出版社1986年版。

冯友兰著、涂又光译:《中国哲学简史》,北京大学出版社2013年版。

冯增俊:《教育人类学》,江苏教育出版社1991年版。

高秉江:《胡塞尔与西方主体主义哲学》,武汉大学出版社2005年版。

高尔泰:《美是自由的象征》,人民文学出版社1986年版。

高清海:《马克思主义哲学基础》(下册),人民出版社1987年版。

高清海:《人就是"人"》,辽宁人民出版2001年版。

郭石明、盛颂恩、施建青、汤智:《精英教育:量与质的解读》,《高等工程教育研究》2007年第2期。

郭湛:《论主体间性或交互主体性》,《中国人民大学学报》2001年第3期。

何新:《中国文化史新论》,黑龙江人民出版社1987年版。

贺来:《现实生活世界——乌托邦精神的真实根基》,吉林教育出版社1998年版。

洪芳、李国庆:《“平等与对话”——后现代主义师生观解读》,《广西师范大学学报(哲学社会科学版)》2008年第5期。

胡德海:《教育学原理》(第二版),甘肃教育出版社2006年。

蒋孔阳主编:《十九世纪西方美学名著选(德国卷)》,复旦大学出版社1990年版。

蒋孔阳:《美和美的创造》,江苏人民出版社1982年版。

蒋梦麟:《西潮》,新潮社文化事业有限公司1991年版。

金生鈜:《规训与教化》,教育科学出版社2004年版。

金生鈜:《教育哲学怎样关涉美好生活?》,《华东师范大学学报(教育科学版)》2002年第2期。

李昌新:《研究型大学实施精英教育的探讨》,《国家教育行政学院学报》2007年第8期。

李德顺:《新价值论》,云南人民出版社2004年版。

李建夫:《现代美学原理》,中国社会科学出版社2002年版。

李建辉、詹曙萌:《识读精英教育:内涵、历程和特征》,《高等教育研究》2008年第6期。

李太平、黄岚:《论教育的民族性》,《高等教育研究》2012年第11期。

李文阁:《生活价值论》,云南人民出版社2005年版。

梁漱溟:《东西文化及其哲学》,商务印书馆1999年版。

刘海燕:《大众化教育进程中精英教育的重新审视》,《复旦教育论坛》2003年第4期。

刘志刚:《大众化教育、精英教育与研究型大学》,《中国高教研究》2006年第5期。

刘紫瑛:《学生的惩罚认知及其发展》,华东师范大学2009硕士学位论文。

鲁洁:《教育社会学》,人民教育出版社1990年版。

陆道坤:《教育民族性论纲》,《教育学术月刊》2015年第8期。

陆有铨:《现代西方教育哲学》,北京大学出版社2012年版。

路新生:《尊德性还是道问学——以学术本体为视角》,《天津社会科学》2008年第4期。

麻美英:《规范、秩序与自由》,《浙江大学学报(人文社会科学版)》2010年第6期。

毛礼悦、沈灌群:《中国教育通史》(I卷),山东教育出版社1985年版。

孟宪承:《中国古代教育文选》,人民教育出版社 1979 年版。
糜海波:《教育善和教育伦理的两个向度建设》,《高等教育研究》2013 年第 8 期。
南京师范大学教育系:《教育学》,人民教育出版社 1984 年版。
潘懋元:《高等教育的基本功能:文化选择与创造》,《高等教育研究》1995 年第 1 期。
庞朴:《文化的民族性与时代性》,中国和平出版社 1998 年版。
钱穆:《文化与生活》,台湾乐天出版社 1963 年版。
钱穆:《中国历史研究法》,生活·读书·新知三联书店 2001 年版。
钱穆:《中国文化史导论》,台湾商务印书馆 1993 年版。
秦光涛:《意义世界》,吉林教育出版社 1998 年版。
渠敬东主编:《涂尔干:社会与国家》,商务印书馆 2014 年版。
全国十二所重点师范大学联合编写:《教育学基础》,教育科学出版社 2002 年版。
任钟印主编:《世界教育名著通览》,湖北教育出版社 1994 年版。
单中惠:《外国中小学教育问题史》,山东教育出版社 2005 年版。
舒新城:《近代中国留学史》(影印版),上海文化出版社 1989 年版。
谭容培、颜翔林:《差异与关联:重释审美感性与审美理性》,《湖南师范大学社会科学学报》2014 年第 1 期。
檀传宝:《德育美学观》,教育科学出版社 2006 年版。
檀传宝:《信仰教育与道德教育》,教育科学出版社 1999 年版。
滕大春:《外国教育通史》,山东教育出版社 1989 年版。
田培林:《教育与文化》(第 7 版),五南图书出版公司 1988 年版。
万光侠:《人的存在的哲学阐释》,《济南大学学报》2005 年第 5 期。
王晨光、谢利民:《教育目的含义的哲学辨思》,《东北师大学报(哲学社会科学版)》2008 年第 3 期。
王丽萍:《政治学视野中的教育与政治》,《民主与科学》2005 年第 2 期。
吴海燕:《论教育德性的境界》,《江苏社会科学》2001 年第 2 期。
吴康宁:《创新人才培养需要什么样的大学》,《高等教育研究》2013 年第 1 期。
吴康宁:《教育究竟是什么》,《教育研究》2016 年第 8 期。
吴松:《教育与文化》,《教育研究》2002 年第 6 期。
吴瑕:《新中国成立以来我国教育目的人性论认识演变研究》,西南大学 2011

年硕士学位论文。
吴新民:《柏拉图的惩罚理论》,中国社会科学出版社 2010 年版。
吴岳军:《论主体间性哲学视阈下的德育师生关系范式》,《教育学术月刊》2011 年第 2 期。
伍蠡甫主编:《现代西方文论选》,上海译文出版社 1983 年版。
项贤明:《教育与人的发展新论》,《教育研究》,2005 年第 5 期。
许桂清:《美国道德教育理念研究》,黑龙江人民出版社 2001 年版。
薛晓阳:《希望德育论》,人民教育出版社 2003 年版。
杨立新:《克里希那穆提教育思想研究》,山东师范大学 2014 年硕士学位论文。
杨明:《真知追求与价值追求在教育学中的统一》,山西大学 2014 年硕士学位论文。
杨颖东:《失衡与反拨——我国学校教育价值取向的偏差反思和调整》,华东师范大学 2014 年硕士学位论文。
于学友:《主体间性:理解师生关系的新视角》,《当代教育科学》2004 年第 19 期。
余灵灵:《哈贝马斯传》,河北人民出版社 1998 年版。
俞玉滋、张援:《中国近现代美育论文选》,上海教育出版社 1999 年版。
詹真荣:《马克思恩格斯的所有制理论再研究》,《社会科学战线》2010 年第 10 期。
张传燧、赵荷花:《教育到底如何面对生活》,《教育研究》2007 年第 8 期。
张岱年、程宜山:《中国文化与文化论争》,中国人民大学出版社 1990 年版。
张景焕:《教育心理学》,山东人民出版社 2010 年版。
张汝伦:《历史与实践》,上海人民出版社 1995 年版。
张新平、李金杰:《杜威的学校组织观及其当代意义》,《江西教育科研》2006 年第 3 期。
赵慧君、李春超:《教育学基础》,科学出版社 2015 年版。
赵汀阳:《论可能生活——一种关于幸福和公正的理论》,中国人民大学出版社 2004 年版。
赵雅博:《中国文化与现代化》,黎明文化事业公司 1992 年版。
郑健成主编:《学前教育学》,复旦大学出版社 2007 年版。
周昌忠:《西方科学的文化精神》,上海人民出版社 1995 年版。
朱光潜:《厚积落叶听雨声》,江苏凤凰文艺出版社 2016 年版。

朱光潜:《谈美》,安徽教育出版社 1997 年版。
朱谦之:《文化哲学》,商务印书馆 1990 年版。

阿伦特著,王寅丽、张立立译:《过去与未来之间》,译林出版社 2011 年版。
巴格比著、夏克等译:《文化:历史的投影》,上海人民出版社 1987 年版。
贝克著、王文斌等译:《权力语录》,江苏人民出版社 2008 年版。
波兰尼著,冯钢、刘阳译:《大转型:我们时代的政治与经济起源》,浙江人民出版社 2007 年版。
波普尔著、傅季重等译:《猜想与反驳——科学知识的增长》,上海译文出版社 1986 年版。
伯林著、胡传胜译:《自由论》,译林出版社 2003 年版。
伯林著、赵国新译:《自由及其背叛:人类自由的六个敌人》,译林出版社 2011 年版。
柏拉图著,郭斌和、张竹明译:《理想国》,商务印书馆 1986 年版。
布迪厄、华康德著,李康译:《实践与反思——反思社会学导引》,中央编译出版社 1998 年版。
布鲁柏克著、吴元训主译:《教育问题史》,安徽教育出版社 1991 年版。
布律迈尔著、尹德新译:《裴斯泰洛奇选集》,教育科学出版社 1994 年版。
茨达齐尔著、李其龙译:《教育人类学原理》,上海教育出版社 2001 年版。
大河内一男著、曲程译:《教育学的理论问题》,教育科学出版社 1984 年版。
德博维:《教育和国际新秩序》,载《世界教育展望》,教育科学出版社 1982 年版。
杜夫海纳著、孙非译:《美学与哲学》,中国社会科学出版社 1985 年版。
杜威著,赵祥麟、王承绪编译:《杜威教育论著选》,华东师范大学出版社 1981 年版。
杜威著、王承绪译:《民主主义与教育》,人民教育出版社 1990 年版。
约翰·杜威著,赵祥麟、任中印等译:《教育中的道德原理——学校与社会·明日之学校》,人民教育出版社 2004 年版。
杜威著、傅统先等译:《人的问题》,上海人民出版社 2006 年版。
房龙著、迮卫等译:《宽容》,生活·读书·新知三联书店 1985 年版。
费瑟斯通等著、王晓宇等译:《见证民主教育的希望与失败》,华东师范大学出版社 2005 年版。
弗莱雷著、顾建新等译:《被压迫者教育学》,华东师范大学出版社 2001 年版。

弗洛姆著、李健敏译:《爱的艺术》,上海译文出版社 2011 年版。
弗洛姆著、孙恺祥译:《健全的社会 》,上海译文出版社 2011 年版。
弗洛姆著、孙石译:《自我的追寻》,上海译文出版社 2013 年版。
佛罗斯特著、吴元训等译:《西方教育的历史和哲学基础》,华夏出版社 1987 年版。
格里戈良著,沈志宏、陈长根译:《现代西方哲学人类学》,上海文化出版社 1988 年版。
广田照幸著、张晓鹏译:《现代日本教育改革的政治学分析》,《复旦教育论坛》2008 年第 22 期。
哈耶克著、邓正来译:《自由秩序原理》,生活·读书·新知三联书店 1999 年版。
赫尔巴特著、李其龙译:《普通教育学》,浙江教育出版社 2002 年版。
赫斯利普著、王邦虎译:《美国人的道德教育》,人民教育出版社 2003 年版。
黑格尔著、贺麟等译:《哲学史讲演录(第一卷)》,商务印书馆 1959 年版。
黑格尔著、朱光潜译:《美学(第一卷)》,商务印书馆 1995 年版。
胡塞尔著、倪梁康等译:《世界的现象学》,上海译文出版社 2002 年版。
怀特著、曹锦清等译:《文化的科学》,山东人民出版社 1988 年版。
怀特海著、徐汝舟译:《教育的目的》,生活·读书·新知三联书店 2002 年版。
霍布豪斯著、朱曾汶译:《自由主义》,商务印书馆 1996 年版。
霍布斯著、黎思复等译:《利维坦》,商务印书馆 1987 年版。
吉登斯著、赵旭东等译:《社会学》,北京大学出版社 2003 年版。
加德纳著、沈致隆译:《多元智能》,新华出版社 1999 年版。
卡利尼克斯著、徐朝友译:《平等》,江苏人民出版社 2003 年版。
卡西尔著、刘东译:《卢梭、康德、歌德》,生活·读书·新知三联书店 2002 年版。
卡西尔著、甘阳译:《人论》,上海译文出版社 2003 年版。
康德著、瞿菊农译:《康德论教育》,商务印书馆 1926 年版。
康德著、邓晓芒译:《判断力批判》,人民出版社 2002 年版。
康德著、关文运译:《实践理性批判》,广西师范大学出版社 2002 年版。
康德著、苗力田译:《道德形而上学原理》,上海人民出版社 2005 年版。
柯武刚、史漫飞著,韩朝华译:《制度经济学:社会秩序与公共政策》,商务印书馆 2000 年版。

克尔著、王承绪译:《高等教育不能回避历史——21 世纪的问题》,浙江教育出版社 2001 年版。
克里希那穆提著、张南星译:《一生的学习》,群言出版社 2004 年版。
克里希那穆提著、桑靖宇译:《生活的难题》,九州出版社 2009 年版。
克里希那穆提著、张春城等译:《教育就是解放心灵》,九州出版社 2010 年版。
克罗辛斯基:《欧洲社会主义国家的高等教育》,载《世界教育展望》,教育科学出版社 1982 年版。
夸美纽斯著、傅任敢译:《大教学论》,教育科学出版社 1999 年版。
蓝德曼著、彭富春译:《哲学人类学》,工人出版社 1988 年版。
劳伦斯著、纪晓林译:《现代教育的起源和发展》,北京语言学院出版社 1992 年版。
联合国教科文组织:《面向 21 世纪的教育》,教育科学出版社 2002 年版。
联合国教科文组织国际教育发展委员会、华东师范大学比较教育研究所译:《学会生存——教育世界的今天和明天》,教育科学出版社 1996 年版。
联合国教科文组织总部中文科译:《教育——财富蕴藏其中》,教育科学出版社 1996 年版。
《列宁全集》(第 3 卷),人民出版社 1958 年版。
《列宁全集》(第 38 卷),人民出版社 1959 年版。
卢梭著、何兆武译:《社会契约论》,商务印书馆 1980 年版。
卢梭著、李常山译:《论人类不平等的起源和基础》,商务印书馆 1996 年版。
卢梭著、李平沤译:《爱弥儿》,商务印书馆 1978 年版。
罗尔斯著、何怀宏等译:《正义论》,中国社会科学出版社 1988 年版。
罗素著、何兆武等译:《西方哲学史》,商务印书馆 1976 年版。
罗素著、李国山等译:《自由之路(上)》,文化艺术出版社 1998 年版。
罗素著、杨汉麟译:《教育与美好生活》,河北人民出版社 1999 年版。
罗素著、徐奕春译:《为什么我不是基督教徒》,商务印书馆 2010 年版。
洛克著、叶启芬译:《政府论(下)》,商务印书馆 1964 年版。
马卡连柯著、吴式颖等编著:《马卡连柯教育文集(下卷)》,人民教育出版社 1985 年版。
《马克思恩格斯全集》,人民出版社 1979 年版。
马斯洛著、许金声等译:《动机与人格》,华夏出版社 1987 年版。
麦金太尔著、龚群译:《伦理学简史》,商务印书馆 2007 年版。

米德著、曾胡译:《代沟》,光明日报出版社 1988 年版。
密尔著、许宝骙译:《论自由》,商务印书馆 1986 年版。
默顿著、范岱年等译:《十七世纪英格兰的科学、技术与社会》,商务印书馆 2000 年版。
尼采著、尹溟译:《查拉斯图拉如是说》,文化艺术出版社 1987 年版。
尼采著、田立年译:《哲学与真理》,上海社会科学出版社 1993 年版。
尼采著、杨明绮译:《从尊敬一事无成的自己开始》,长江文艺出版社 2016 年版。
舍勒著、陈泽环译:《人在宇宙中的位置》,上海文化出版社 1989 年版。
斯金纳著、王映桥译:《超越自由与尊严》,贵州人民出版社 1988 年版。
斯卡特金、柯斯贾什金:《苏联普通教育制度发展的前景》,载《世界教育展望》,教育科学出版社 1982 年版。
苏霍姆林斯基著、吴式颖等译:《苏霍姆林斯基选集》(第 5 卷),教育科学出版社 2001 年版。
泰戈尔著、宫静译:《人生的亲证》,商务印书馆 2007 年版。
涂尔干著、陈光金等译:《道德教育》,上海人民出版社 2006 年版。
托斯顿胡森:《教育的目前趋势》,载《世界教育展望》,教育科学出版社 1982 年版。
威尔逊著、杨玉龄译:《大自然的猎人》,上海科学技术出版社 2006 年版。
韦伯著、韩水法等译:《社会科学方法论》,中央编译出版社 1999 年版。
西季威克著、廖申白译:《伦理学方法》,中国社会科学出版社 1993 年版。
西季威克著、熊敏译:《伦理学史纲》,江苏人民出版社 2008 年版。
西蒙著、杨砾等译:《现代决策理论的基石》,北京经济学院出版社 1989 年版。
席勒著、徐恒醇译:《审美教育书简》,中国文联出版社 1984 年版。
夏普著,吕大吉、何光沪等译:《比较宗教学史》,上海人民出版社 1988 年版。
辛格尔顿著、蒋琦译:《应用人类学》,湖北人民出版社 1984 年版。
雪莱著、刘平译:《基督教会史》,北京大学出版社 2004 年版。
雅斯贝尔斯著、邹进译:《什么是教育》,生活·读书·新知三联书店 1991 年版。
亚里士多德著、吴寿彭译:《形而上学》,商务印书馆 1959 年版。
亚里士多德著、吴寿彭译:《政治学》,商务印书馆 1965 年版。
亚里士多德著、廖申白译注:《尼各马可伦理学》,商务印书馆 2003 年版。